西北师范大学

教育科学学院

博士学位论文丛书

提升高校新入职教师教学学术能力的行动研究

朱景梅 ◎ 著

万明钢 王兆璟 总主编

甘肃人民出版社

甘肃·兰州

图书在版编目（CIP）数据

提升高校新入职教师教学学术能力的行动研究 / 万明钢，王兆璟总主编 ；朱景梅著. -- 兰州 ：甘肃人民出版社，2024. 12. --（西北师大教育学博士学位论文丛书）. -- ISBN 978-7-226-06104-6

Ⅰ. G645.12

中国国家版本馆CIP数据核字第 2024MD4644号

责任编辑：王建华

封面设计：李万军

提升高校新入职教师教学学术能力的行动研究

TISHENG GAOXIAO XINRUZHI JIAOSHIJIAOXUE XUESHU NEGNLIDE XINGDONG YANJIU

万明钢　王兆璟　总主编

朱景梅　著

甘肃人民出版社出版发行

（730030　兰州市读者大道 568 号）

兰州新华印刷厂印刷

开本 787 毫米×1092 毫米　1/16　印张 16　插页 3　字数 250 千

2024 年 12 月第 1 版　　2024 年 12 月第 1 次印刷

印数：1~1 000

ISBN 978-7-226-06104-6　　定价：58.00 元

目　录

摘　要

　　教学学术是打造高素质教师队伍的重要路径，在教师专业发展中发挥着重要的作用。新入职教师作为教师队伍的生力军，其教学学术能力的提升，将为日益壮大的教师队伍注入新的活力，为高等教育的高质量发展奠定基础。职业发展的初期是培养正确的学术观念、提升教学学术能力的关键时期。然而，由于大部分高校新入职教师缺乏系统的教育教学理论学习和教学实践经验，加之目前针对高校教师的相关入职培训尚不能满足教师的教学学术发展需求，使得新入职教师教学学术能力难以取得应有的提升。为弥补这一不足，新入职教师所在院（系）可以发挥其独特优势，基于教学实践开展针对性的学习和培训，引导新入职教师在教学实践中积极反思、探究、交流，并在此过程中通过自主学习等方式不断完善个人的知识体系，全面促进其教学学术能力的提升。

　　长期以来，新入职教师培养工作一直困扰着 X 学院，但苦于缺乏适切的突破口，这项工作几乎处于停滞状态。在多年的探索和思考中，教学学术理念进入了研究者的视野，也为 X 学院的新入职教师培养工作带来了新的转机。为改进此项工作，研究者以 X 学院的十一位新入职教师为合作研究对象，在相关理论的指引下，采用行动研究的范式，分步骤、分阶段引导新入职教师教学学术能力的提升。首先，在文献梳理的基础上，在建构主义学习理论、教师专业发展理论、学习型组织理论的指导下，建构了提升新入职教师教学学术能力的理论框架，在阐述教学学术的提出及其发展的基础上，深入剖析了教学学术能力的构成要素及其影响因素，并针对高校新入职教师所面临的困境提出了其教学学术能力的提升路径。其中，教师教学学术能力的主要构成要素包括教学理念、学科教学知识（PCK）、教学反思能力、学术交流能力四大维度。提升新入职教师教学学术能力的实践路径包括：营造良好的学术文化、创建学习共同体、开展针对性的学习和培训、倡导教育行动研究。

在此基础上，组建了 X 学院新入职教师学习共同体，并依托此平台依据上述理论框架开展了三轮新入职教师教学学术能力提升行动，从教学学术能力的四大维度分步骤、逐层深入地引导新入职教师开展集中交流学习和自主学习，引领和促进其教学学术能力的提升。每轮行动遵循行动研究的"计划—行动—观察—反思"实践逻辑，不断改进和完善学习共同体的学习活动，使整个研究呈现螺旋上升的发展趋势。在此过程中，新入职教师对教学学术的认识更加深入，其教学学术能力在四个维度上都有不同程度的改善和提升：教学理念得以转变，能够在教学中更多关注学生的成长和发展；对个人知识体系的不足有了更清晰的认识并采取了一定的补救措施；教学反思意识有所增强，反思能力得以提升；学术交流能力得以锻炼和初步彰显。

反思和总结整个研究过程，可以得到以下启发：新入职教师教学学术能力的提升需要充裕的可支配时间、有赖于专业团队的引领、以自主学习为主要渠道、取决于教师的个人发展意愿。在此基础上，针对院（系）层面新入职教师教学学术能力的提升，本论文提出以下建议：一方面，教师所在院（系）应健全职后培养体系，发挥院（系）在提升教师教学学术能力中的核心作用；加强专业团队建设，引领新入职教师的教学学术发展；建立健全激励机制，调动新入职教师开展教学学术研究的积极性；合理安排工作，保障新入职教师的自主学习时间。另一方面，新入职教师应树立正确的学术观，立足教学实践求发展；培养自主学习能力，激活教师教学学术发展的内驱力；养成终身学习习惯，为教学学术能力的可持续提升提供持久动力；积极开展行动研究，为教学学术能力的全面提升创造机遇。

关键词：新入职教师；学习共同体；教学学术；教学学术能力；行动研究

Abstract

Scholarship of Teaching and Learning (SoTL), a primary approach to develop-
ing and securing a quality teaching team, plays an essential role in teachers' pro-
fessional development. Novice teachers are the new force of the teaching force and the
development of their SoTL capacity will inject new vitality into the growing faculty team
and lay the foundation for the quality development of higher education. The early stage
of career development is a critical period for cultivating correct academic concepts and
improving SoTL capacity. However, most novice teachers in colleges and universities
lack systematic learning of education and teaching theories and have little teaching ex-
perience while the insufficient current induction training system can hardly meet the
needs of their SoTL development, making it difficult for them to improve their SoTL
capacity efficiently. To solve this problem, the schools or departments to which the
novice teachers belong can give full play to their unique advantages in carrying out
targeted learning and training for novice teachers based on teaching practice, guide
them to reflect, investigate and communicate actively in their teaching practice and
improve their knowledge system through self-directed learning and other ways in this
process, promoting their SoTL capacity in a comprehensive way.

For School X, Novice teachers' training program had long been a headache,
but for the lack of an appropriate breakthrough, this program was almost at a stand
still. After years of exploration and reflection, SoTL has come to the researcher's mind

and brought good news to the program as well. To improve the practice, the researcher adopted an action research paradigm with eleven novice teachers in School X from a university as the subjects as well as co-researchers. Informed by relevant theories, this research led the novice teachers to develop their SoTL capacity in steps and stages. Based on the literature review, it first constructed a theoretical framework for the development of novice teachers' SoTL capacity under the guidance of the Constructivism Learning Theory, the Professional Development Theory for Teachers and the Learning Organization Theory. Starting from the introduction of SoTL and its development, the theoretical framework analyzed the components of SoTL and its influencing factors, and then proposed the paths to develop the SoTL capacity of novice teachers in colleges and universities according to the dilemma confronting them. The major components of SoTL capacity consist of four dimensions including teaching philosophy, pedagogical content knowledge (PCK), teaching reflection ability and academic communication ability while the practical paths to improve novice teachers SoTL capacity consist of creating a good academic culture, building learning communities, carrying out targeted training and learning and advocating educational action research.

Under the direction of the theoretical framework mentioned above, a learning community for novice teachers in School X was established as the platform for novice teachers to develop their SoTL capacity through three rounds of actions. These actions helped the novice teachers carry out community learning and self-directed learning in accordance with the four dimensions of SoTL capacity in a step-by-step manner to gradually lead and promote the development of their SoTL capacity. Each round of action followed the practical plan--act--observe--reflect logic of action research to continuously improve and refine the learning activities of the learning community with the whole research featuring a spiral development process. In the process of this research, the novice teachers have gained a better understanding of SoTL and their SoTL capacity has been developed from its four major dimensions: their teaching philosophy has been innovated so that they can pay more attention to students' growth and development in teaching; their knowledge system has been improved based on their recognition of its insufficiency; their awareness of teaching reflection has been strengthened and their reflective ability has been enhanced; their academic communication ability has also been exercised and displayed.

Reflecting on and summarizing the whole process of this research, it can be inferred that novice teachers' SoTL capacity development requires adequate time investment and efficient professional guidance with novice teachers' independent learning ability as the major channel and self-motivation the decisive factor. Based on these, this research proposes recommendations for the development of novice teachers' SoTL capacity at the department or school level from two aspects. On the one hand, the school or department should improve the post-service training system and play the central role in this regard; strengthen the team of experts to lead novice teachers' SoTL capacity development; establish a sound incentive mechanism to mobilize new teachers' enthusiasm for SoTL; reasonably arrange work to ensure the time for novice teachers to conduct self-directed learning. On the other hand, novice teachers should establish a correct academic view and seek development based on teaching practice, cultivate self-directed learning ability to activate the internal drive of teachers' SoTL capacity, develop lifelong learning habits to provide lasting motivation for sustainable development of SoTL capacity and play an active part in SoTL programs to create opportunities for all-round development of SoTL capacity.

Key words: novice teacher; learning community; Scholarship of Teaching and Learning (SoTL); SoTL capacity; action research

绪　论

　　百年大计，教育为本；教育大计，教师为本。教育是国之大计、党之大计，教师是兴教之本、立教之源。高素质的教师队伍是实现教育高质量发展、办好人们满意的教育的基本前提和保障，也是实现强国战略的第一资源、有力支撑和重要保障。教学是教师的"天命"，是教师教书育人的主要渠道，教学学术有助于引导教师潜心教学、不断提升教学水平和教育质量。教师教学学术能力的提升，不仅可以促进教师教学能力和教学研究能力的发展，而且可以使二者有机融合、相得益彰，为高等教育高质量发展提供源源不断的内生动力。新入职教师是教师队伍的新生力量，具有较强的学习能力、创新能力和发展潜力。培养和提升新入职教师的教学学术能力，不仅可以帮助他们在职业生涯之初养成正确的职业价值观，为个人专业发展奠定坚实基础，也可以为教师队伍的整体发展注入活力、为教育教学整体质量的提升提供保障。现实中，大部分高校新入职教师职前没有教学实践经验和教育教学理论的系统学习，职后缺少系统性、针对性的学习和培训，因此在入职初期普遍存在焦虑、茫然和准备不足等现象，不仅不利于教师的专业发展，还有碍于教学质量的提升。X 学院也不例外，教育教学理论储备与教学经验的缺乏，使新入职教师尽快适应工作、有效开展教学以及个人发展造成了很大的困扰和障碍。以教学学术能力提升为核心的针对性学习和培训，不仅可以引导新入职教师尽快弥补教育教学理论的不足，加深对教学的理解和认识，而且可以通过相互学习和借鉴实现教学能力的快速提升。为此，本研究以 X 学院的新入职教师为合作研究对象，通过行动研究的范式引导和推动其教学学术能力的提升，在改进 X 学院新入职教师培养实践的同时，为院（系）层面新入职教师教学学术能力的提升提供一定的学理依据和实践经验。

一、问题的提出

教师队伍的建设要以国家的重大需求为导向，以教师终身自主发展为落脚点。教育高质量发展呼唤高素质的教师队伍，高素质的教师队伍要求教师在职业生涯初期就要树立正确的学术观，潜心教育教学，在夯实教学基本功的基础上，开展教学研究，提升教学学术能力，为实现教师内生性的可持续发展奠定基础。然而，在实践中，X 学院新入职教师的培养工作一直存在着落实难、无抓手等诸多问题，给学院相关负责人员造成了很大的困扰，也在梅老师个人的成长历程中留下了深深的印迹。综合考虑上述因素，本研究试图以教学学术能力为切入点，通过系统的理论研究和实践探索，引导新入职教师逐步提升教学学术能力，改进 X 学院在新入职教师培养方面存在的不足。

（一）教育高质量发展的时代要求

百年大计，教育为本；教育大计，教师为本。教师是教育的第一资源，是建设高质量教育体系、实施高质量教育的根本力量。[1]只有高素质的教师队伍才可能实现高质量的教育。[2]教学是教师的第一要务，也是教师传道、授业、解惑的主渠道，是实现各种教育目的的基本途径，在整个教育体系中居于中心地位，发挥着核心作用。卓越的教师成之于教学，也通过教学成就高质量的教育。教学是大学的立身之本，在大学的教学、科研和社会服务这三大职能中处于核心地位，大学的各项工作都必须紧紧围绕教学展开，即使是研究型大学也不例外。教学的中心地位，不仅是对教师价值的集中体现，也

① 赵婀娜.全面推进高质量教师队伍建设(人民时评)[N].人民日报,2022-04-25(5).
② 朱旭东.论我国教师教育新体系的六个特征[J].课程·教材·教法,2012(12):74—82.

是对高素质教师队伍的呼吁和期待。然而，随着社会经济的飞速发展，大学也不可避免地受到了市场经济的冲击，物质化、技术化、功利化现象日趋凸显，学校的重心无形中发生偏移，教学的中心地位有所动摇，"重科研、轻教学"的现象日益凸显，大学对教学的重视和强调往往仅停留在制度层面，而在实践层面却受到了严重的挑战。回归教学本位，成了大学的当务之急。倡导教学学术，有助于教师回归初心和本分，潜心教书育人，为实现教育强国贡献力量。

近年来，我国对高等教育教学工作予以高度的关注，相继出台了一系列政策文件，积极呼吁和引导高等教育回归教学原点。2016 年 9 月，教育部在《关于深化高校教师考核评价制度改革的指导意见》中明确提出，要"确立教学学术理念，鼓励教师开展教学改革与研究，提升教师教学学术发展能力"[①]。2018 年 1 月，中共中央、国务院印发了《关于全面深化新时代教师队伍建设改革的意见》，这是中华人民共和国成立以来党中央出台的首个针对师资队伍建设的文件，突出强调了教师在教育发展中的关键作用，要求全面提高高等学校教师质量，建设一支高素质、创新型的教师队伍，加强院（系）教研室等学习共同体建设和教师教学能力的提升培训。[②]同年 6 月，时任教育部部长陈宝生在新时代全国高等学校本科教育工作会议上进一步强调，要坚持"以本为本"，推进"四个回归"，加快建设高水平本科教育。[③]其中的"回归本分"，就是要引导教师热爱教学、倾心教学、研究教学，潜心教书育人。紧接着在 9 月 10 日召开的全国教育大会上，习近平总书记强调，教育投入要更多向教师倾斜，要扭转不科学的教育评价导向，从根本上解决教育评价指挥棒问题。[④]为深入贯彻落实习近平总书记关于教育的重要论述和全国教育大会精

---

① 中华人民共和国中央人民政府. 教育部关于深化高校教师考核评价制度改革的指导意见 [EB/OL]. [2016-09-21]. http://www.gov.cn.
② 中华人民共和国中央人民政府. 中共中央、国务院关于全面深化新时代教师队伍建设改革的意见[EB/OL]. [2018-01-31]. http://www.gov.cn.
③ 陈宝生. 在新时代全国高等学校本科教育工作会议上的讲话[J]. 中国高等教育, 2018(15):4—10.
④ 中华人民共和国中央人民政府. 习近平出席全国教育大会并发表重要讲话[EB/OL]. [2018-09-10]. www.gov.cn.

神，国务院在 2020 年 10 月印发的《深化新时代教育评价改革总体方案》中进一步指出，要引导高校加大对教师、教育教学、教学研究的支持力度。2022 年 10 月，党的二十大对"加快建设教育强国、科技强国、人才强国"作出了全面系统部署，充分体现了教育的基础性、战略性地位和作用，强调教师是教育高质量发展的第一资源、科技自立自强的有力支撑、人才队伍建设的重要保障。

时代的发展，既为高素质教师队伍建设创造了有利条件，也对其提出了更高的要求。面对新形势、新任务，高校应提高政治站位，找准教师队伍建设的突破口和着力点，大力推进教师队伍建设，为高等教育打造高素质、专业化、创新型教师队伍。一流的本科教育是高等教育发展的生命线，要做好本科教育，打造高素质的师资力量是根本，而要提升教师的整体素质，发展教师的教学学术能力是关键。高校需要精通教学学术的人才，学生期待擅长教学学术的师长，教育自身同样需要将教学学术能力提升视作全面发展的"炼金石"。①为此，高等教育要大力倡导教学学术，要通过学习共同体等各种路径引导教师倾心教学、研究教学，在实践中积极反思和探究，不断提升教学学术能力，彰显教学的公共性，在丰富教师教学体验和学生学习体验的过程中，促进教师的专业发展、提升学生的学习效果、促成学生的全面发展。新入职教师作为师资队伍的生力军，其教学学术能力的提升，将为日益壮大的教师队伍注入新的活力，为稳步提升高等教育质量奠定坚实的基础。

（二）新入职教师发展的现实困境

X 学院是一个教学型的文科学院，隶属于一所以理工科为主的综合性大学，在整个学校的发展中发挥着重要的教学服务功能。受学科性质及其地位的限制和影响，X 学院的教师队伍建设面临诸多困难，博士比例偏低、教师的专业发展机会和空间受限、职业倦怠感严重。与大部分高校教师一样，X

---

① 周海涛,于榕.高校青年教师教学学术能力提升的瓶颈与路径[J].国家教育行政学院学报,
　　2022(05):79—85.

学院引进的大部分教师都没有接受过系统的教育教学方面的学习和培训，也没有教学实践经验。但由于 X 学院整体教学任务繁重，教师刚入职就要承担相当繁重的教学任务，而且因为没有家庭负担，新入职教师的教学工作量一般要超过学院教师平均每周 12 个小时的工作量，从事专业课教学的教师还需要同时承担好几门课程的教学任务。除了繁重的教学任务，新入职教师还要承担班主任、基层教学组织辅助性的管理工作等任务。这些任务尽管挑战性不强，但琐碎又耗时，无形中占用了新入职教师大量的时间和精力。因此，新入职教师既要适应新的工作环境，又要应对各种繁杂的工作任务。面对多重任务的挑战，处于适应期的他们常常处于疲惫不堪、心力交瘁的状态，无法静下心来对教学工作进行认真的准备和思考，这让他们在入职之初就背负着沉重的负担，在一定程度上动摇了他们对职业生涯的美好憧憬。

在担任教学院长期间，梅老师曾分管 X 学院的新入职教师培养工作。在和新入职教师接触期间，她进一步体会到了他们的迷茫和无助。对 X 学院的大部分新入职教师而言，从学生到教师的身份转变，缺少了必要的过渡环节，教师在知识储备、角色定位、自我认知、基本技能等方面都存在诸多不足，因此在教学实践中极易出现迷茫、焦虑、无助等现象。此外，由于忙于各项工作，新入职教师与其他教师交流的机会也非常有限，这对他们适应环境、融入集体和交流学习都造成了诸多障碍。加之针对性的引导和交流的不足，他们对教学的认知容易定格在完成基本任务和积累经验的层面，无暇顾及对教学的深入反思和探究，个人学习也随着职业生涯的开启而停滞不前，导致专业发展在起步阶段就严重受阻。由于专业引领的缺失，X 学院的新入职教师培养工作多年来渐渐淹没于各项繁杂的事务之中，沦为按学校要求提交各种阶段性资料的操作性业务，所谓的专业发展可以说是一种天然的"自主发展"，所谓的"成长"，更多的是教学经验的点滴积累，因此并不存在实质性的培养和发展。

自分管这项工作之后，梅老师才开始从理性的角度来思考新入职教师发展问题。尽管当时新入职教师已经有了相关的省级以及校本培训，但这些集中、外铄性的培训，主要侧重于理论知识的集中传授和一般性的介绍，重视面上培训而忽视整合培养，存在着力点失衡、长效性不足等局限性。[①]于新入职教师们而言，这类职前或职后的培训，更多的是强制性的任务和被动的接受，缺乏吸引力和持久作用力，对教师的专业发展指导性和影响力非常有限。如何让新入职教师自信地步入职场、从容地开启职业生涯，让他们能够热爱教学、潜心教育、对教师这一职业永远充满敬畏之心，是每一位教师专业发展的管理者、研究者和专家值得深思的问题。作为教师成长发展的主阵地，教师所在院（系）在教师的专业发展方面发挥着不可替代的作用。对于 X 学院而言，新入职教师的培养工作因缺乏有力的抓手而多年来停滞不前，对学院造成了很大的困扰。尽管对问题有了比较清晰的认识，但在面对新入职教师培养这一重任时，梅老师曾努力尝试去改变现状，在此过程中深感自身知识和能力的不足，同时，受各种因素的影响，这项工作因缺乏适切的突破口而一直未能取得实质性的进展。

（三）个人专业成长中的经验教训

大学本科毕业后，梅老师如愿成为一名高校教师，实现了自己多年的梦想。在办完入职手续的那一刻，她才懵懂地意识到自己的职业生涯已拉开了帷幕。那时候，她对教师这份职业的认识仅仅停留在"上课"这一层面，"上好课"成了她入职后立下的第一个"宏愿"。入职后的第一个暑假，她的大部分时间都是在备课中度过的。没有人告诉她该如何去教学，更没有相关的入职培训，凭借着唯一得到的几本教材，她按照自己的理解紧锣密鼓地备课，为开学作了充足的准备。在第一次登上讲台之前，她在宿舍里将第一节课的教学内容演练了许多遍，直到基本上能背下来每一个字，真正做到了滚瓜烂熟。在开学的第一天，梅老师满怀自信地踏上了讲台，有板有眼地开始了自己有生以来的第一次正式授课。然而，正是因为准备过于充分，加之第一次面对四五十名学生时有些紧张，她的第一堂课尽管在形式上开展得非常

---

① 周海涛,于榕.高校青年教师教学学术能力提升的瓶颈与路径[J].国家教育行政学院学报,2022(05):79—85.

顺畅，但是学生们却反馈"老师语速太快，我们没有跟上节奏，部分内容没有听懂"。在那一刻，梅老师恍然大悟，她之前所关注的，仅仅是如何将知识流畅地讲授出来，以不辜负自己的教师身份，却完全没有考虑到学生的水平和能力，甚至在一定程度上忽视了他们的存在。梅老师通过自己的实践逐步意识到，对于大学教师而言，除了具备扎实的专业知识之外，还需要掌握教学相关知识，这成了她此后在个人成长中努力的目标之一。

回想起来，梅老师觉得那时的自己似乎是一个木偶，在一双外在的手的操控下机械地完成了教学任务，却忘记了自己的授课对象——那些基础并不是很好的可爱的学生们。自己对教学的粗浅理解和认识，像一张无形的网，困住了自己的思维和双手，也将自己封在了逼仄的空间。那时候，她对授课的理解仅仅是"讲好课"，但却并不知道什么是"好课"。没有任何的教育教学背景，她只能在教学实践中从零开始摸索，不断塑造自己心目中的理想教师形象。本科毕业前，班主任老师曾说过的"你很适合当老师"这句朴实无华的话一直萦绕在她的脑海中，激励着她努力扮演着"好老师"的角色。在与学生和同行的互动交流以及个人的实践反思中，梅老师一点一滴地建构并不断完善自己的知识体系，在实践中慢慢成长和发展。尽管她的教学赢得了各方的认可，但是在漫长的摸索过程中，有太多的孤独、无助和迷茫，而且多年之后，她依然游走在教学实践的底层，无法对教学进行深入的探究和思考。

在实践中摸索成长，是她个人专业发展的主要路径。回顾自己二十余年来的职业生涯，梅老师意识到，尽管自己在入职两三年之后就站稳了讲台，并且有幸在教学方面取得了一定的成绩，赢得了学生、同事和各级领导的认可，但在自己的专业发展历程中，在教学方面一直没有接受过任何系统的培训，接触最多的职后教育要数各类讲座和会议。多年的工作经验使梅老师在不知不觉中变成了一位"老教师"，她可以轻车熟路地完成所承担的任何教学任务，尽管教学效果尚可，但就教学方式、教学能力的改进而言，似乎渐渐落入成规，多年来几乎没有什么大的改观。二十多年过去了，梅老师发现除了经验的积累，自己在教学方面貌似进入了僵化阶段，重复性的工作占据了大部分时间，教学的创新和发展几乎停滞不前，职业倦怠感也因此日益加剧。

著名教育家苏霍姆林斯基曾说过："如果你想让教师的劳动能够给教师带来乐趣，使天天上课不至于变成一种单调乏味的义务，那你应该引导你的教师走上研究这条道路上来。"[①]教师专业发展中出现的类似瓶颈问题，主要原因在于教师教育教学相关理论的缺失，致使教学始终处于最基本的基础性知识传授层面，对教学实践中存在的问题也往往不能及时、有效解决，最终沦为习以为常、视而不见。由于缺乏对教学的深入思考和探究，一切教学工作都是机械式的重复开展，教师的教学能力和水平停滞不前，甚至随着年龄的增长和热情的消退而出现下滑趋势，最终导致教学质量下降、引发职业倦怠。为避免迷失和沉沦于碎片化的教学生活，教师需克服自身与教学世界、内在心理与教学事实之间的分裂和对立，摆脱教学生活的贫乏和机械，整体、高远地看待教学，把握教学前进的方向。[②]为遏制教师职业发展陷入停顿甚至逐步下滑的趋势，教师自身除了需要具备"自我救赎"的能力，即持之以恒的终身学习能力，教师还需要具备孜孜不倦的探究能力。只有在教学中不断思考和探究，才能加深对教学的认识和理解，教师的教学才能处于不断自我革新和变化之中，才能永葆活力、日臻完善。而这些能力的获得，仅凭一己之力，不仅耗时低效，而且存在事与愿违的风险，而系统的学习和针对性的指导可以帮助教师更加有效地实现这一目的。"如果当初有一定的帮助和引导，自己的教学就会向更高的层次发展……"回顾自己的成长历程，梅老师难免有些怅然若失。

二、研究的目的和意义

在教育高质量发展大背景下，党和国家高度重视打造高素质的教师队伍。教学是教师的第一要务，教师要潜心教育教学，躬身教学实践与教学研究，不断提升教学质量和教学效果，教学学术能力的提升是实现这些目的的重要

① 苏霍姆林斯基.给教师的建议[M].杜殿坤,译.北京:教育科学出版社,1984:494.
② 徐继存.不确定世界的教学及其应对[J].教育研究,2022(12):57—64.

路径。高校新入职教师是高等教育师资队伍的新鲜血液，其教学学术能力的提升，不仅关乎个人的专业发展，而且关乎整个高等教育的未来。为此，本研究旨在通过对教学学术能力的深入剖析，提出有效的提升路径，进而通过行动研究的范式，促进 X 学院新入职教师教学学术能力的提升。无论是从教师个体，还是从院（系）、学校甚至整个高等教育的维度来讲，本研究都具有一定的理论价值和现实意义。

（一）研究目的

本研究源于工作实践，旨在通过研究不断修正和调整行动，进而改进 X 学院新入职教师的培养工作。在此过程中，不仅可以更为透彻地认识所研究问题，梳理相关的理论，而且可以对研究者、协作研究者、研究对象、参与者等的学习和行为产生影响，实现共同成长和发展。

透视 X 学院新入职教师入职教育中存在的问题。入职教育是教师发展的关键环节，是教师专业发展的"发动机"和"加速器"。自 1997 年国家教委颁布《高校教师岗前培训暂行细则》以来，我国各地方教育行政部门就陆续启动了高校新入职教师岗前培训工作，各高校也都辅以不同类型的校本培训。X 学院的新入职教师所接受的入职培训包括省级高校新入职教师的统一培训、校本培训以及所在院（系）的培训。本研究对 X 学院的新入职教师入职教育的具体情况进行调研分析，了解和把握其中存在的问题和不足，剖析原因，寻求对策，为更好地设计本研究的行动方案和改进工作实践奠定基础。

深入了解教师教学学术能力的构成及其影响因素。行动研究的主要目的在于改善行为的品质，通过反思、调整、修正自己的行动来改进工作实践。研究新入职教师入职教育中存在的问题和不足，其目的在于改进现实中新入职教师的培养工作，提出有效解决实际问题的可行路径。职业发展的初期，是形成教师信念、价值观，培养职业能力和素养的关键时期，也是培养和提升其教学学术能力这一衡量教师基本素养的重要指标的最佳时机。为此，本研究以教师的教学学术能力为切入点来引导新入职教师的专业发展，在广泛、深入研读相关文献的基础上，分析教学学术能力的构成维度、影响因素，提出可行的提升路径，建构本研究的理论框架，为后续的行动研究提供理论指导。

促进研究者自身的成长和发展。行动研究不仅仅关乎行动本身，还关乎研究，即生成动态性实践理论。通过探究并解释自身工作中的现象，实践者也就成为研究者，理应生成自己的动态实践理论。本研究立足工作实践，让研究者能够从更加理性的视角探究实践中的问题，客观地审视、反思和调整自己的行为，让自身处于不断学习和改进的状态，且通过自己的行为影响他人，改进工作实践。在本研究中，研究者作为行动的主体，不断钻研和学习与新入职教师教学学术能力提升相关的知识，反思和调整自身的行为，带动新入职教师协同努力，使学习共同体的各项活动指向教学学术能力的提升这一共同目标。因此，本研究也为提升研究者本人的能力和素质提供了很好的平台和机遇，让研究者能够在理论与实践的互动中成长发展。

提升 X 学院新入职教师教学学术能力。在了解新入职教师的入职教育现状和探究教师教学学术能力的基础上，本研究从新入职教师所接受的集中入职教育中所存在的实际问题出发，结合工作实践中新入职教师专业发展方面存在的问题，以建构主义学习理论、教师专业发展理论、学习型组织理论为指导，通过在学院层面建构新入职教师学习共同体，营造良好的教学学术氛围、开展针对性学习、倡导教育行动研究等路径，引导新入职教师在教学实践中不断完善教师知识体系，关注学生学习，对教学实践进行积极反思，不断改进教学方法和手段，并将相关教学问题及其研究成果在一定范围内进行分享交流，接受同行评议，逐步促进其教学学术能力的提升和发展。

（二）研究意义

高校新入职教师是高等教育师资队伍的新生力量，其教学学术能力的提升，是打造高素质高校师资队伍的活水源头和实现高等教育高质量发展的基本保障。本研究致力于从教学学术能力的视角促进新入职教师的发展，以此丰富教师发展相关理论，为改进新入职教师的培养工作提供参考和借鉴。

1. 理论意义

深化对教师教学学术能力的理解。教学学术能力是教师的核心职业素养，在教师专业发展和教育高质量发展中发挥着关键作用，对教学学术能力的深入理解，有助于为教师的专业发展提供新的视角和路向。然而，教学学术能力本身的复杂性和抽象性，往往使教师对之知其然而不知其所以然，甚至对其敬而远之，但为回应教育高质量发展的时代需求，提升教学学术能力是新时代高校教师不可推卸的责任和担当。本研究倡导教学学术，强调教师教学学术能力，在文献梳理的基础上，明晰其本质内涵、基本构成，剖析其影响因素，提出提升路径，进而勾画清晰的教学学术能力理论框架，为深入理解教学学术能力提供有力的理据。

为新入职教师专业发展提供新的视角。本研究以教学学术能力为切入点，将新入职教师的学习和专业发展与教学实践紧密结合，强调在实践中学习、反思、交流、成长，是对传统新入职教师专业发展模式的补充和创新。通过行动研究的范式，一改集中培训的外铄性和被动性，引导新教师积极参与其专业成长，在此过程中更好地发挥主观能动性，由被动的被培训者变为主动的学习者，成为个人专业发展的参与者、推动者和设计师。因此，本研究在新入职教师培养的理念和方法上都实现了一定的突破，为教师专业发展提供了新的理论视角和方法论视角。

2. 实践意义

弥补教师入职教育中的不足。我国高校教师的相关入职教育，大部分都是自上而下统一安排的，以短期集中的理论讲授为主，很难兼顾到教师的专业实践，缺乏针对性和实践性。近年来，一些地方性入职培训积极尝试将理论讲授与教学实践相结合，在一定程度上弥补了传统集中培训的不足，但在受益面和专业针对性方面依然存在诸多问题。教师所在院（系）在指导教师的专业实践方面具有得天独厚的优势，可以通过组织针对性的学习和培训，为理论学习和教学实践的有机结合搭建良好平台。本研究聚焦新入职教师所在院（系）基于教学实践的相关学习培训，可以使教师能够在一定的理论的指引下，在真实的情景中感知教学、体悟教学、反思教学、改进教学，实现真正意义上的成长。

为教师教学学术能力的提升提供实践经验。随着教学学术理念的逐步深

入，高等教育回归教学原点这一问题引起了多方充分的重视。然而，无论教学
学术作为一种理念也好，还是作为一种研究范式也好，在概念界定上一直存在
一些争议，且往往伴有一定的模糊性，故而对教师开展教学学术活动造成了一
定的挑战。同样，教师的教学学术能力构成相对复杂，影响因素众多，如何抽
丝剥茧、条分缕析地明晰相关概念并提出切实可行的提升措施，对于教师的
教学和专业发展有着重要意义。本研究倡导教学学术理念，依托新入职教师
学习共同体逐步引导教师教学学术能力的提升，不仅有助于新入职教师尽快
适应新的工作环境、缓解工作压力、减轻焦虑，而且可以引导他们树立正确
的学术观念，在入职伊始就能专注于教学，对教学进行深入的观察和思考，
在实践中逐步提升教学学术能力，为职业生涯打下良好的基础、争取良好的
开端。新入职教师作为高校教师队伍中的特殊群体，提升其教学学术能力的
经验，也将为其他教师提供借鉴，为教师队伍素质的整体提升创设契机。

三、理论基础

本研究主要涉及建构主义学习理论、教师专业发展理论和学习型组织理
论。本部分将对上述理论进行描述和分析，为建构本研究的理论框架和后期
有效开展行动研究做好铺垫。

（一）建构主义学习理论

建构主义是始于 20 世纪 50 年代的认知革命的一部分，是对传统行为主
义的回应。行为主义认为学习是一个被动的过程，而认知主义则认为学习者
在构建自己的知识方面发挥着积极作用，学习者必须积极地参与学习体验，
才能掌握和构建知识。建构主义学习理论的主要贡献者有皮亚杰（Piaget，
J.）、维果斯基（Vygotsky，L.）、布鲁纳（Bruner，J.）等。其中，皮亚杰是建
构主义之父，布鲁纳被认为是认知建构主义中的主要理论家，而维果斯基是
著名的社会建构主义理论家。杜威（Dewey，J.）也有建构的思想，重视情境
的创设和沟通交往，提出了"教育即经验的改造"的主张，倡导经验的变化

性，其教育哲学对建构主义教育思想的发展产生了深远的影响。认知建构主义认为学习是一个双向的意义建构的过程，是一个通过新旧经验的相互作用而形成、丰富和调整自己认知结构的过程。就其实质而言，意义建构是同化和顺应统一的结果。社会建构主义是认知建构主义的进一步发展，主要关注学习和知识建构的社会文化机制，认为学习是一个文化参与过程，学习者借助一定的文化支持参与某个共同体的实践活动来内化有关的知识。知识建构的过程不仅需要个体与物理环境的相互作用，更需要通过学习共同体的合作互动来完成。

作为一种范式或世界观，建构主义认为知识处于不断的动态变化之中，仅仅是对人的客观世界的一种解释或假设，需要不断地更新和创造。学习是一个主动的、基于情境的知识建构过程，而不是获取知识的过程，学习者在此过程中积极建构知识。学习者不是一块白板，而是把过去的经验和文化因素带到一个情境中，在个人经验和环境假设的基础上构建知识，生成自己对客观现实的主观表述，并通过社会协商不断检验这些假设。在此过程中，学习者将从新经验中学到的新知识与从过去的经验中获得的已有知识结合起来，建构新的意义和理解。在这个意义上，学习活动不是学习者被动地接受信息的过程，而是学习者通过与外界的互动，基于自己原有的知识和经验主动地产生信息的过程。因此，学习是新旧经验之间的双向互动，应该与情境化的社会实践活动结合起来，通过学习共同体等的合作互动来完成。

教师也是学习者，建构主义学习理论对教师的发展也有很好的指导作用。舒尔曼（Shulman，L.S.& Shulman，J.H.）等提出的教师学习和发展理论是建构主义学习理论在教师发展领域的延伸。基于一个倡导建构主义教学理念的项目，舒尔曼等注意到项目中的两位教师表现迥异：一位教师教学经验不足，缺乏教学设计和课堂管理的能力和技巧，但具备扎实的学科知识，对建构主义教学理念也有较好的理解和掌握；另一位教师教学经验丰富，可以很好地管理课堂，但不熟悉建构主义教学理念。尽管两位教师存在各种差异，但在创建和维持项目所倡导的课堂模式方面却都表现出很强的动力。为了描述和解释所观察到的差异、辨识教师教学能力的基本构成及其发展变化所依赖的

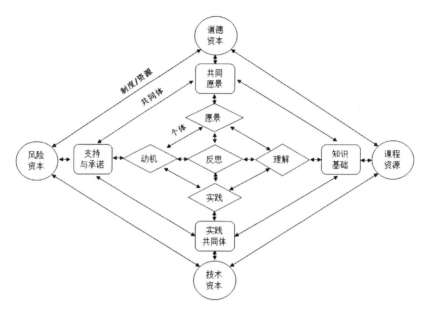

图1 舒尔曼的教师学习与发展理论

条件，研究者们提出了教师学习与发展理论（见图1）。这一理论由教师个体、共同体、制度和资源三个层面组成，每个层面都包含以反思为核心的五个维度，各层面之间紧密关联、持续互动、相互影响。[①]

处于最内层的是教师个体的学习，包括反思、愿景、动机、理解和实践五大特征。其中，愿景是指教师准备就绪的状态，即形成对特定学生的学习和理解、学习过程、课堂等的愿景，并为实现这些愿景做好准备。好的愿景是教师努力的目标和方向，也是衡量教师思想和行为的标准。愿景和现实之间的差异，可以激发学习的动机，使教师愿意通过努力消除这一差异，但差异太大则会物极必反。所谓理解，是指教师应具备相应的知识并能付诸行动，即应明白"教什么"和"怎么教"的问题，其中包含着传统意义上教师的各类知识。实践指的是付诸机智的、适应性行动的能力，是教师在复杂的教学和组织实践中有效转化其愿景、动机以及理解的能力。在此过程中，教师都

---

① Shulman,L.S.& Shulman,J.H.How and what teachers learn:a shifting perspective [J].Curriculum Studies,2004(2):257—271.

需要具有元认知意识，要对自己或他人的行动进行反思，从经验中学习，以实现真正的成长和变化。因此，教师个体应在教学中有效整合愿景、动机、理解和实践并通过积极的反思改进教学。

舒尔曼等将教师的学习置于更广阔的视域之中，从教师个体、共同体、制度三个维度阐明了影响教师学习和发展的关键要素，突显了反思在教师学习和发展中的核心地位以及愿景、动机、实践、理解在教师个人学习和发展中的基础性作用，同时也强调了共同体对教师学习和发展的支撑性作用，突显了制度和资源对学习共同体的保障作用。该理论认为，教师个体的这一学习过程，在共同体的支持下将会更加有效，所以教师还应具备参与学习共同体的能力和经验，或具有在其工作中建立此类学习共同体的能力。因此，该理论在第二层面将教师学习置于共同体之中，包括了共同愿景、知识基础、实践共同体、支持与承诺以及共同的反思五个方面。个体层面与共同体层面既相互独立又相互作用。最外层则是制度或资源的范畴，包括对应的道德、风险、技术、课程等方面的支持和保障。这些制度和资源既是教学创新的支持者也是其终结者，充足的保障会促成卓有成效的教学与学习，反之，必要保障的缺乏则是任何变革和发展的致命绊脚石。

对本研究而言，建构主义学习理论的指导作用体现在以下几个方面：其一，引导新入职教师在教学中树立以学生为中心的教学理念，注重因材施教，尊重学生的已有知识和经验，发挥学生的主观能动性和教师的引导作用，促进教师教学能力的提升和学生的发展；其二，指导研究者以建构主义的方式与新入职教师合作，深入了解其教育背景和成长需求，帮助她们了解自己的默会知识，通过引入新的观念，逐步革新已有的观念或信念，依托学习共同体促进新入职教师的学习和成长；其三，帮助研究者深入理解教师学习和发展及其影响因素，更加合理地规划学习内容，引导新入职教师有效开展集中学习和自主学习；其四，为本研究通过组建学习共同体来促进个人和集体的共同发展、以教师教学反思能力为主要抓手来提升教师教学学术能力而提供理论依据。

(二) 教师专业发展理论

教师专业发展是指教师通过学习、实践和反思，不断提高自己的教学水平和职业素养，以更好地适应学生、学校和社会需求，充分发掘个人潜能，实现自我价值的过程。教师专业发展对促进学生发展和教师成长、推进教育改革、提高教育质量、满足社会发展需求、实现教师自我价值等方面都具有很大的意义。教师应该重视并积极参与专业发展活动，提高自身素质和学历水平，促进自身和教育事业的发展。在教师专业发展方面，杜威强调了实践和反思的重要性，并提供了一套行之有效的教学反思框架，为教师反思教学实践提供了指导和支持。他认为教学的过程应该是一个反思的过程，教师应从实践中获取经验，然后再对这些经验进行反思和分析，以不断改进教学方法和效果；教师应该是学生学习过程的主导者，而不是单纯的知识传授者，教师需要深入了解学生的需求和兴趣，与学生共同探索知识，通过反思来提高教学效果和学生学习的效果。杜威的思想对于当下的教师教育和教学实践仍然具有重要的指导意义和价值，其教育理念对于教师专业发展提出了重要的要求和期望，即教师需要拥有自主学习、不断进步、积极创新和反思实践的态度和行动。

教师是一种有着强大影响力的职业，需持续不断地提升能力、掌握新知识和技能，以更好地适应变化的教育环境。然而，教师专业的可持续发展，理应是教师的全面发展，也就是说，教师的发展不应仅仅拘泥于教师专业的发展，而是教师在态度、知识、技能、教学实践各方面的综合发展。"生命·实践"教育学派创始人叶澜曾指出，教育是一种独有的创造性工作，是一种为了人的生命发展而做的创造，教师不仅仅是知识的传递者，教师的使命是使学生能够适应时代的变化。[1]要完成这一使命，教师仅有专业发展是不够的，而是应注重教师作为具体而丰富的人的全面发展，让自己成为自身职业生涯的主人，努力实现自我不断更新和发展。只有教师发生变化，真正把学生看作是主动

---

[1]　叶澜,王枬.教师发展:在成己成人中创造教育新世界——专访华东师范大学叶澜教授[J].教师教育学报,2021(3):1—11.

发展的个体，真正与学生共同投入教学、互动对话，才能促进学生生命的成长，同时教师也获得智慧的成长，实现"成人"与"成己"的有机融合。

　　教师的发展，需要教师发展场域的创设，以凸显教师独立人格的形成与完善的价值。克拉克与霍林斯沃思（Clarke，D.& Hollingsworth，H.）所提出的教师专业发展模型（见图2），将教师的世界分为个人领域（教师知识、信念、态度）、实践领域（专业体验）、成果领域（显著成果）、外部领域（信息资源、激励或支持）四大相互关联的领域。①教师在某一领域的变化会引起其在其他某一或多个领域的变化，而可持续的变化就是发展。其中的外部领域有别于其他几个领域，属于教师个人世界之外的领域，而其他几个领域构成了教师的专业实践世界，包括教师的专业行动及其结果，以及促成这些行动并对行动作出响应的相关知识、信念等。这一模型的非线性结构揭示了教师的发展是一个不断学习的过程，也是教师主体人格形成的过程，在此过程中，教师的反思与行动发挥着重要的中介作用。

　　这一模型中的"行动"，强调的是对新的观点、信念或经验的实践而不是简单地采取行动，因为处于实践领域的"行动"，都可以折射出教师知识、信念和经历等在实践中的作用。这里的"反思"与杜威所提出的反思一致，即

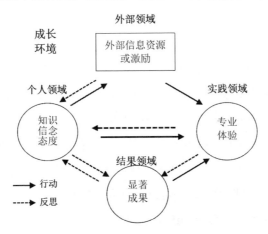

图2　克拉克与霍林斯沃思的教师专业发展模型

①　Clarke,D.& Hollingsworth,H.Elaborating a model of teacher professional growth[J].Teaching and Teacher Education,2002(8):947—967.

对知识信念的积极、持续和仔细的思考。对于不同的教师而言，即使基于同样的发展契机，由于其反思和行动的不同，该契机所引起的教师在其他领域的发展变化也是不一样的，因此，这一非线性模型可以更好地满足教师发展的情境性和个性化需求，为教师发展提供更多的可能、创造更多的机遇，有助于实现教师的个性化发展。此外，该模型也表明，教师的工作环境对教师的发展有着很大的影响，如学校对教师学习的支持和鼓励，对教师发展的每个阶段都会产生不同的影响。

教师专业发展相关理论，尤其是克拉克与霍林斯沃思的教师专业发展关联模型，为本研究中为教师教学学术能力的提升营造良好的学习氛围、提供各种资源和支持、注重教师的教学实践、强调教学反思、完善知识体系、关注学生学习和教师的全面发展等诸多方面提供了理论依据，让本研究在注重新入职教师共同发展的同时，能够密切关注不同教师的个性特征，为教师教学学术能力的提升创造更多的契机，引导教师的全面、个性化发展，以更好地促进学生的发展。

（三）学习型组织理论

学习型组织理论关涉一个组织能否进行自我调整和改造，以适应不断变化的外部环境、求得自身的生存和发展。这一理论强调一个组织应当具有学习者的素质，而这种学习是组织化的学习，涉及整个思维方式的转变、系统思维的建立和对目标愿景的共识。1990年，国际组织学习协会（SoL）的创始人彼得·圣吉（Senge，P.M.）在《第五项修炼——学习型组织的艺术与实务》一书中，深入剖析并阐述了学习型组织，首次将学习型组织的研究理论化、系统化。他认为，对于学习型组织而言，仅仅为了生存的适应性学习是不够的，还需要生成性学习，即可以提升人的创造能力的学习。①

彼得·圣吉认为，与传统的组织不同的是，学习型组织应具备五项基本修

---

① Senge,P.M.The fifth discipline:the art and practice of the learning organization[M].New York:Doubleday,1990:14.

炼（见图3）。一是自我超越，即关注个人成长，学习不断理清并加深个人愿景、集中精力、培养耐心、客观看待现实，鼓励人们精益求精，努力实现心灵深处的愿望。二是改善心智模式。心智模式深植于人们的心中，是人们对自己、他人以及世界已有的信念和假设，影响着人们对具体情况的反应和回应。改善心智模式，有助于提升组织整体的发展潜力、行动力和创造力。要做到这一点，人们需对自己的心智模式进行反思，有效表达自己的想法，并敞开心扉接纳他人的观点。三是建立共同愿景。共同愿景是组织中全体成员的个人愿景的整合，是个人、团队、组织学习和行动的坐标。共同愿景和真实情况之间的差距所产生的创造性张力，使组织成员为创造未来而努力。四是团队学习，即齐心协力，为实现共同愿景而努力，使集体力量大于个人力量。五是系统思考，即集其他各项修炼于一体，从整体出发，系统观察事物的变化过程，把握事物间的内在联系，不断反馈、调节，最终解决问题。彼得·圣吉认为，人是能动者，能够作用于所处的结构和系统，所有的修炼都以这种方式与思维的转变相关联，即从仅看到部分到看到整体的转变、从将人们视为无助的反应者到将其视为现实的积极塑造者的转变、从对现实作出反应到创造未来的转变。①各修炼之间的关系表明，"系统思考"高于其他四项

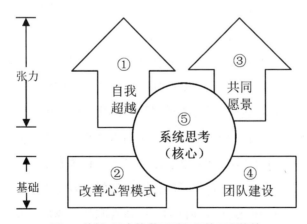

图3　彼得·圣吉的学习型组织的五项修炼

---

① Senge,P.M.The fifth discipline:the art and practice of the learning organization[M].New York:Doubleday,1990:69.

修炼，是整合其他四项修炼的核心，但同时又需要借助它们来发挥潜力，少了系统思考，就无法探究各项修炼之间的互动关系。

彼得·圣吉提出的学习型组织是能够不断学习和适应变化的组织，其特点是能够不断地推动组织的学习和创新，促进员工的成长与发展，以适应变化与应对挑战。学习型组织可以为成员提供不断学习和发展的机会，鼓励成员进行自我完善和提高，其创建需要共同的愿景和价值观，只能通过组织成员内心的信念和对生命的领悟来实现。学习型组织理论强调思维的转变，即认识到个体不是孤立于世界而存在，而是与世界紧密相连的；人们在现实中所经历的问题，并非他人所致，而是自己的行为所致，人们可以通过行动来改变现实。这一理论体现的是"以人为本"的思想，试图通过学习和激励的方式，在提高组织竞争力的同时，实现个人与工作的真正融合，让个人在工作中享受生命的意义、实现生命的价值。

学习型组织理论可以为本研究激发教师主观能动性、鼓励合作和团队学习、系统地促进教师的学习和发展等提供很好的理论支撑和指导。首先，学习型组织强调终身学习的重要性，要求成员对自我有清晰的认识和定位，能够发挥主观能动性，充分利用组织提供的平台和机遇以及自主学习，不断提升自我能力和素质，为本研究引导各位教师成员正确认识自我，树立终身学习理念，加强自主学习，在个人专业发展中发挥主观能动性提供了理论依据。其次，学习型组织鼓励成员之间的协作和沟通，通过营造良好的合作氛围来提高成员的工作热情和创造力，对本研究组建学习共同体、引导教师成员积极参与学习共同体建设提供了有力的指导。再次，学习型组织强调从系统的角度看待问题，从整体上理解和分析事物的内在联系，组织需要建立良好的文化环境以支持成员的学习和发展，鼓励员工用系统思维的方式，相互学习借鉴，不断提升自我，以推动组织的创新和发展，有助于指导本研究平衡各种内外关系，从系统的视角规划行动，为新入职教师成员的发展创造良好的条件、提供更好的指引。

四、文献综述

从教学学术、教学学术能力的构成要素、教学学术能力的影响因素及其提升策略、国内高校新入职教师教学学术能力现状四个方面，对文献进行梳理和评析，为更好地理解教学学术能力以及建构本研究的理论框架奠定基础。

（一）有关教学学术的研究

博耶（Boyer, E.L.）提出的教学学术理念在高等教育界引发了一场影响深远的运动，吸引了学者们的广泛关注。自此以后，高等教育对教学质量日趋重视，教学学术相关的研究层出不穷，在数量上逐年增加，表征形式日趋多样化，研究范围也越来越广。归纳起来，主要可以分为两大类：基于学科的教学学术研究和教学学术的运作机制研究。

1. 基于学科的教学学术的相关研究

学科是开展教学学术活动的主要空间。①麦金尼（McKinney, K.）曾指出，学科是学者们从事教学学术研究的切入点，在学科领域有许多富有挑战但又非常重要的教学学术话题，如学生的学习、本科生和研究生教学、课堂之外其他层面的研究、学生的合作研究者身份、国内外不同大学之间同一学科的教学学术共享等。②学者们对具体学科的教学方法和学习方法进行了广泛的研究。唐纳德（Donald, J.G.）认为，"不同学科有着不同学习方式"③，他的这些思考掀起了各学科之间通过学习和借鉴来改进具有学科特色的教学方法的热潮。不同学科的学者在参与教学学术时，会带入自己学科的知识和方法。④舒尔曼提出的特征教学法（signature pedagogies）更是推动了这一趋势

---

① Healey, M.Developing the scholarship of teaching in higher education: A discipline-based approach [J].Higher Education Research and Development, 2000(2): 169—189.

② McKinney, K.Enhancing learning through the scholarship of teaching and learning: The challenges and joys of juggling[M].San Francisco, CA: Jossey-Bass, 2010: 105.

③ Donald, J.G.Learning to think: Disciplinary perspectives[M].San Francisco: Jossey Bass, 2002.

④ Huber, M.T.Editorial: CASTL has concluded.Long live the scholarship of teaching and learning[J]. Arts and Humanities in Higher Education, 2010(1): 5—8.

的发展。①后来，高隆（Gurung，R.A.R.et al.）等描述了其所在学科独特的内容和教学方法，并指出了适合该领域课堂教学的常用教学方法。②针对具体学科的学习，迈耶（Meyer，J.H.F.）和兰德（Land，R.O.）提出了各学科内部阻止学生获取新知识的阈值概念，认为这些概念，尽管有瓶颈，但发挥着重要的入口功能，一旦开启，就会使学生获得之前无法获得的新的思维方式。③

    由于不同学科有着不同的传统和信念，各学科开展教学学术所采用的方法不尽相同，可以在一定程度上反映出该学科的知识论。④众多的研究都聚焦学科知识论及其与相关文化和信念之间的关系，这些文化与信念关涉如何有效地教学、评价和研究学生。⑤⑥对于特定学科学生学习情况的研究，有助于教师更好地理解学生的课程或学科学习情况，也有助于通过学科内部的分享交流为其他教师和学生提供借鉴。基于学科的教学学术研究还可以增进教学学术对学校机构组织文化的渗透性，创造教学学术研究与评价之间的互补性。⑦此外，近年来基于学科的教学学术研究越来越集中于本科生参与研究、合作研

① Shulman，L.S.Signature pedagogies in the professions[J].D?dalus，2005(134)：52—59.

② Gurung，R.A.R.et al.(Eds.) Exploring signature pedagogies：Approaches to teaching disciplinary habits of mind[M].Sterling，VA：Stylus，2009：1—18.

③ Meyer，J.H.F.and Land，R.Threshold concepts and troublesome knowledge (2)：epistemological considerations and a conceptual framework for teaching and learning [J].Higher Education，2005(3)：373—388.

④ Huber，M.T.and Morreale，S.P.(eds.) Disciplinary styles in the scholarship of teaching and learning：Exploring common ground [M].Washington，DC：American Association for Higher Education，2002：1—24.

⑤ Donald，J.G.The Commons：Disciplinary and interdisciplinary encounters[M].In：Kreber，C.(ed.) The university and its disciplines：Teaching and learning within and beyond disciplinary boundaries.New York and Abingdon：Routledge，2009：35—49.

⑥ Fanghanel，J.Exploring teaching and learning regimes in higher education settings[C].In：Kreber，C. (ed.) The university and its disciplines：Teaching and learning within and beyond disciplinary boundaries.London and New York：Routledge，2009：196—208.

⑦ 周仕德.大学教与学学术研究：意涵取向、核心观点及发展趋势[J].高教探索，2014(4)：83—91.

究项目、社交媒体在传播教学学术中的应用。①②③其中，针对本科生参与研究，罗利特（Rowlett et al.）等推荐了一些激励本科生参与研究的具体做法，包括提供可持续的研究机会、明确师生对研究课程的期待、将学生对学术的所有权置于研究的中心、培养指导教师乐于帮助学生的品格等，认为从事教学学术的教师更适合引导学生参与研究活动。④

随着教学学术的不断发展，跨学科的教学学术发展成了一种国际性的跨学科行为，跨学科对话成为教学学术的关键特征。跨学科的教学学术的出现，至少有三个原因：不同学科之间存在许多共性的教学问题；为掌握开展教学学术的理论和方法，有必要与其他学科的同事合作或向他们学习；使教学学术不再局限于个人的课堂。⑤跨学科的教学学术资源，不仅可以开阔教师的视野、鼓励教师开展跨学科合作，更重要的是会对学生的学习产生更深远的影响。跨学科教学学术合作不仅可以为研究者提供分析课堂的新策略、接触不同的认知信念，也可以开阔研究者的视野，让质性研究者和量化研究者在研究方法上学习借鉴，这也是跨学科教学学术的最大益处之所在。⑥在强调跨学科合作研究的同时，越来越多的研究也开始重视合作研究的公开性以及社交媒体的影响。⑦⑧研究者们依托网络媒介，通过博客、推特、微信等非传统方

---

① Brew,A.Understanding the scope of undergraduate research:a framework for curricular and pedagogical decision-making[J].Higher Education,2013(5):603—618.

② Healey,M.et al.Reflections on engaging students in the process of learning,teaching,and assessment:an institutional case study[J].International Journal for Academic Development,2010(1):19—32.

③ Rowlett,R.S.et al.Characteristics of excellence in undergraduate research (COEUR)[C].In:Hensel,N.Characteristics of excellence in undergraduate research(COEUR).Washington DC:Council on Undergraduate Research,2012:2—19.

④ Healey,M.et al.Engagement through partnership:Students as partners in learning and teaching in higher education[M].York:Higher Education Academy,2014:54.

⑤ Mckinney K.(Ed.) The Scholarship of Teaching and Learning in and across the disciplines[M].Bloomington,Indiana:Indiana University Press,2013:4.

⑥ Bossio,D.el al.A road map for forming successful interdisciplinary education research collaborations:a reflective approach[J].Higher Education Research and Development,2014(2):198—211.

⑦ Scanlon,E.Scholarship in the digital age:Open Educational Resources,publication and public engagement[J].British Journal of Educational Technology,2014(1):12—23.

⑧ Pearce,N.et al.Digital scholarship considered:How new technologies could transform academic work[J].Education:2012(1):33—44.

式分享教学学术研究成果，不仅可以深化个人反思、打造个人"电子身份"，也可以更加便利地促进不同学科之间的教学学术交流。

总体而言，基于学科开展教学学术是一种理解、评价、改进教学方法和教学实践的强有力的方法，尤其是当它与学校的发展战略紧密关联时，学校可以充分利用教学学术所提供的证据不断深化改革，提升学校整体的教学质量。各类立足于教学实践的基于学科的教学学术研究，为彰显教师的实践智慧、共享教学成果、推动学科发展、提升教学质量等发挥了重要的作用，大大激发了教师潜心教育教学的兴趣，为教学的发展注入了源源不断的活力。尽管有学者认为强化基于特定学科的教学学术会对跨学科教学学术造成一定的障碍，但事实证明，二者并不冲突，反而是相互促进的。可以说，跨学科的教学学术是基于学科的教学学术的立体化发展，可以促进不同学科研究者的相互学习借鉴、不断拓展知识视野、创新研究方法，将新的策略应用于自己的学科领域或自己所在的学术机构，进而丰富教学实践、创新教学研究、提升教学质量、促进教育的整体变革和发展。

2. 教学学术运作机制的相关研究

教学学术的运作机制包括研究者个体（教师）、学校（机构）、国家或国际即微观、中观、宏观三个层面。在微观层面，教师通过教学学术项目，运用专业知识研究自己的教学和学生的学习，并通过发表、分享研究结果来建构新的身份。这一特殊身份的建构，使得教学学术充满了新意和活力。[1]教师也让学生参与教学学术活动，和学生一起学习、分享、建构知识。教师个体的教学学术研究不仅可以让其所在的系（部）受益，而且可以成为整个学校的资本。[2]这印证了舒尔曼所提出的倡导教学学术有三大理据：专业、务实和政策。[3]其中，专业指的是作为专业学者或教育者理应享有的机会和履行的义

---

[1] Chick,N.et al.The Scholarship of Teaching and Learning:a scoping review protocol[J].Teaching & Learning Inquiry,2019(2):186—197.

[2] Bernstein,D.How SoTL-active faculty members can be cosmopolitan assets to an institution[J]. Teaching and Learning Inquiry,2013(1):35—40.

[3] Shulman,L.S.From Minsk to Pinsk:why a scholarship of teaching and learning[J].Journal of Scholarship of teaching and learning,2000(1):48—53.

务；务实则指教师以相对公开的方式对教学的针对性反思、记录、评估和分析，不仅有助于提升自身的教学，还可以为其他承担相同教学任务的教师提供经验参考，以便更好地促进学生的学习；政策则是指教学学术可以为合理制定相关政策提供有力的证据。

在中观层面，实践共同体在促进教学学术发展方面发挥着重要的作用，也具有很大的潜力。①通过实践共同体，从事教学学术的学者们可以合作开展学术活动、共同提升能力、培育学习共同体、形成学校层面的支持机制等。其中，共同体中教学学术引领者和指导者在连接有经验的教学学术研究者与新手研究者方面扮演着重要的桥梁作用，有效的教学学术指导可以让处于职业早期的教师更加关注教学。②③此外，教师所在系（部）是改变教师对教学学术认识的主要因素，而学校文化在提升教学学术地位方面发挥着关键作用。学校可以出台系列计划来支持教学学术，学校在制度上对教学学术的认可是对从事教学学术的教师的最大激励。④⑤反过来，教师对教学学术的重视也可以对学校带来诸多益处。⑥

在宏观层面，各个国家对高等教育教学的重视，提升了教学学术在高等教育中的形象和地位，教学学术也逐渐成为教师发展的重要路径之一。⑦加拿大高等教育教学学会（Society for Teaching and Learning in Higher Education）认

---

① Felten,P.Principles of good practice in SoTL[J].Teaching and Learning Inquiry,2013(1):121—125.

② Webb,A.S.et al.Professional development for adjunct teaching faculty in a research-intensive university:Engagement in scholarly approaches to teaching and learning[J].International Journal of Teaching and Learning in Higher Education,2013(2):231—238.

③ Hubball,H.et al.Ten - year reflections on mentoring SoTL research in a research - intensive university[J].International Journal for Academic Development,2010(2):117—129.

④ Haigh,N.et al.Undertaking an institutional 'stock-take' of SOTL:New Zealand University case studies[J].Higher Education Research and Development,2011(1):9—23

⑤ Cheng,M.Professionalizing teaching identity and teaching 'excellence' schemes[C].In:Gornall,L.et al.(eds.)Academic working lives:Experience,practice and change.London:Bloomsbury,2014:162—169.

⑥ Shreeve,A.Joining the dots:the Scholarship of Teaching as part of institutional research[J].Higher Education Research and Development,2011(1):63—74.

⑦ Schwartz,B.M.& Haynie,A.Faculty development centers and the role of SoTL[J].New Directions for Teaching and Learning,2013(136):101—111.

为教学学术是保护和提升高等教育质量的关键要素，并且从国家的视角提出了提升教学学术的行动策略：提升意识、建构全国联盟、改进地方基础设施（教育发展中心）、增加教学学术的传播和吸收机会等。近些年来，许多国家也通过加强教师资质认证来提升教师的教学学术。比如，英国在 2006 年提出的《高等教育教学与支持学习专业标准框架》（UKPSF）成了教师教学发展和进步的指导性文件，被广泛应用于评估和反思高等教育教学实践。目前，许多英国高校都设有这一专业标准框架认证评估项目。英国许多受资助的教育发展项目也都是与教学发展相关，且日渐成为证明教师教学能力的证据之一。[①]其他国家也都在近些年来推出了类似的专业标准，如荷兰的《高校质量保障》、澳大利亚的《高等学校教学标准与框架》、爱尔兰的《高等学校教师专业发展框架》等。[②]这些框架在国家层面为高等教育教学能力和教师的专业发展提出了标准和要求，为高校教师正确认识教学提供了指导，引导教师将教学实践作为探讨、反思和研究的对象。在实践中，这些框架拓宽了高等教育学术实践的视野，深化了人们对高等教育中教学的复杂性以及教学学术的必要性的认识，促进了教学学术在全球的蓬勃发展。

（二）有关教学学术能力构成的研究

如上所述，教学学术内涵丰富、覆盖范围广，要有效开展教学学术，教师必须具备相应的能力，即教学学术能力。教师的教学学术能力是教师在教学实践和教学研究中应具备的综合能力，关涉知识的传授、共享和生成等多个方面。对于教学学术能力的界定，学者们也有着不同的侧重，有的强调学科知识的基础性作用、人本主义的价值取向以及知识传播和构建；[③]有的强调大学教师在学科教学中表现出来的发现、整合、应用的能力；[④]有的强调在促

① Lemass,B.and Stace,R.Towards teaching and research parity[J].Perspectives:Policy and Practice in Higher Education,2010(1):21—27.
② 马笑岩,陈晓端.基于标准驱动的高校教师专业发展:爱尔兰的经验与启示[J].当代教师教育,2022(2):84—91.
③ 颜建勇,黄珊.大学教师教学学术能力与学科学术能力良性耦合发展机制研究[J].教育科学,2018(6):68—73.
④ 耿冰冰.大学教师教学学术水平初探[J].学位与研究生教育,2002(Z1):60-63.

进学生深度学习和学科素养发展的过程中教学研究与教学实践之间的相互作用；①有的强调教学学术能力中学科专业知识和教学理论知识的指导作用以及交流和反思的桥梁作用。②尽管学者们对教学学术能力的界定各有侧重，但其众多的共性表明，教学学术能力是教师在学科专业知识和教学理论知识的指导下，反思教学实践所生成的一种实践智慧，它以促进学生的发展为价值取向，以知识的共享共建为主要载体，是实现教学发展和促进学生有效学习的一种寓教于研、寓研于教、教研相长的创造性能力。此外，学者们对教学学术能力的界定，更多强调教师在学科领域内的教学学术活动中表现出的各种能力，而实际上，随着跨学科教学学术的发展，教师的教学学术能力已不再局限于特定学科，跨学科交流的能力在教师教学学术能力中也日趋重要。

对于教学学术能力的构成，学者们也从不同的视角进行了划分。博耶从教师作为教育者的角度出发，认为教学学术能力体现在五个方面：对教学内容的掌握和理解；师生间学术桥梁的搭建；教学过程的设计与检验；对学生主动学习的激励；知识的迁移与拓展运用。③这一解读着重强调教师在教学中如何有效传授和拓展知识。更多的学者从教师有效开展教学学术活动应具备的知识、技能、观念等层面阐释了教学学术能力的构成。④⑤⑥比如，马丁（Martin，E.et al.）等人认为，教学学术能力必须包括以下三个关键方面：对已有的教学知识的了解；对特定学科教学的反思；在学科内对教学思想的传播。其中，教学知识是基础和指引，反思是主要的方法和路径，教学思想的

① 刘喆.什么是大学教师"教学学术能力"：内涵与发展路径[J].华东师范大学学报(教育科学版),2022(10):54—64.
② 谷木荣.高校青年教师教学学术能力提升的现实困境与实现路径[J].当代教育科学,2018(11):65—68.
③ Poston,L.& Boyer,E.L.Scholarship reconsidered:priorities of professoriate[J].Academe,1992(4):43—51.
④ Martin,E.et al.Scholarship of teaching:A study of the approaches of academic staff [C].In C.Rust (ed.).Improving student learning:Improving student learning outcomes.Oxford:Oxford Centre for Staff Learning and Development,Oxford Brookes University,1999:326—331.
⑤ 李晓华,刘静芳.大学教师教学学术水平影响因素的实证研究[J].当代教育与文化,2021(2):93—98.
⑥ 綦珊珊,姚利民.教学学术内涵初探[J].复旦教育论坛,2004(6):28—31.

传播是主要目的。也有学者强调教师 PCK 在教学学术能力中的核心地位，认为教学学术能力包括教师 PCK 的生成与传播能力、教学评价与反思能力、教学研究与创新能力等，其核心是掌握、运用和创新 PCK 的能力。[1][2]学者们的不同解读，体现了教学学术能力是一个复杂的知能结构体，涵盖教师的PCK、反思能力、教学能力、教学研究能力等诸多方面。

部分学者从"教学"和"学术"两个方面来诠释教学学术能力。比如，以周光礼等为代表的学者们认为："教学学术能力是教学能力和学术能力的有机融合，既具有教学属性，也具有学术属性，学术属性是其本质，教学属性是其个性。"[3]"融合"意味相互渗透、合二为一，因此教学学术能力不是教学能力和学术能力的简单结合，而是二者以提升学生的学习为共同目的而形成的综合能力。希利（Healey，M.）指出，教学学术能力既涵盖了卓越教师应具备的能力和从事学术性教学的能力，也包括对教学实践进行交流和传播的能力。[4]这里卓越教师应具备的能力侧重于教师的教学能力，对教学实践的交流与传播强调的是学术能力，而学术性教学能力则介于二者之间。谷木荣也从这两个方面对教学学术能力作了更为详尽的解释，他认为："教学学术能力是一种综合性实践能力，既包含教师关注学生成长、促进学生生成有效学习行为的教学能力，也包含教师运用学术研究的范式研究教学实践活动的教学研究能力，二者相辅相成，共通融合。"[5]这些观点表明，教学学术能力不是教学能力与学术能力的简单相加，而是教（教师的教）、学（学生的学）、学（理论与思想）、术（技艺和工具）四大维度的深度融合。

① 颜建勇,张帅,黄珊.大学教师教学学术能力的生成发展逻辑探析[J].江苏高教,2021(6)：86—93.
② 王岚,王永会,计然.教学学术能力视域下高校教师教学培训改革研究[J].河北科技大学学报（社会科学版）,2018(1)：95—100,7.
③ 周光礼,马海泉.教学学术能力：大学教师发展与评价的新框架[J].教育研究,2013(8)：37—46.
④ Healey,M.Developing the Scholarship of Teaching in Higher Education：A Discipline-Based Approach[J].Higher Education Research and Development ,2000(2)：169—189.
⑤ 谷木荣.高校青年教师教学学术能力提升的现实困境与实现路径[J].当代教育科学,2018(11)：65—68.

　　为了更好地理解教学学术能力，学者们也构建了不同的教学学术模型。[1][2]其中，特里格维尔（Trigwell，K.et al.）等提出了由观念、知识、反思、交流四个维度构成的"教学学术模型"，全面体现了教学学术所关涉的关键要素，得到了学界的广泛认可和应用。依据这一模型，具有较强教学学术能力的教师应秉承"以学生为中心"的理念，积极开展行动研究，除了具备扎实的学科专业知识外，还要具备丰富的教育教学知识，积极对教学过程及学生的学习过程进行深刻反思，逐步形成个性化的教学理念和方法，并在此基础上对反思的结果以公开发表的形式与同行进行交流。[3]后来，特里格维尔和莎莉（Shale，S.）又从教师和学生合作的视角，提出了由知识、实践、成果三大部分构成的教学学术模型，认为教学是一种以学习的发生为目的的学术过程，强调了公开、接受评议在实现教学学术中的重要性。[4]模型中三大要素之间的有效互动，就是教学学术能力。[5]与特里格维尔的教学学术四维模型相比，这一模型更加强调教学学术的实践性以及各维度之间的联动，体现了教学实践过程的复杂性以及教学学术成果的多元性。

　　此外，还有学者通过实证研究，探究了教学学术能力的构成。克莱伯（Kreber，C.）运用德尔斐法得出的教学学术能力体现在以下六个方面：探索四种学术之间的关系；基于实践智慧和学科学术标准开展有效教学；通过对实践的反思获取有关教与学的知识；具备具体的研究技巧、态度和成果；通过反思提升 PCK；分享知识和见解并接受同行评议。[6]这六个方面也映射了特里格维尔的四个维度，进一步印证了后者的有效性。刘刚等通过对 13 位卓越

①　Kreber,C.and Cranton,P.A.Exploring the Scholarship of teaching[J].The journal of higher Education,2000(4):476—495.
②　Trigwell,K.et al.Scholarship of Teaching:a Model[J].Higher Education Research and Development,2002(2):155—168.
③　徐萍.高校教学学术能力的构成及其发展研究[J].教师教育研究,2016(5):18—23.
④　Trigwell,K.& Shale,S.Student learning and the scholarship of university teaching [J].Studies in Higher Education,2004(4):523—536.
⑤　Tierney,Anne M.et al.Supporting SoTL development through communities of practice[J].Teaching & Learning Inquiry,2020(20):32—52.
⑥　Kreber,C.Controversy and consensus on the scholarship of teaching[J].Studies in Higher Education,2002(2):151—167.

教师的课堂观察、深度访谈和相关文本分析，得出大学卓越教师的教学学术能力呈现圈层性结构，包括核心层、中间层和边缘层三个圈层，涵盖价值、情感、知识、方法、人际和技术六个方面，每个层级由不同的能力要素组成，发挥着不同的价值和功能。[①]朱炎军运用扎根理论，通过对 16 位国家或省级教学名师的访谈，建构了包括观念、知识、研究、交流、自由五个范畴的教学学术能力结构模型。[②]张莉娟等运用混合研究的方法，从教师伦理、理论知识、教学方法和教学创新四个维度对北京大学医学部青年教师的教学学术能力进行了研究。[③]

　　学者们对教学学术能力的不同解读，进一步突显了教学学术能力的多元性和复杂性，也体现了教学学术内涵的不断拓展和延伸。但总体来看，尽管各类解读有着不同的侧重，但总体核心要素逐步趋于一致，即包括教师的PCK、反思、分享交流以及对学生的关注四大方面，与特里格维尔等提出的观念、知识、反思、交流四个维度基本吻合，可以说是对这四个维度的拓展应用或情境化解读。

（三）有关教学学术能力影响因素及提升策略的研究

　　在教学学术运动的影响下，高等教育机构越来越意识到教学及其教师参与教学学术的重要性，教学学术也逐渐成为教师发展的重要路径之一。[④]然而，教师教学学术能力的提升多受学校组织、教师群体、教师个人等条件保障性因素和主体能动性因素的影响。[⑤]学者们对此从不同的视角进行了探讨，归纳起来，教师教学学术能力的主要影响因素及其提升策略可归纳为学校文化制度、教师教学发展培训机构、教师个体三个维度。

---

① 刘刚,丁三青.大学卓越教师教学学术核心能力的圈层结构及其特征[J].教育科学,2020(6):
　　53—60.
② 朱炎军.高校卓越教师教学学术能力的结构模型研究——基于扎根理论的研究方法[J].高教
　　探索,2021(7):57—64.
③ 张莉娟,郑兰斌,向俊.高校青年教师教学学术研究——基于北京大学医学部的实证分析[J].
　　教育学术月刊,2019(2):77—85.
④ Schwartz,B.M.& Haynie,A.Faculty development centers and the role of SoTL[J].New Directions for Teach-
　　ing and Learning,2013(136):101—111.
⑤ 刘刚.大学教师教学学术核心能力及提升策略研究[D].中国矿业大学,2018:120—141.

1. 学校文化制度

教师教学学术能力的发展离不开其所在的大学所创造的环境、文化、制度以及各方面的支持和保障。王玉衡指出，大学教学学术运动本身就是一种新型大学教学文化，它在不否认其他学术的重要性的前提下，积极争取教学的合法学术地位，要求大学充分认识教学之于学生发展、社会发展和学术传承的重要性，以更好地促进学校的发展，更好地服务于社会。①然而，与任何变革一样，这一新型文化在大学的形成和发展，必然要经受各种压力和阻力。大学作为相对保守、传统的组织，对新的理念的接受必然会受到高等教育传统原则的诸多抵制。②在此情形之下，大学更要凸显和发挥校园文化的价值引领作用。在战略层面，大学要充分重视教学学术的作用和地位，以在组织的宏观层面建立文化认知氛围，也就是大学教学学术文化。③而大学要创建良好的教学学术文化环境，就要在大学形成一个广泛的、深厚的理解教学学术、尊重教学学术、积极开展教学学术研究、保障教学学术的文化氛围和环境。④具体来讲，大学应该大力宣传教学学术理念，使其成为全体教师的共识，并以教学学术理念为指导，管理学校的各项教学工作。⑤也就是说，一方面，大学要将教学学术理念融入学校的办学宗旨和战略规划、加大宣传力度，争取多方的支持。⑥另一方面，大学要使教学学术的探究与机构的使命和定位紧密结合、发挥重要的变革推动者的引领作用（如倡导教学学术的高级管理人员

①　王玉衡.美国新型大学教学文化可持续性研究——大学教学学术运动的社会系统论分析[J].
　　首都师范大学学报(社会科学版),2010(5):69—74.
②　Cassard,A.& Sloboda,B.Leading the charge for SOTL——embracing collaboration [J].Insight:A
　　Journal of Scholarly Teaching,2014(9):44—53.
③　朱炎军.制度同形:加拿大世界一流大学推进教学学术的方略——以英属哥伦比亚大学为例
　　[J].中国高教研究,2022(8):55—60.
④　文剑辉.地方高校教师专业发展的策略研究——基于教学学术的视角[J].高教探索,2017(3):
　　123—128.
⑤　蔡亚平,吴泠.高校青年博士教师教学能力提升策略探析[J].高教学刊,2019(12):155—158.
⑥　Kathleen,M.Enhancing Learning through the Scholarship of Teaching and Learning:The Challenges
　　and Joys of Juggling[M].Massachusetts:Anker Publishing Company,Inc.,2007:115.

或领导）、创造有意义的职业发展机会。①②

　　制度是创建大学教学学术文化的主要保障。在教学学术理念的指导下，学校应创设能力提升的有效载体，在制度上大力支持各类教学交流活动，开展多样化的教学成果展示活动，提升教学学术的影响力，增强教师参与教学学术的荣誉感，激发教师开展教学学术的热情。哈钦斯（Hutchings，P.et al.）等提出了一些在机构层面提升教学学术的关键策略，其中，将教学学术有机融入学校文化的关键做法是学校各类评聘相关政策中对教学学术的认可。③朱炎军也指出，在组织规范与政策规章方面，大学的教学和科研氛围，以及在教师晋升、奖励等方面偏向于教学还是科研，是影响教学学术能力发展的外部要素。④因此，在制度保障方面，学者们建议，出台教学学术相关的各类激励机制，将教学学术纳入教师评聘和奖励制度，并保障这些激励机制的有效运行，是增强教师积极性、参与度、成就感和荣誉感的主要措施。⑤⑥尤其是在大学的评价制度建设中，要一改当前教师评价制度中以科研成果和论文为主要依据的现状，要充分考虑教学学术并将其合理融入评价体系之内，使教师在教学学术方面的投入、成果以及教学成效等方面都能得以充分认可和体现。同时，也要建立教学学术的激励机制，提升对教学工作的奖励力度并完善教学奖励体系，从而激励教师"以教为乐""以教为业""以教为荣"，充分调动教师专业发展的内在潜力，不断提升教师的教学能力与教学学术水平，推动大学

① McKinney,K.Making a difference:Application of SoTL to enhance learning[J/OL].Journal of the Schol-arship of Teaching and Learning,2012(1).http://joSoTL.indiana.edu/issue/view/177.
② Mårtensson,K.et al.Developing a quality culture through the scholarship of teaching and learning[J].Higher Education Research & Development,2011(1):51—62.
③ McConnell,C.Developing a SoTL campus initiative:Reflections on creating sustainable impact[J/OL].Transformative Dialogues,2012(2).http://www.kpu.ca/td/past-issues/6—2.
④ 朱炎军.高校教师教学学术能力发展水平与影响因素研究[J].上海教育评估研究,2021(03):16—20.
⑤ MacKenzie,J.& Mann,S.Changing academic practice at a UK research-intensive university through supporting the scholarship of teaching and learning (SoTL)[J/OL].Transformative Dialogues,2009(1).http://www.kpu.ca/td/past-issues/3—1.
⑥ Kathleen,M.Enhancing Learning through the Scholarship of Teaching and Learning:The Challenges and Joys of Juggling[M].Massachusetts:Anker Publishing Company,Inc.,2007:115—116.

教育质量的提升。①

2. 教师教学发展培训机构

各类教师发展机构通过提供与学校使命相吻合的教学学术项目及其相关培训和咨询，为从事学术性教学和教学学术研究的教师提供宝贵的信息资源和培训机会，是教师发展教学学术能力的良好平台。研究表明，此类机构所提供的有组织的专业发展活动是提升教学学术能力的有效措施，如工作坊、课程、教师学习共同体以及在线学习研讨会等，可以帮助教师获得开展教学学术所需要的探究和批判性反思相关的知识、方法技巧和态度等，也可以扩展教师的教学理论、激励教师的积极性、促进教学交流和成果分享。②③④比如，大学教师参加课程与教学的培训课程，了解更多以学生为中心的观点以及更加有效的教学实践，对教师教学学术发展有促进作用。⑤近年来，大学愈加重视教师的课程建设和教学改革问题，并通过搭建平台，增进了教师之间的合作与交流。⑥自教育部 2012 年首批设立 30 个教育部直属"大学教师教学发展中心"以来，各类高等学校纷纷成立教师发展中心，在教师发展工作方面开拓创新，取得了显著成效，大大促进了教学改革和教师发展。实践表明，教师发展中心可以从教学学术的视角组织开展教学活动，促进教学学术五个环节，即教学探究、教学整合、教学实践、教学产出与反思的良性循环。⑦随

---

① 深圳大学教师发展中心.教学学术是大学教师专业发展的核心[EB/OL].(2020-06-03)[2020-06-03].https://teacher.szu.edu.cn/info/1178/1578.htm.

② Marquis,Elizabeth et al.Building Capacity for SoTL Using International Collaborative Writing Groups[J/OL].International Journal for the Scholarship of Teaching and Learning,2014(1).http://digital-commons.georgiasouthern.edu.ij-sotl/col8/iss1/12.

③ Kreber,C.Developing the scholarship of teaching through transformative learning[J].Journal of Scholarship of Teaching and Learning,2006(1):88—109.

④ 王岚,王永会,计然.教学学术能力视域下高校教师教学培训改革研究[J].河北科技大学学报(社会科学版),2018(01):95—100,7.

⑤ P.Ginns,J.Kitay & M.Prosser.Developing Conceptions of Teaching and the Scholarship of Teaching through a Graduate Certificate in Higher Education [J].International Journal for Academic Development,2008(13):175—185.

⑥ 魏戈.国内一流大学教师教学学术研究——来自北京大学的实证调查[J].复旦教育论坛,2014(02):34—40,53.

⑦ 戴丽娟.教师教学发展中心:促进教学学术能力提升的运行机制[J].煤炭高等教育,2013(06):56—59.

着我国对教学质量的日趋重视，教师发展中心建设理念与发展模式也发生了根本性转变，超越了单纯的教师发展模式，走向了关注学生的学习和教师教学发展的有机整合。①然而，目前教师发展中心也面临诸多问题，如组织发展专业化人员短缺、教师积极性不高、教学学术薄弱的困境，而学院一级专门负责教师培训的相关组织的缺失，是教师教学学术发展动力不足的主要原因之一。②教师教学学术能力的提升，需要教师发展中心等机构与学院层面的协同努力，只有这样，才能增强教师培训的针对性，才能立足教学实践促进教师的专业发展。

　　另一方面，此类机构所创建的各类实践共同体，是教师发展教学学术能力的主要渠道。在博耶提出教学学术这一概念之后，教师学习共同体成了人们关注的重点，在实践中成了传播教学学术思想的主要途径，也被证明是帮助教师提升教学和学习评价的有效方法之一。舒尔曼曾指出，要使教学获得更多的认可和回报，必须将教学从"私有财产"变为"共有财产"，要实现这一转变，就需要依托学习共同体，借助同行评议，用可视化的成果来展现教学的丰富性和复杂性。研究表明，学习共同体等实践共同体，可以促进教师在共同体中拥有更多的教学学术自由，在交流与合作中相互学习，相互借鉴，为开展教学学术奠定坚实的基础。③面对倡导教学学术过程中遇到的各种阻力和障碍，卡内尔（Carnell，E.）认为，其主要原因在于教学学术的支持性文化与传统的表演性文化之间的冲突，会阻止教学新观点的发展，而建构学习共同体，让师生通过对话共同参与知识建构，可以有效减缓这一冲突。④课例研究专家凯瑟琳（Catherine，L.）也曾指出，教学学术能力的提升，没有比教师在共同体中进行合作备课、观课、反思教学、教学交流和教学学术研究更好

①　吴立保，刘捷.教学学术视角下的高校教师教学发展中心建设研究[J].中国高教研究,2015(11):81—86.
②　李小红.大学教师教学学术发展研究[M].重庆:西南师范大学出版社,2019:182.
③　李晓华，刘静芳.大学教师教学学术水平影响因素的实证研究[J].当代教育与文化,2021(2):93—98.
④　Carnell,E.Conceptions of effective teaching in higher education:Extending the boundaries[J].Teaching in Higher Education,2007(1),25—40.

的方法。①

　　研究表明，教师学习共同体对教师教学学术能力的提升具有很强的支持作用。通过加入教师学习共同体，教师们有机会分享问题、接受反馈、就教学问题开展批判性会话，由此积极获取新的知识。②参与过教师学习共同体的教师，无论处于哪个职业发展阶段，都会从中受益，都会对教学学术有更深入的理解，有更强的归属感。如美国佐治亚南方大学通过组建教师学习共同体，激发了教师之间的教学合作和交流，共同体成员积极参与教学会议、作教学研究报告，公开发表教研论文，在教学学术能力提升方面取得了很大的提升。③具体来讲，学习共同体的支持作用体现在以下几个方面：对创新的支持和鼓励；共同体中个体成员或集体采用和共享的发展步骤；供个体或集体呈现项目结果的各种论坛；有经验的成员对新成员的指导和帮助；为理解教学学术提供的多学科视角；对教学学术与科学研究之间矛盾的缓解；对共同体发展经验的传承。④可见，依托学习共同体，教师之间彼此协作，可以取长补短，实现共同成长，创造新的学术财富。

3. 教师个人因素

　　上述各种外部影响因素是提升教师教学学术能力的保障性因素，但教师作为开展教学学术的主体，其个人的态度、能力、素质对教学学术能力提升有着更深远的影响。教师教学学术能力的提升是一个漫长的、循序渐进的过程。盖儿（Gayle，B.et al.）等指出，从事教学学术研究的教师，会经历三个学习发展阶段，分别为掌握教学方法与策略、实施学术性教学和开展教学学术阶段。⑤在第一个阶段，教师从学科视角加强对个人教学的认识和理解；在

① 转引自:谷木荣.高校青年教师教学学术能力提升的现实困境与实现路径[J].当代教育科学，2018(11):65—68.
② Bond,N.Developing a faculty learning community for non-tenure professors [J].International Journal of Higher Education,2015(4):1—12.
③ Trent Maurer,et al.A Faculty Learning Community on the Scholarship of Teaching & Learning:A Case Study[J].International Journal for the Scholarship of Teaching and Learning,2010(2):1—7.
④ Richlin,L.& Cox,M.D.Developing scholarly teaching and the scholarship of teaching and learning through faculty learning communities[J].New Directions for Teaching and Learning,2004(97):127—135.
⑤ Gayle,B.et al.Faculty learning processes:a model for moving from scholarly teaching to the scholarship of teaching and learning[J].Teaching & Learning Inquiry,2013(1):81—93.

第二个阶段，教师在学科内部或学科之间就学术性教学进行交流，在教学中积极尝试新的理论，但并未将教室视为研究场所，也未在学术性教学方法与教学评价之间建立关联；在第三个阶段，教师转向开展教学学术研究，即运用符合学科教育的方法来开展课堂教学研究，并择机将自己的研究在一定范围内公开。经过这三个阶段，教师从关注教学的顺利开展，逐步过渡到对教学的一般学术性研究，最后落脚到对教学实践问题的系统研究，其教学学术能力得以逐步提升。在这一发展过程中，教师的教学理念、反思能力以及教师的 PCK 和开展行动研究的能力发挥着关键作用。

　　教师的教学理念。尽管教学学术思想已在高等教育界广为传播，但目前教学学术理念及其活动在大学的推广依然存在各种障碍和困难。麦金尼曾指出，纵然许多教师和管理者都在一定程度上参与教与学的探究，但他们对全球教学学术运动并不了解，即使切实开展教学学术研究的教师，其研究的关注点更多在于教师的教学方法、情景、策略等，而只有较少的部分与学生的学习成效、认知过程等相关联。[1]在认识层面，许多人依然认为教学学术不是学术或是低端的学术，认为其结果推广难、支持力度不够、认可度低等。[2]霍奇斯（Hodges，L.C.）认为，教学学术是一种思维模式，可以改变教师对教学的认识，可以让教师运用循证的方法检验教学方法、反思和分享所得。[3]在这种思维模式下，教师的教学理念、对教学的研究范式都会发生相应的变化，其中教学理念是影响教学学术能力提升的关键内部因素。[4]教师开展教学学术，须坚持"以学生为中心"，其研究既要能听见教师的声音，也要能听见学生的声音。正如费尔顿（Felten，P.）所指出的那样，好的教学学术应该遵循五项原则：聚焦学生的学习，基于特定的情境，选取恰当的方法，与学生合

① McKinney,K.Attitudinal and Structural Factors Contributing to Challenges in the Work of the Scholarship of Teaching and Learning[J].New Directions for Teaching and Learning,2006(129):37—51.
② Kathleen,M.Enhancing Learning through the Scholarship of Teaching and Learning:The Challenges and Joys of Juggling[M].Massachusetts:Anker Publishing Company,Inc.,2007:20—21.
③ Hodges,L.C.Postcards from the edge of SoTL:a view from faculty development[J].Teaching & Learning Inquiry,2013(1):71—79.
④ 朱炎军.高校教师教学学术能力发展水平与影响因素研究[J].上海教育评估研究,2021(3):16—20.

作，在一定范围内公开。①教学理念从"以教学为中心"转向"以学生为中心"，是开展教学学术的前提条件。

　　教师的反思能力。杜威最早将反思引入了教学领域。②他认为，反思是对知识信念的积极、持续和仔细的思考，是一个意义生成的过程，也是一种可以回顾事件、对其进行评判，进而改变今后教学行为的能力。③"反思性教学"的重要倡导者舍恩（Schon，D.A.）将杜威的反思概念拓展到了对教学中不确定性的解释。他认为，教学的复杂性决定了教师不能从技术理性的视角简单地将理论应用于实践，教师的决策是基于与实践相关的反思之上的，因此教学反思包括"行动后的反思（reflection-on-action）"和"行动中的反思（reflection-in-action）"。④舍恩的"反思性实践"的认识论思想，更加强调"行动中的反思"的重要性，契合了教学实践过程的情境性特征，逐渐形成强调"反思"的教学学术研究范式。主张这一研究范式的学者们认为，教学学术是建立在反思性实践基础上的教学改进实践，它的开展主要源于大学教师的反思，包括对教学内容、教学过程以及教学条件等各个方面的反思。

　　研究表明，反思是连接教学实践和理论的桥梁，是教师教学学术能力提升的主要发力点。刘旭东指出，反思在大学教师提升教学学术水平、积淀实践性知识的过程中发挥着无可替代的价值和作用，其本质是实现教学理论与教学实践、教学理想与教学现实的沟通与对话，是教师的内隐性知识得以显性化及教师提高自己的专业素养、改进教学实践的学习方式。⑤没有反思的教学就会对教学中存在的问题视而不见，就无从谈及教学研究和教学交流，教学就不可能拥有合法的学术性。正如陈惠邦所言，缺乏反思的教学只能沦为技巧性的操作，教师只是知其然而不知其所以然，长此以往，教学会

---

① Felten,P.Principles of good practice in SoTL[J].Teaching & Learning Inquiry,2013(1):121—125.
② 朱旭东.教师专业发展理论研究[M].北京:北京师范大学出版社.2021:168.
③ Dewey,J.How we think:A restatement of the relation of reflective thinking to the educative process[M].Boston,MA:Heath,1933:17.
④ Schon,D.A.Educating the reflective practitioner:Toward a new design for teaching and learning in the professions.San Francisco:Jossey-Bass,1987:26.
⑤ 刘旭东,吴永胜.论大学教师实践性知识的结构与提升途径[J].大学教育科学,2014(1):68—72.

陷入缺乏变通的困境。①这就意味着，反思可以使"未来的行动更加富有机智"②，可以为教学注入源源不断的活力，"促使自己的教学行为不断得以提升"③。

教学学术与教学反思相互影响、相互促进，二者共同致力于教师的教学效果的提升。教师只要热爱教学、乐于思考，就能形成自己独具风格的教学学术。④反过来，热衷于教学学术的教师会把教与学看成是一个复杂的动态过程，主动对教学经验进行反思，思考如何理解这些经验、设想用不同方法来理解和改进教学实践，提升教学效果。⑤教学反思的桥梁纽带作用，不仅有助于教师反思能力的不断提升，而且可以逐步深化教学实践与相关理论之间的对话，促进教师教学学术能力的全面提升。只有充分发挥反思的桥梁作用，教师才能很好地理解实践，促进实践经验和外界的知识与理论的互动，使教学呈现出螺旋式上升的动态发展趋势。⑥教师教学学术能力的提升，离不开教学反思，而教学反思的提升，需要教师之间的合作和交流。⑦只有为教师的教学反思搭建起沟通交流的平台，教师的教学才能走向公开化、接受同行的评议，彰显教学的学术意义。

教师的 PCK 及其开展行动研究的能力。学者们指出，PCK 就是教师为帮助学生学习而形成的知识，是连接教师的"教"与学生的"学"的桥梁和纽带，是教师在特定的教学情境下将学科内容知识转化为学生易接受的知识，

---

① 陈惠邦.行行重行——协同行动研究[M].台北:师大书苑有限公司,1998:193.
② Van Manen, M.The Tact of Teaching: The Meaning of Pedagogical Thoughtfulness [M].Albany: State University of New York Press, 1991:117.
③ 文秋芳.高校外语教师专业学习共同体建设研究[M].北京:北京大学出版社,2021:72.
④ 魏戈.国内一流大学教师教学学术研究——来自北京大学的实证调查[J].复旦教育论坛,2014 (2):34—40,53.
⑤ 安东尼·西科恩,高筱卉.大学教学学术:历史发展、原则与实践、挑战与教训[J].高等工程教育研究,2022(3):146—152.
⑥ 赵明仁.教师反思与教师专业发展—新课程改革中的案例研究[M].北京:北京师范大学出版社,2009:226.
⑦ 李晓华,刘静芳.大学教师教学学术水平影响因素的实证研究[J].当代教育与文化,2021(2): 93—98.

也是教师学科知识与教学知识的融合和有效开展教学活动的基本保障。①②对教师个体而言，教学学术能力的核心是掌握、运用和创新 PCK 的能力。③教师 PCK 的发展，源于教师的教学实践和对教学的反思和解读，而开展课堂研究是融合教师学科知识和教学法知识，生成教师 PCK 的最有意义的方法。④⑤可以看出，教师的 PCK 是教师教学学术能力的核心，也是提升教学学术能力的主要路径，反过来，教学学术能力的提升也会丰富教师的 PCK。

　　教学学术理念赋予教师以教学实践研究者的角色，突出了教学研究在教师教学生活中的意义。教育行动研究融理论与实践于一体，是一种以教学实践问题为导向、以理论研究为依托、以改进教学工作为起点、以寻求教学问题解决方案为目标的研究方法。⑥对教师个体而言，教学学术的重要性和必要性，最终只能体现在具体的教学实践对学生学习的提升之上。因此，研究自己的教学实践是提升教师教学学术能力的重要因素。⑦通过研究自己的课堂，教师在其独特的学科情境中，对学生的学习情况及其原因进行解读和探究，并在此过程中点滴积累，扩充和完善自身的 PCK，不断提升教学学术能力。⑧实践中，教师会通过加入学习共同体来开展行动研究，二者的有机结合，会更加有效地促进教师的专业发展。⑨因此，行动研究是提升教学学术能力的必由之路，教师开展行动研究的能力可以在很大程度上反映其教学学术能力水平。

①　Abell，S.K.Research on science teacher knowledge [C].In S.Abell，K.& N.Lederman，G.(Eds.)，Handbook of Research on Science Education.Mahwah，NJ：Lawrence Erlbarum，2007：1107.
②　Prosser，M.The scholarship of teaching and learning：what is it? A personal view[J/OL].International Journal for the Scholarship of Teaching and Learning，2008(2).http://www.georgiasouther.edu/ijsotl.
③　颜建勇，张帅，黄珊.大学教师教学学术能力的生成发展逻辑探析[J].江苏高教，2021(6)：86—93.
④　Kreber，C.and Cranton，P.A.Teaching as scholarship：a model for instructional development[J].Issues AND Inquiry IN College Learning and Teaching，1997(2)：4—13.
⑤　Paulsen，M.B.The relation between research and the scholarship of teaching [J].New Directions for Teaching and Learning，2001(86)：19—29.
⑥　常攀攀，罗丹丹.PCK 视阈下的教师专业发展路径探究[J].教育理论与实践，2014(17)：18—20.
⑦　Norton，Lin S.Action research in Teaching and learning：a practical guide to conducting pedagogical research in universities[M].London and New York：Rouledge Taylor and Francis Group，2009：45.
⑧　李小红.大学教师教学学术发展研究[M].重庆：西南师范大学出版社，2019：189.
⑨　Dana，N.F.& Yendol-Hoppey，D.The?reflective educator`s guide to professional development：Coaching inquiry-oriented learning communities[M].Thousand Oaks，CA：Crown Press，2008：11.

（四）有关国内高校教师教学学术能力现状的研究

相比较而言，教学学术研究在我国起步较晚，大部分研究都与高校教师教学学术能力现状相关。学者们运用不同的方法，对不同范围、不同类型的高校教师的教学学术能力现状进行了研究。在全国或地区层面的研究，由于涉及面广，研究者主要采用问卷调查的方法从不同的维度开展研究。其中，有些研究依据国外的相关理论框架设计问卷，对我国高校教师的教学学术水平进行了调查研究，以了解其中的优点与不足。如李志河等采用定量和定性相结合的方法，从特里格维尔等提出的教学学术能力的四个维度，对我国40所高校的教学学术水平进行了调查，结果显示我国高校教师教学学术水平总体水平良好，尤其是在知识维度上比较理想，即对教学知识的掌握较为全面和扎实，但观念、交流和反思维度都存在不足，需要不断提升。①有的研究从其他视角对不同类别院校的教学学术现状进行了对比研究。如刘怡等从教学理念、教学实践、教学成长等维度，对西北五省38所高校的教学学术现状进行了问卷调查，发现高校教师教学学术的观念与教学投入具有典型的院校差异，一流大学建设高校的教师教学成就感和满足感更高，但在教学方面投入的时间最少；教师个体的自我主动发展在促进教学学术成长方面的作用更为显著；教师普遍需要针对新技术、新理念、专业的教学方法和课堂教学设计等教学学术培养活动。②这些研究从宏观层面了解了国内教师的教学学术能力现状，但受时空限制，调研方法相对单一，无法深入微观层面对现状进行详细了解。

在省市层面的相关研究也是以问卷调查为主，部分研究辅以访谈。通过调查问卷的方式开展的相关研究，除了研究范围更小之外，与全国范围内的相关研究有诸多相似之处，大多是从特里格维尔等提出的教学学术能力四大维度设计问卷、开展调研。如武慧芳等对河北省部分省属院校的教师的教学

① 李志河,钟秉林,秦一帆.高校教师教学学术水平的实证研究——基于我国内地40所高校教师样本[J].江苏高教,2020(8):35—42.
② 刘怡,李辉.我国西北地区高校教师教学学术现状研究——基于38所高校的调查[J].中国高教研究,2021(6):78—83.

学术能力进行了问卷调查，发现教师的教学学术能力在教育知识、教学交流、教学反思、教学学术观念等方面都需要进一步提升；①黄珊等通过问卷调查的方式，对 4 所浙江省属本科高校教师的教学学术进行了研究，发现地方高校教师教学知识结构失衡、教育理论水平不高；教学实践保守封闭，教学交流较少；学术评价机制失范，科研导向问题突显。②部分研究的范围更集中，因此在方法上增加了访谈环节。比如，张黎通过调查问卷和访谈的方式，从专业知识、交流互动、反思探究和创新应用四个维度对上海市 6 所民办本科院校教师的教学学术能力现状进行了实证研究，发现教师的教学学术能力总体良好，但存在教学学术各维度之间内部发展不平衡的问题，如重视专业知识、教育教学知识相对匮乏、教师交流有限、反思成果不足等；③陈红运用问卷调查和访谈的方法，对江苏省 6 所大学的青年教师的教学学术现状进行了研究，发现青年教师教学学术发展意愿不强、教学知识储备不足、教学科研融合能力不足、教学学术成果公开化程度不高等。④可以看出，随着研究范围的缩小，研究更加聚焦、更具有针对性，有利于揭示特定群体教学学术能力的具体特征，有利于更深入地探究问题的根源和解决之道。

也有小部分研究聚焦于具体的某一高校的全体教师或部分教师，研究范围更小，针对性更强，操作性也更强，其中既有量化研究、混合式研究，也有质性研究。在学校层面，李晓华、魏戈分别通过问卷调查的方法对西北地区某师范大学和北京大学的教师教学学术能力进行了研究，剖析了影响因素并提出了相应的对策和建议。⑤⑥其中，魏戈认为，教师的教学学术发展总体

———————

① 武慧芳,刘德成,高令阁.河北省高校教师教学学术能力的现状分析——以河北省部分省属本科高校为例[J].河北经贸大学学报(综合版),2018(3):89—93.

② 黄珊,颜建勇.试论"教学学术"的样态——基于浙江省地方本科高校的实证调查[J].教师教育研究,2015(5):23—28,22.

③ 张黎.上海民办本科院校教师教学学术能力的实证研究——以 6 所院校为例[D].上海师范大学,2020.

④ 陈红.高校青年教师教学学术能力现状及发展策略研究[D].江南大学,2016.

⑤ 李晓华.高校院校教师教学学术水平研究——以西北地区某师范大学为个案[D].西北师范大学,2014.

⑥ 魏戈.国内一流大学教师教学学术研究——来自北京大学的实证调查[J].复旦教育论坛,2014(2):34—40,53.

情况较好，但管理制度的不完善是制约教师教学学术发展的主要因素。部分研究聚焦于特定高校的部分教师，如张莉娟等运用混合式研究方法，对北京大学医学部的青年教师进行了研究，发现教师的教学学术水平总体良好，但存在年龄、专业方面的差异。[①]还有部分研究仅涉及少数教师，如杨青通过对S大学6位教师的多次访谈，运用扎根理论对地方本科高校教师教学学术能力的现状、问题归因及其改进举措进行了研究，指出地方本科院校教师的教学态度、教学知识和创新能力较好，但重科研、轻教学，反思水平和力度都不够。[②]较之于更为宏观的研究，这些研究由点及面，从对特定群体的整体教学学术发展现状出发，逐步深入到影响因素和对策，对教师的教学学术能力的提升提出了宝贵的建议。

总体而言，无论是全国范围的调查研究，还是针对少数个体的研究，大部分研究结果都表明，我国高校教师的教学学术状况整体较好，但存在制度不完善、教师知识体系失衡、教学反思交流机会不足、创新意识不强等诸多问题。尽管我国高校教师的学科专业知识扎实，但教学学术观念有待提升，教育教学相关知识有所欠缺；教师发展过程中社会性学习相对缺失，教师之间的交流不足，反思水平不高，需要在实践中逐步提升和改进。为此，高校需强化对教学学术的重视，在实践中创造机遇和平台，引导教师尤其是青年教师积极参与教学学术研究。当然，目前大部分研究结论主要基于问卷调查，很难触及教学学术的深层内涵，并不能全面揭示问题的真相，对教学学术能力的研究，需深入教师的专业实践中，运用多种方法，开展深度的调查和研究。

（五）研究述评

综上所述，国内外相关研究主要从教学学术的相关研究出发，侧重于从

---

① 张莉娟,郑兰斌,向俊.高校青年教师教学学术研究——基于北京大学医学部的实证分析[J].教育学术月刊,2019(2):77—85.

② 杨青.地方本科高校教师教学学术能力提升研究——以S大学为案例的质性研究[D].山西大学,2018.

理论和实践的视角探究教学学术能力的基本构成、现状、影响因素及其提升策略。在教学学术能力的构成方面，特里格维尔等所提出"观念、知识、反思、交流"四维教学学术能力模型得到学界的普遍认可，其他各类模型都与此模型有异曲同工之妙。在教学学术能力的影响因素及提升策略方面，相关研究凸显了宏观、中观和微观三个层面的不同策略，强调大学文化制度、卓越教学中心、教师发展中心等机构以及教师个体的重要作用。由于教学学术在我国的推广和发展起步较晚，教师发展中心等机构也是在近些年才得以快速发展，尽管近年来教学学术引起了高度的重视，提升教师教学学术能力已成为教师发展中心的重要使命，但如何有效实现这一目标，依然处于摸索阶段。总体来说，国内目前的相关研究还处于对教学学术能力现状的调查研究阶段，存在的不足可以归纳为以下四个方面：

教学学术能力的提升实践案例不丰富。由于教学学术理念诞生于美国，国外的发展早于国内，国外的相关研究更多是对具体的教学学术实践案例的反思和总结，强调通过实践来丰富教学学术的内涵、提升教师的教学学术能力，突出教学学术成果的分享和交流。然而，我国的相关研究更多地聚焦于对教学学术能力发展现状的研究，教学学术能力提升相关的具体案例较少，整体上还是理论性研究偏多。相关的实践案例可以为教师的教学学术能力的提升提供具体翔实的经验借鉴，帮助教学学术祛魅，提振教师开展教学学术研究的信心。然而，要将实践案例转化为可以供交流分享的教学学术成果，是一个相对漫长的过程，需要各方面的支持和保障以及教师在时间和精力方面的投入。这些也是导致相关实践案例较少的主要原因。

对教学学术的实践和创新不足。反思性教学实践、实践共同体、合作行动研究这三个方面紧密相关，三者的有机结合是提升教师教学学术能力的有效途径。创建教学学术共同体，依托项目开展教学学术相关的合作行动研究，可以让教师在行动中反思，在反思中改进，因而是提升教师的教学学术能力的主要途径。我国高校在这方面的实践都仍处于起步阶段，更多是对国外相关经验的学习和借鉴，存在实践和创新不足的现象。对此，高校教师应在学习借鉴的基础上，结合具体实际，在积极尝试的同时勇于创新，形成具有个性化特色的教学学术研究成果。此外，国内日渐丰富的教学学术活动，为教师教学学术能力的提升创造了良好的机会和平台，但在体系性、创新性、灵活性方面还有很大的提升空间。

教师之间的教学合作交流不充分。提升教师教学学术能力的主要载体是各类实践共同体所开展的教学学术项目，教师通过开展合作行动研究，反思、交流教学问题，改进教学，共享成果。在教学学术视野中，教师同时兼备教师、学习者、研究者的多重身份，通过参与反思性教学实践，与共同体成员协作互助，共同解决教学中的问题，并将好的经验予以推广。我国现阶段教师学习还是主要依托相关的培训和工作坊，时空局限性较大，可持续性较弱，需更多地关注和鼓励教师之间的合作交流。国内目前的相关研究很少涉及教师合作或各类实践共同体，其原因是多重的，但教学中长期以来的孤岛现象是其中的重要原因之一。要克服这种现象，不仅需要机遇和平台，更需要教师观念上的改变，需要教学学术理念逐步深入人心，让教师真正能够意识到教学是一种非常值得研究的学术。

本土化理论的探索和思考不足。国内相关研究大多是运用国外教学学术的相关理论，了解和分析国内高校教师的教学学术能力，理论创新较少，对本土化理论的探索和思考不足。尽管近年来国内高校越来越重视教学学术，在文化制度层面采取了积极的措施，发挥了积极的价值引领作用，但符合我国国情的教学学术理念的建构及其在我国高等教育中的深入落实，需要各层面自上而下的变革和所有利益相关者的共同努力，需要在实践中不断探索、积极尝试、总结凝练。这是一个动态调整、逐步适应的过程，也是一个在学习借鉴中探索创新的过程，需要高校教师在教学实践中勤于反思、乐于合作分享、勇于开拓创新。只有这样，才能在本土化的情境中有效提升教师的教学学术能力。

五、研究设计

本部分涵盖研究问题、研究对象、研究方法、研究思路四个方面。

（一）研究问题

加快建设高质量教育体系，办好人民满意的教育，是建设社会主义现代化强国的主要支撑。教师是教育的第一资源，新入职教师是教师队伍的新生力量，是教育的未来和希望。现实中，高校新入职教师所面临的诸多现实问题，不仅不利于其自身的专业发展，也严重影响教师队伍的整体发展和高等教育质量的综合提升。结合时代要求、实践困境以及个人的成长教训，本研究拟在理论探究的基础上，通过行动研究的范式，引导和促进新入职教师教学学术能力的提升，以改进新入职教师的培养工作，为新入职教师的专业发展打下坚实的基础，并在此过程中尝试回答以下几个问题：

(1)教学学术能力的构成维度及其影响因素有哪些？

(2)高校新入职教师在教学发展中面临哪些现实问题？

(3)高校新入职教师教学学术能力的提升路径有哪些？

(4)如何在院（系）层面促进高校新入职教师教学学术能力的提升？

（二）研究对象

本研究的主要研究对象包括梅老师所在的某高校 X 学院的 11 位新入职教师。之所以选取这些教师为合作研究对象，主要出于以下两方面的考虑：

一方面，梅老师本人在 X 学院工作，各种便利的自身条件可以为此项行动研究的顺利开展提供保障。梅老师曾担任 X 学院的教学院长，分管新入职教师的培养工作，非常熟悉 X 学院在这项工作中存在的问题、不足及其原因，但由于各种客观条件以及自身能力的限制，这些问题一直未能得到有效解决，也因此成了她管理工作中的一大缺憾。为此，攻读博士期间，她也一直在关注这一问题，并在理论学习的过程中努力寻求问题的破解之道，希望通过自己的努力，能够为 X 学院的新入职教师发展找到适切的突破口。

另一方面，梅老师所在的大学是一所以理工科为主的研究型大学，X 学院是其中的一个文科学院，承担着全校量大面广的基础课程以及三个专业的教学工作。较之于其他理工科学院，X 学院教师的教学任务普遍偏重，繁重的教学任务抑制了教师的学术热情，也影响了他们的学术发展，教师的成长发展严重受阻。新入职教师在了解此类情况后，容易对专业发展前景感到迷茫，甚至在职业发展的初期就丧失信心，过早陷入职业倦怠的泥沼。如何引导新入职教师树立正确的职业发展观，防止这种现象的发生，不仅关乎新入职教师个体的发展，也关乎 X 学院的未来。梅老师在学习和探究中发现，对于以教学为主的教师而言，教学学术可以为其专业发展提供新的视角，可以有效解决前述教师发展中的瓶颈问题。

本研究的 11 位主要研究对象或合作对象均为 X 学院自 2019 年以来入职的教师（详细信息见表 1），均为女性，分属于 X 学院的 R 和 W 两个专业。其中 3 人具有博士学位（R 专业），8 人具有硕士学位（W 专业），有 4 位教师在本科阶段就读于国内师范大学，其间接触过教育学、心理学方面的知识以及短期的教学实践，但在攻读硕士和博士学习期间，11 位教师均未涉及教育学、心理学相关的课程或教学实践。4 位教师在入职之前有过在其他单位工作的经验，其中一位在另外一所地方高校工作近两年、一位在初级中学工作近四年、一位在新闻行业从业近两年、一位在教育培训机构工作近三年。总体来看，11 位教师在完成硕士和博士阶段的专业学习之后，均具有扎实的学科专业知识和一定的学术基础，但普遍缺乏教育教学相关的理论知识和高校教学实践经验。

除 11 位新入职教师之外，本研究的另外一位主要合作者是 X 学院的教学院长 L 女士，目前分管学院的新入职教师培养工作，不仅关心和熟悉 X 学院的教师培养工作，而且愿意全程参与本次行动研究，为本研究的顺利开展提供保障。L 院长很有思想和主见，工作雷厉风行、思路清晰，凡事有计划、有落实，有很强的前瞻性和执行力。因此，本研究的固定合作研究者共 13 位，包括 X 学院的教学院长、11 位新入职教师以及梅老师。此外，根据活动内容的不同，研究过程中还会不定期邀请其他人员临时参与学习活动，包括 X 学院的其他领导、新入职教师的指导教师、资深教师代表、教学管理人员等。

表1　X学院新入职教师信息表

序号	编号	性别	专业	入校年份	毕业院校			职前工作经历
					本科	硕士	博士	
1	A	女	R	2019	国内师范大学	国内非师范类大学	国外非师范类大学	
2	B	女	R	2019	国内师范大学	国内非师范类大学	国内师范大学	大学2年
3	C	女	W	2019	国内师范大学	国内非师范类大学	无	中学4年
4	D	女	W	2019	国内非师范类大学	国内非师范类大学	无	
5	E	女	W	2019	国内非师范类大学	国内非师范类大学	无	
6	F	女	W	2019	国内非师范类大学	国外非师范类大学	无	教培3年
7	G	女	W	2019	国内非师范类大学	国内非师范类大学	无	
8	H	女	R	2020	国内师范大学	国内师范大学	国外师范大学	
9	I	女	W	2020	国内非师范类大学	国内非师范类大学	无	新闻2年
10	J	女	W	2020	国内非师范类大学	国内非师范类大学	无	
11	K	女	W	2020	国内非师范类大学	国内非师范类大学	无	

（三）研究方法

本研究以质性研究为研究取向，采用行动研究的范式，梅老师本人以引领者和促进者的角色，全程参与X学院新入职教师的教学学术能力的提升工作。根据研究需要，本研究在不同的研究阶段采用不同的研究方法（见表2）。

表 2　本研究各阶段用到的研究方法

研究阶段	研究方法	用途及目的
确定问题	非正式访谈	鉴定研究的问题（学院领导、新入职教师）
	文献研究法	对相关文献进行研究，建构理论
		对新入职教师的入职培训体系进行分析
	问卷调查法	调查新入职教师的学习需求
第一轮行动	参与式观察法	对新入职教师学习共同体集体活动的观察
	文本分析法	对新入职教师的学期教学反思、研究者个人反思的分析
	问卷调查法	了解本轮行动的优点和不足以及改进意见
第二轮行动	参与式观察法	对新入职教师学习共同体集体活动的观察
	文本分析法	对新入职教师教学反思、研究者个人反思等材料的分析
	问卷调查法	了解新入职教师对教学学术的认知、集体学习所得、教学学术能力提升状况及其存在的困难，反思所采取行动的有效性
第三轮行动	观察法	对新入职教师课堂、学习共同体集体活动的观察
	文本分析法	对新入职教师的教学反思、研究者个人反思等材料的分析
	访谈法	对新入职教师进行个人访谈，深入了解其教学学术能力提升情况、存在的问题、影响因素，为持续改进工作做好铺垫

1. 以质性研究为研究取向

基于研究的需要，本研究采用质性研究的方式。质性研究是以研究者本人作为研究工具，在自然情境下采用多种资料收集方法对社会现象进行整体性探究，使用归纳法分析资料、形成理论，通过与研究对象互动对其行为和意义建构获得解释性理解的一种活动。[①]质性研究是一种归纳的、描述的、自然的、现场参与的研究方法，强调研究情境的自然性、研究视角的整体性和研究结果的描述性。

较之于以实证主义为理论基础的量化研究，以现象学解释主义为理论基

① 陈向明.质的研究方法与社会科学研究[M].北京:教育科学出版社,2019:12.

础的质性研究是一种更适合教育领域的研究方式。这是因为质性研究契合教育的实践性和情境性，重视每一个人的生活经历和意义阐释，关注人的价值欲求，力图揭示事实背后的价值关系；①强调研究主体与客体的关联互动，注重研究者通过对话、观察等方式走进研究对象的概念世界，深入实地切实理解所研究的社会现象，体验在特定社会环境中所表现出来的特质。②

本研究主要通过学习共同体的集体学习活动来引导和促进新入职教师的教学学术能力提升，研究周期长、互动交流多，可量化的事物少，对整个研究过程的参与、观察、记录和分析，都需要借助质性研究来描述和阐释，因此，质性研究是本研究的理想选择。

2. 以行动研究为研究范式

行动研究，如其名所示，关涉"行动"和"研究"两个方面，"行动"的目的是改进实践，而"研究"的目的是建构知识，生成动态的实践性理论。③行动研究融行动与研究于一体，要求研究者基于行动来开展研究，通过研究来改善行动，二者紧密关联、相辅相成，以改进实践和丰富知识为共同目标。行动可以为研究提供源源不断的素材和灵感，而研究可以为行动提供更好的指引、不断丰富其内涵。行动研究是一种将工作实践与学术研究合二为一的工作范式，具有提升工作专业品质的效能，其关注点是如何将行动和研究结合起来，更加有效地解放实践工作者的智慧，彰显研究的实践取向；行动研究已有相对成熟的行动提升步骤，目的在于改进工作实践。④

在教育情境中，行动研究是一种教师和教育管理人员密切结合本职工作、综合运用各种研究方法，以直接推动教育工作的改进为目的的研究活动，具

① 王磊.质的研究：一种非常适合教育领域的研究方法——访北京大学陈向明教授[N].中国教育报,2002-05-16(8).
② 马云鹏,林智中.质的研究方法及其在教育研究中的应用[J].中国教育学刊,1999(2):59—62.
③ McNiff,J.& Whitehead,J.You and Your Action Research Project（3rd ed.）[M].London and New York:Routledge,2010:18—22.
④ 董树梅.行动研究是研究方法吗——基于方法论视角的思考[J].教育理论与实践,2014(01):9—13.

有"实践性、反思性、参与性、合作性、系统性和公开性等特点"[①]。行动研究者需立足教育实践,主动学习探究,不断完善理论知识和实践知识,为行动的合理性、可行性、有效性和持续性提供基本的保障;积极与他人合作交流,在平等、互相尊重的基础上相互学习借鉴,共同致力于改进实践和创生知识。行动研究者要有实施行动和开展研究的能力,可以妥善处理行动和研究之间的关系,促成二者之间的良性互动;要有较强的服务意识和组织领导能力,除了激励合作研究者积极主动参与行动,还要充分考虑行动对于他人成长的价值和意义。

本研究聚焦提升新入职教师的教学学术能力,将研究者和研究对象置于共同参与、相互合作的学习共同体之中,将研究与实践紧密结合,在实践中反思、改进,研究者通过学习不断改进自身的行动、带动他人的学习,进而影响他人的行动,在改进工作实践的同时,不断丰富相关理论。教师教学学术能力的提升是实践与理论相互促进的过程,因此既需要教师的反思性实践,在实践中不断丰富实践理论,也需要一定的教育教学理论来指导教育实践的有效开展。因此,行动研究是本研究最适切的研究范式。

3. 研究方法

在研究的不同阶段,本研究采用了文献研究法、问卷调查法、访谈法、观察法以及文本分析法等具体的研究方法。

文献研究法。文献研究法通过搜集、梳理、分析相关资料,形成对研究问题的科学认识,找出已有研究存在的不足,烘托出本研究的必要性和重要性,同时为本研究的理论建构提供依据。本研究对教学学术、教学学术能力、新入职教师教学学术能力等相关文献进行了系统梳理,并在此基础上归纳了教学学术的发展脉络,总结了教学学术能力的基本构成,分析了教学学术能力的影响因素,提出了新入职教师教学学术能力提升的实践路径,形成了本研究的理论框架。

问卷调查法。问卷调查法是通过书面的形式,以严格设计的测量题目或

---

① 王蔷,张虹.英语教师行动研究(修订版)[M].北京:外语教育与研究出版社,2014:16.

问题，向研究对象搜集研究资料或获取研究数据，从而进行研究的一种方式。本研究共开展了三次问卷调查。一是在制订行动计划之前，通过问卷的方式了解了新入职教师的基本需求；二是在第一轮行动结束之后，通过问卷了解了本轮行动研究的优点和不足之处，为改进行动计划、实施第二轮行动做好铺垫；三是在第二轮行动结束之后，对新入职教师进行了问卷调查，了解教师们的教学学术能力现状，为后续的研究提供参考和依据。

访谈法。访谈法是一种研究性交谈，是研究者通过口头谈话的方式从被研究者那里收集第一手资料的一种研究方法。[①]访谈法收集信息资料是通过面对面交谈的方式实现的，因此具有较好的灵活性和适应性。本研究在问题鉴定阶段，对部分新入职教师和学院领导进行了非正式集体访谈；在第三轮行动研究结束时，对 11 位新入职教师分别进行了个别访谈，旨在了解在整个行动研究过程中每位教师的感受、收获和所思，以便进一步改进后续行动。此外，在日常交流中，研究者也利用各种机会，与各位新入职教师积极交流，用非正式访谈的方式了解大家的所思所想，以及时对行动做动态的调整。

观察法。顾名思义，观察法就是研究者带着明确的目的，直接通过感官和辅助工具，有计划、针对性地去考察和描述教育现象的一种方法。观察，不仅仅是对事物的简单感知，还有赖于观察者的视角。[②]在参与式观察中，研究者既是研究者又是参与者，直接参与到被观察者所从事的活动中去，而在非参与式观察中，研究者则是以旁观者的身份观察相关活动。在本研究的开展过程中，研究者全程参与新入职教师的各项学习活动，并对过程做了详细的记录和分析，属于参与式观察法，对教师课堂教学的观察，则采用的是非参与式观察法。

文本分析法。文本分析法是指研究者对所搜集的与研究问题相关的文字材料进行分析，阐释其意义，从中获取研究所需信息的一种科学研究方法。这种方法的优点在于发掘更加真实、可信、更具有说服力的一手资料，但同

---

① 陈向明.质的研究方法与社会科学研究[M].北京:教育科学出版社,2019:165.
② 陈向明.质的研究方法与社会科学研究[M].北京:教育科学出版社,2019:227.

时又可能具有晦涩、隐蔽、失真等问题。本研究收集文本资料主要为教师的教学反思、研究者个人的反思以及访谈资料，研究者对其进行了整理、分析和阐释，为本研究提供必要的支撑。

（四）研究思路

本研究聚焦工作实践中的具体问题，遵循"发现问题—鉴定问题—梳理文献—建立假说—拟定计划—实施行动—总结评价"的行动研究逻辑，在前期调研和论证的基础上，梳理相关文献，建构理论框架，并据此制订行动计划，在实践中不断反思、调整行动方案，逐步引导新入职教师教学学术能力的提升。本研究的具体研究思路如图 4 所示。

首先，本研究在提出研究问题之初，由于研究问题与工作实践密切相关，为避免一己之见之偏颇，研究者通过非正式访谈法、文献研究法对研究问题进行了进一步的求证和鉴定，最终将研究主题聚焦于"新入职教师的教学学术能力"，将研究取向定性为"质性研究"，将研究范式确定为"行动研究"，

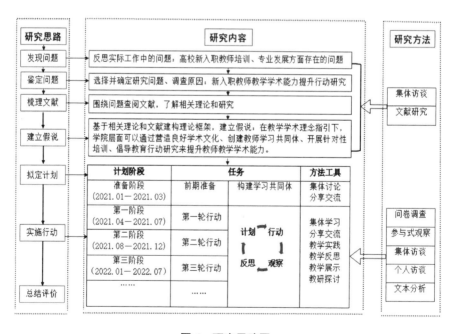

图 4　研究思路图

研究方法涉及文献研究、个人访谈、问卷调查法、观察法、文本分析法等。在此基础上，搜集、整理和分析了相关文献，全面了解了与研究主题相关的知识体系，进一步明确了研究路线。

其次，在明晰问题、梳理文献的基础上，本研究结合相关理论和文献，进一步论述教学学术及其发展历程，深入剖析教学学术能力的构成要素，厘清教学学术能力的影响因素，分析高校新入职教师在教学中所面临的困境，并在此基础上提出提升高校新入职教师教学学术能力的实践路径，进而形成本研究的理论框架，为后续的行动研究奠定理论基础。

再次，在上述理论框架的指引下，组建新入职教师学习共同体，深入了解新入职教师的基本需求，并在此基础上制订本研究的总体研究计划。行动计划包括三个主要阶段，分别对应三轮行动，每一轮行动为期近一学期，半年左右。第一轮、第二轮、第三轮行动研究，是本研究的正式轮行动研究，接下来为本研究的后续，不纳入本研究的分析范围。每一轮行动都遵循凯米斯（Kemmis，S.）所提出的"计划—行动—观察—反思"的行动研究逻辑线路，各轮行动之间紧密关联、逐步推进，整个行动研究是一个持续动态变化、螺旋式上升的过程。

最后，对整个研究进行反思和回顾，总结本研究所得到的启发，并在此基础上就新入职教师教学学术能力的提升，对新入职教师所在院（系）、新入职教师提出相应的建议，为本研究的后续行动以及其他同类研究提供经验参考和借鉴。

第一章 新入职教师教学学术能力及其提升的理论

　　我国高等教育已进入内涵式发展新阶段，这一由"量"到"质"的转变意味着需重构教学在大学中的核心地位，引导教师潜心教育教学工作，充分认可教师的教学学术在高水平大学建设和教育高质量发展中的重要地位。国务院在《深化新时代教育评价改革总体方案》中指出："要引导高校加大对教育教学、基础研究的支持力度；要支持建设高质量教学研究类学术期刊，鼓励高校学报向教学研究倾斜"①，重申了教学学术在高等教育中的核心地位，为倡导教学学术、引领高校教师回归教学本分指明了方向、注入了新的活力。在教育高质量发展的时代背景下，提升教师教学学术能力理应成为促进教师专业发展和提升高等教育质量的重要路径。新入职教师作为教师队伍的生力军，在学习能力、可塑性等诸多方面具有很大优势，其教学学术能力的提升，不仅可以为自身的职业生涯开启良好的开端，也可以为整个高等教育的高质量发展提供动力和保障。

一、"教学学术"的提出及其意义

　　人们对教学的探究源远流长，但随着社会的发展，教学在大学中的地位

---

① 中华人民共和国中央人民政府.中共中央、国务院印发《深化新时代教育评价改革总体方案》[EB/OL].2020-10-13.www.gov.cn.

日趋衰落，教学的学术性才引起了学者们更多的关注。1990 年，美国学者博耶在其工作报告中正式提出了"教学学术"的概念，将教学学术提到了与其他学术同等的高度。此后，这一概念不断得以补充和完善，相关研究日趋增多。三十多年来，教学学术理念对高等教育改革产生了深远的影响。对于高校新入职教师而言，教学学术理念也有着重要的指导意义。

(一) "教学学术" 思想的缘起

人们对教学的学术性思考和实践可以追溯到很久以前。苏格拉底 (Socrates) 认为知识即美德，而柏拉图 (Plato) 和亚里士多德 (Aristotle) 更加强调知识的实用性，因此知识既有其神秘、神圣的一面，也有其实用的一面，至于说可不可以教，在当时并无定论。奥古斯丁 (Augustine) 对教师的能力提出了质疑，指出教师唯一能做的就是对学生已经知道的东西予以提醒。尽管这些思考并没有明显地出现在现代的教学思想中，但人们对于教与学的探究一直没有停止过。[①] 只是到了 20 世纪末，由于大学教育中科研和教学之间的二元对立现象日益凸显，教学的中心地位有所动摇，教学的学术性才引起了人们的密切关注。

从大学及其主要职能的演变来看，12 世纪中叶到 19 世纪初期，大学主要发挥着知识保存和传承的教学功能；19 世纪初期，洪堡教育改革首次把教学和科研并列为大学的两大职能；而美国国会 1862 年颁布的《莫雷尔法案》，则使得社会服务成为大学的第三大功能。自此，教学、科研、社会服务一直被人们认为是大学的三大主要职能，其中教学始终是大学的最基本职能。20世纪 40 年代以后，欧洲大学重视科研和研究生教育的传统，给高等学校重视教学和本科教育的传统带来了很大冲击，科学主义盛极一时。作为对科学至上现象的批判，吉尔伯特·海特 (Highet, G.) 在其 1950 年出版的《教学的艺术》(The Art of Teaching)一书中，详细阐述了各种教学方法并提出了针对性的

---

① Chick, Nancy L. (ed.). SoTL in Action: Illuminating Critical Moments of Practice [M]. Sterling, VA: Stylus Publishing: Sterling, 2018: 2.

使用建议，明确提出教学是一门艺术而非科学。[①]类似的研究不断深入教学的深层内涵，认为教学是可以通过深入理解来改进的，但在很多情况下，科研仍被认为是真正的学术，而教学则被认为是维持生计的基础性工作。

到了20世纪80年代，以美国为代表的高等教育在经历了二战后的飞速发展之后，遇到了一系列瓶颈问题，如高校发展目标趋同、缺乏特色；教师激励机制重科研、轻教学；对学术的理解过于狭隘，教师的角色定位偏离学生中心；教师的学术研究脱离社会实际等。因此，教学与科研的关系成为学者们批判和反思的焦点，引发了学者们对教学学术的诸多思考。[②]当时，贝克（Baker，P.）在系列作品中讨论了社会学家对教学的理解、教师对教学的理解以及教学相关研究之间的关系。[③④⑤]1984年，佩里诺（Pellino，G.R.et al.）等在讨论各种不同的学术类型时，就谈到了教学学术（时称 scholarship of pedagogy）。[⑥]1986年，卡洛斯（Cross，K.P.）提出，最大限度地提升学生的学习效果是高等教育的目标所在，因此大学教师应成为课堂研究者，对自己的课堂开展教与学的研究。[⑦]1987年，舒尔曼（Shulman，L.S.）再次强调了学科教学知识（PCK）的重要性以及该领域研究"缺失的范式"。[⑧]可以看出，在这一时期，学者们已对教学学术的重要性和必要性有了比较深刻的认识，相关研究和实践都为大学教学走向学术奠定了基础。

可见，教学学术的思想由来已久，只是随着社会的发展，大学基本职能

① Highet,G.The Art of Teaching[M].Random House,1950.
② 王玉衡.试论大学教学学术运动[J].外国教育研究,2005(12):24—29.
③ Baker,P.Inquiry into the teaching-learning process:Trickery,folklore,or science?[J].Teaching Sociology,1980(7):237—245.
④ Baker,P.Does the sociology of teaching inform teaching sociology?[J].Teaching Sociology,1985(12):361—375.
⑤ Baker,P.The helter-skelter relationship between teaching and research [J].Teaching Sociology,1986(14):50—66.
⑥ Pellino,G.R.et al.The dimensions of academic scholarship:Faculty and administers views[J].Research in Higher Education,1984(20):103—115.
⑦ Cross,K.P.A proposal to improve teaching or what "taking teaching seriously" should mean[J].AAHE Bulletin,1986(1):9—14.
⑧ Shulman,L.S.Knowledge and teaching:Foundations of the new reform [J].Harvard Educational Review,1987(36):1—22.

中科研和教学之间的二元对立关系引发了高等教育重心的偏移，如何回归教学已成为高等教育亟需解决的一大问题。到了 20 世纪后半叶，由于科学主义的盛行以及教学在高等教育中地位的日趋衰落，教学学术的重要性日益凸显。1990 年，时任美国卡耐基教学促进会主席的博耶基于当时美国高等教育中出现的"重科研、轻教学"的实际问题，在其工作报告中呼吁美国高校要摆脱对学术的狭隘理解，提出了将大学的学术分为相互独立又相互关联的四个方面：发现的学术、整合的学术、应用的学术以及教学学术。[1]

（二）"教学学术"的概念变迁

博耶从重新定义"学术"的视角提出了"教学学术"（Scholarship of Teaching，SoT）这一概念，将教学学术提升到与其他学术平等的地位，旨在唤醒大学重新审视教学对于大学的重要作用。他最初提出的"教学学术"概念类似于"学术性教学"，即以学术的方式对待教学，与反思性实践紧密相关，从事学术性教学的教师将教学看作是一种职业，而将教学知识看作是发展其专业性的第二学科。然而，"学术性教学"的目的在于影响教学活动与学习结果，而"教学学术"的目的则是通过适当的方式产生正式的、经同行评议的交流结果，实现教与学的知识基础的建构。[2]博耶的教学学术理念推翻了之前认为教师就是向学生传播知识的理念，他认为，从学术的角度来说，教学始于教师的知识，是一个努力为教师的理解和学生的学习搭建桥梁的动态过程，可以吸引和培养未来的学者；好的教学意味着教师也是学习者，教师在此过程中不仅传递知识，而且使知识得以转化和拓展；卓越的教学可以使学术之树常青。[3]博耶的教学学术理念主要基于教师教学的视角，强调教师在教学中

① Boyer,E.L.Scholarship reconsidered:priorities of the professoriate[M].San Francisco:Jossey-Bass,1990:16.
② Richlin,L.& Cox,M.D.Developing scholarly teaching and the scholarship of teaching and learning through faculty learning communities[J].New Directions for Teaching and Learning,2004(97):127—135.
③ Boyer,E.L.Scholarship reconsidered:priorities of the professoriate[M].San Francisco:Jossey-Bass,1990:24.

的多重角色以及卓越教学对于学术的重要意义。尽管博耶提出了教学学术这一概念，但他并没有对教学学术给出具体的定义，对于教学学术究竟是侧重于结果还是过程，是反思探究还是呈现结果，也没有给出具体的答案。

后来，学者们从不同的视角对教学学术进行了界定。其中，最有影响力的是舒尔曼，他在接任卡耐基教学促进会主席之后，对博耶的教学学术进行了阐释和补充，特别是将学生的学习纳入了教学学术（Scholarship of Teaching and Learning，SoTL）的范畴。他认为，教学学术超越了博耶所说的学术性教学，应具有其他学术所具有的特点，即公开化、接受同行评议、供他人学习借鉴等。[①]为此，他将教学学术具体定义为：教师以本学科的认识论为基础，对教学实践中存在的问题进行系统研究，并将研究结果予以公开，以便与同行进行交流讨论、接受同行评议并且让同行在其研究基础上进行知识建构。[②]这一定义强调，教学实践既是教学学术的出发点，也是其落脚点；学科知识在教学学术中发挥着重要的指导作用；可视化、公开性是教学真正学术化的集中体现。

舒尔曼对教学学术的界定被学界广泛接受，为后来学者们从不同视角定义教学学术奠定了基础。麦金尼（McKinney，K.）对教学学术的定义更为凝练——"对教与学的系统研究，通过作报告或发表的方式公开分享成果并接受同行评议。"[③]这一定义与舒尔曼的定义很相似，只是后者更加具体，突出强调了教师学科知识的重要作用以及公开交流的目的——新知识的建构。胡贝尔和哈钦斯（Huber，M.T.& Hutchings，P.）则认为教学学术是一种探究方法，致力于在特定语境下理解和提升学生学习效果，[④]重申了教学学术的真正目的，即对学生学习和成长的关注。学者们对教学学术的不同解读表明，教学

① Shulman，L.S.Course anatomy：The dissection and analysis of knowledge through teaching［C］. In P.Hutchings（Ed.），The course portfolio：How faculty can examine their teaching to advance practice and improve student learning.Washington，DC：AAHE，1999：5

② Shulman，L.S.Teaching as Community Property：Lee S.Shulman's Essays on Higher Education［M］. Dan Francisco：Jossey-Bass，2004：165.

③ McKinney，K.Enhancing Learning through the Scholarship of Teaching and learning，the Challenges and Joys of Juggling［M］.Bolton，MA：Anker Publishing Company，Inc.，2007：10.

④ Huber，M.T.& Hutchings，P.Building the Teaching Commons［J］.Change，2006（3）：24—31.

学术就是按照已接受的或经过验证的学术标准，系统地研究教学实践，以理解教学信念、行为、态度以及价值观如何能够最大限度地促进学习，从而更准确地理解学习并形成可以供特定群体共享和评议的成果。

由于教学学术倡导解决实践中的"棘手问题"①的方法，致力于研究和改进教学实践，这使其成了一种"包罗万象"的研究范式。学者们对教学学术的界定中不仅包括了教师对教学实践的反思和探究、教学的提升策略、课程开发、基于研究的教学，而且也将本科生参与学科研究或教学学术研究等诸多方面纳入其中。②③同时，教学学术也与教师的专业发展、职业规划、职称晋升等相关联。④对教学学术的评价体系的重心也经历了从关注探究过程（目标、准备、方法、结果、表达、反思）⑤到关注学生学习或学习过程⑥、"公开化"⑦及"影响力"⑧等一系列变化。这些变化表明，教学学术逐渐从关注狭义的课堂实践和学习过程走向了更广义的教学实践，涵盖了制度化、能力提升、新的课程开发甚至全球性问题等诸多方面，进一步彰显了教学学术兼具包容性和多样性的"大帐篷"特性，也凸显了教学以及教学情境的复杂性。

（三）教学学术理念的发展及影响

博耶提出的教学学术理念，引起了各类高校的高度关注，各类机构、基

---

① Wright,M.C.et al.Facilitating the Scholarship of Teaching and Learning at a research university[J]. Change:The Magazine of Higher Learning,2011(2):50—56.

② Healey,M.Promoting the scholarship of academic development:tensions between institutional needs and individual practices[J].International Journal of Academic Development,2012(1):1—3.

③ Marquis,E,et al.Building capacity for the Scholarship of Teaching and Learning (SOTL) using international collaborative writing groups[J].International Journal for the Scholarship of Teaching and Learning,2014(1):1—34.

④ Fanghanel,J.Going public with pedagogical inquiries:SoTL as a methodology for faculty professional development[J].Teaching and Learning Inquiry,2013(1):59—70.

⑤ Glassick,C.E.et al. Scholarship assessed:Evaluation of the professoriate[M].San Francisco,CA:Jossey Bass,1997:22—36.

⑥ Kreber,C.and Cranton,P.A.Exploring the scholarship of teaching[J].Journal of Higher Education,2000 (4):476—495.

⑦ Kreber,C.Teaching excellence,teaching expertise,and the scholarship of teaching and learning[J]. Innovative Higher Education,2002(1):5—25.

⑧ Trigwell,K.Evidence of the impact of scholarship of teaching and learning purposes[J].Teaching and Learning Inquiry,2013(1):95—105.

金和刊物大量涌现，很快在全球范围内掀起了一场教学学术运动。加拿大高等教育自 20 世纪 90 年代就开启了教学学术运动，英国和澳大利亚更是将教学学术看作是一种学校活动，将其作为一种支持教学的校园文化创举，美国还将其视为教师个体职业发展的路径。[1]教学学术在全世界的发展势头日益增强，世界各地不断涌现出众多的以国际教与学学术协会（ISSOTL）为首的教学学术机构、有关教学学术的学术著作、促进教学学术的项目资源及与这些学术成果和项目评价相关的教学学术模型。[2][3][4]在美国，在卡耐基教学学术学会（CASTL）的支持下，博耶与卡耐基教学促进会的同事们，如格拉斯哥（Glassick，C.）、哈钦斯（Hutchings，P.）、胡贝尔（Huber，M.）等编写了许多与教学学术相关的书籍，为开展教学学术提供指导和帮助。在英国，受益于国家资助的各类提升教学学术的项目，教学学术得以快速发展。[5]教学学术相关的研究数量与日俱增，人们对教学本身的复杂性以及学科差异性有了更深刻的理解，学者们不再追求对教学学术的统一解读，而是开始尊重对教学学术多样性的理解。[6]教学学术从特定学科走向了跨学科，呈现立体化发展趋势，大大促进了不同学科教师之间的教学交流。在此过程中，持续对学生的学习的关注，一直是教学学术研究不变的重点。

我国于 2000 年左右引入了教学学术理念，其对高等教育改革的影响日益凸显。教育部 2016 年发布的《关于深化高校教师考核评价制度改革的指导意见》中明确提出，要"确立教学学术理念，鼓励教师开展教学改革与研究，

① Kreber,C.Teaching excellence,teaching expertise,and the Scholarship of Teaching [J].Innovative Higher Education,2002(1):5—23.
② Cambridge,B.L.The scholarship of teaching and learning:A national initiative[C].In M.Kaplan & D. Lieberman (Eds.),To improve the academy.Bolton,MA:Anker,2000:55—68.
③ Kreber,C.and Cranton,P.A.Exploring the Scholarship of teaching [J].The journal of higher Education, 2000(4):476—495.
④ Trigwell,K.et al.Scholarship of Teaching:a Model[J].Higher Education Research and Development, 2002 (2):155—168.
⑤ Fanghanel,J.The Shaping of SoTL in the UK:reflections on the London SoTL International Conference [J].ISSoTL Newsletter,2008(1):9—10.
⑥ Trigwell,K.Evidence of the impact of scholarship of teaching and learning purposes[J].Teaching & Learning Inquiry,2013(1):95—105.

提升教师教学学术发展能力"①，为高校教师开展教学学术提供了战略指引和政策支撑。近年来，上海交通大学、复旦大学、浙江大学等学校的教师发展中心通过定期举办教学学术年会、讲座或交流分享会等，以教学学术作为重要抓手，深入开展教育教学改革，探索和构建教育教学新模式，为教师教学学术能力的提升搭建了良好的平台。其中，上海交通大学教师发展中心积极搭建全国性的教学学术交流平台，其主办的教学学术年会已经发展成全国高校教学学术年会，截至 2022 年 7 月已成功举办四届中国高校教学学术年会，吸引了世界各地的专家和学者，大力促进了中外教学学术成果的深度研讨和交流，为提升我国高校教师教学学术能力发挥了重要的推动作用。2020 年 8 月，由北京理工大学主办、国际教与学学术学会等协办的 "2020 中国教与学学术国际会议" 在北京理工大学开幕。这是首次在中国举办的此类国际教学学术会议。会议吸引了大批学者、一线教师和教学管理人员，有力促进了中国高校教学学术的发展。为进一步促进国内外教学学术交流，助力世界一流高校建设，北京理工大学在国际教学学术学会的大力支持下于 2022 年 8 月举办了以 "教学学术：跨越边界" 为主题的 "2022 中国教学学术国际会议"，吸引了各方学者的积极参与，引起了很大的反响。

博耶提出的教学学术既是一种理念，也是一种研究范式。作为一种理念，它强调用学术的方式对待高等教育中的教学，"有助于促进教学本体性功能的回归"②；作为一种研究范式，它不仅是一个系统工程，更是一种共同财富，其目的在于在特定语境下理解和提升学生的学习效果。博耶对高校教师学术的重新界定，丰富了高校教师的学术内涵，彰显了教学学术的重要性，强调了各类学术之间的相互交融，不仅在扭转高等教育中的 "重科研，轻教育" "重引进，轻培养" 等现实问题方面具有重要意义，而且有利于改变传统学术观念、更新教学理念、创新教学方法等，可以有效提升教师的教学能

① 中华人民共和国中央人民政府. 教育部关于深化高校教师考核评价制度改革的指导意见[EB/OL].[2016-09-21].www.gov.cn.
② 王岚,史芝夕,邵俊美.高校教学学术共同体建设的现实困境与思考[J].教学研究,2022(3):44—48,61.

力和教学研究水平，促进教师和学生的共同发展。

三十多年以来，教学学术从理论走向实践、从关注教师的"教"到关注学生的"学"、从单个学科走向跨学科、从教师个体课堂实践走向项目或机构层面等多重变化，其研究主体、研究内容、交流方式、成果呈现方式、评价方式等日趋多元化，影响范围也逐步扩大，对高等教育的变革起到了很大的推动作用，在促进大学教学质量保障的范式转换、大学组织的学术变革、大学教师发展模式的重塑方面发挥了积极的作用。①教学学术理论日趋成熟，教学学术实践全面展开，"在许多大学，尤其是综合性大学，教学学术成了一个特殊研究领域"②，也"成为了高等教育界发展最快的教师发展运动"③。随着教学学术理念的广泛传播，教学学术越来越被认为是提升高等教育教学质量的重要措施，不仅可以有效促进教师的专业发展，而且可以培育和传播提升学生学习水平的循证实践、不断丰富教育教学相关理论。

（四）教学学术对高校新入职教师成长的意义

新入职教师，也叫"初任教师"，即初次步入特定教师职业领域的人员。"新"主要体现在新的职业起点、新的环境、新的体验。对于新入职教师的工作年限，学者们有着不同的理解，有的学者认为入职五年之内的教师都属于新入职教师④，而更多的学者则是从教师发展阶段的视角来定义"新入职教师"。例如，美国学者卡茨（Katz，L.）将教师发展成长分为求生期、巩固期、更新期、成熟期四个阶段，认为教师入职后的一至三年，是教师逐步熟悉学校环境与工作环境、掌握教育教学基本技能的阶段，处于这个阶段的教师都属于新入职教师。⑤在此基础上，美国学者伯利纳（Berliner，D.C.）提出了教

---

① 李小红,杨文静.论教学学术[J].中国教育科学(中英文),2021(2):19—30.
② Henderson,B & Buchanan,H.The Scholarship of Teaching and Learning:A Special Niche for Faculty at Comprehensive Universities[J].Research in Higher Education 2007(5):523—543.
③ Gibbs,G.Reflections on the changing nature of educational development[J].International Journal for A-cademic Development,2013(1):1—14.
④ Pogodzinski,B.Socialization of novice teachers[J].Journal of School Leadership 2012(5):982—1023.
⑤ Katz,L.G.Developmental stages of preschool teachers[J].Elementary School Journal,1972(1):50—54.

师发展的五阶段论，指出教师从新手教师成长为熟练型新手教师的二至三年，都属于普遍意义上的新教师阶段。①我国著名学者叶澜也指出，从教师的成长规律看，前三年是教师成长的奠基时期，三年的初任期基本可以确定一名教师的发展方向和职业成就。②国内许多高校都将近三年入职的教师视为新入职教师，这些教师处于职业发展的"求生期"或者"生存关注"阶段，对职业满怀憧憬和激情，但在现实的冲击下，又经常表现出迷茫和困惑，对个人专业发展产生强烈的忧患意识，因此特别关注维持基本教学的"生存"技能和知识。

高校新入职教师作为高等教育师资队伍中的新生力量，有其自身鲜明的特点。就其优点而言，高校新入职教师普遍学历高、年纪轻、学科基础扎实、科研能力较强，具有很强的可塑性和创新意识。这些优势赋予其专业发展以坚实的基础和较高的发展起点，也为其健康成长和可持续发展提供了基本保障。然而，与中小学教师不同的是，高校新入职教师大多没有接受过严格的教职培训，没有经历过教师发展中的"虚拟关注"阶段，这让新入职教师在教学上感到紧张和不安。③职业初期，他们面临着多重任务和挑战：既要了解和认识教学、掌握基本的教学技能，以胜任基本的工作任务，也要适应新的工作环境、适应学生的状况、适应新的人际关系和学校的文化传统等。由于经验不足，在面对全新的工作内容、工作环境和各种挑战时，他们常会感到力不从心、挫败感强、自信心不足、自我效能感低。在教学这项全新的工作中，他们关注更多的是自我，需要更多的认可、支持、合作和交流，以减缓焦虑、舒缓压力，尽快实现身份转换和角色定位。

针对高校新入职教师的特点，教学学术可以扬长避短，为其专业发展提供价值引领、搭建实践平台、促进教研相长。首先，教学学术倡导教学是高

①　Berliner，D.C.The Development of Expertise in Pedagogy[R].New Orleans，LA：American Association of College for Teacher Education，1988-02-17.
②　叶澜.教师角色与教师发展新探[M].北京：教育科学出版社，2001：248—249.
③　李芒.大学教师教学能力的培养——基于北京师范大学教师发展案例研究[M].北京：科学出版社，2021：61.

等教育的重心所在，高校教师应潜心教育教学，在反思和探究中不断深化对教学的理解，以不断提升个人教学能力，促进学生的成长和发展。这对于引导新入职教师树立正确的学术理念、培养对教学的兴趣和热爱、坚定躬耕教坛教书育人的理想信念等方面发挥着重要的价值引领作用。其次，教学学术强调对教与学的系统研究和公开交流，其中蕴含着教育教学理论与教学实践的积极互动以及与学生、同侪的合作交流，可以为新入职教师尽快适应环境和融入集体、深入理解教学、提升教学水平创造有利条件。再次，教学学术集教学实践与学术研究于一体，可以充分利用高校新入职教师的学术优势，带动教学实践和教学研究的深入开展，促进教学与科研的有机融合和平衡发展，全面提升其专业能力。因此，教学学术可以在理念、行动、结果等各个维度对高校新入职教师产生深远影响，可以在职业生涯初期帮其确立正确的专业发展方向、提供行之有效的实践路径，为专业发展奠定坚实的基础。

二、教学学术能力及其构成

教学学术作为一种学术，其研究的对象是"教"与"学"这两种紧密关联的实践活动，教师在开展教学学术的过程中，同时也是研究者和学习者，和学生一起参与学习、建构知识。要有效开展教学学术，教师需不断探究和改进教学实践，提高其教学能力和水平，丰富学生的学习体验、提升学生的学习效果，促进学科知识的生成和发展。教学学术具有教学与学术双重属性，其中学术属性是其本质，而教学属性是其个性。[①]同理，教学学术能力融教师的教学能力和教学研究能力于一体，具有教学与学术双重属性，是教师在教学实践和教学研究中应具备的综合能力。其中，教学能力和学术能力二者各有侧重，不是简单的平行关系，而是相辅相成、相互交织的关系，共同致力于提升学生的学习效果。简言之，教学学术能力是一个关涉教师有效开展教学学术所需的态度、知识和技能等因素的复杂多元体系，其价值意蕴体现在

---

① 周光礼,马海泉.教学学术能力:大学教师发展与评价的新框架[J].教育研究,2013(8):37—46.

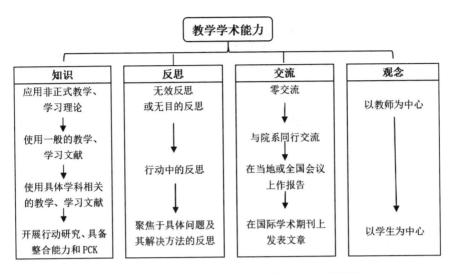

图 1-1　特里格维尔等提出的教学学术能力多维模型

通过知识传授、共享和生成来提升学生的学习效果，促进学生的发展。

　　特里格维尔等提出的教学学术能力多维模型为清晰、深入认识其构成提供了很好的理论依据。这一模型建立在对文献的梳理和实证研究基础之上，综合了相关研究以及一线教师对教学学术能力的认识，涵盖了知识、反思、交流和观念四个维度（见图 1-1）。依据这一模型，教学学术能力可以表述为：教师对普遍意义上及其专业领域有关教与学的文献和知识的掌握；对文献、具体教学情境及其二者之间关系的反思；与同行进行正式的思想和经验交流；对学生学习的关注。[1]该模型进一步明晰和丰富了教学学术能力的内涵，使教学学术能力更加具体化、更具操作性。模型中每个维度都有不同层次的具体表征，强调了由低水平向高水平逐步转变的过程，体现了教学学术能力的"多维性"，揭示了教师教学学术能力动态发展的可能性。教学学术能力较强的教师，会更好地学习和使用相关文献、研究自己的教学、从学生的立场反思教学、与同行交流思想和教学实践。依据这一模型，可以将教学学术能力细化为教学理念、教师知识、反思能力、学术交流能力四大维度。

<hr />

①　Trigwell,K.et al.Scholarship of Teaching:a Model ［J］.Higher Education Research and Development,
　　2002(2):155—168.

（一）教学理念是教学学术能力的基石

当教学成为学术之后，教师的角色也随之发生转变，从单一的知识传授者转变为知识的研究者，从教学的被研究对象发展为教学研究的主体，师生关系也从教学的单边关系转变为在学习中互相促进的双边或多边关系，融教育者、学习者与研究者为一体，并将其作为大学教师最重要、最核心的角色。[①]教师角色的转变，要求教师的理念从"以教师为中心"转向"以学习者为中心"。坚持"以学习者为中心"，要求教师将学生视为具有独立人格的、自由、平等的生命个体，尊重学生的主体地位，以培养学生的核心素养为主要内容。[②]"以学生为中心"是教学学术的逻辑起点，"激发学生的思维、促进学生的成长"是教学学术的逻辑终点，只有从学生的视角去观察学生的学习，才能更好地理解学习，进而有效促进学生的学习。只有坚持以学生为中心，教师才能客观地认清教学学术的重要地位，保持知识的更新速度，不断提升自我，客观检验教育中存在的问题，积极应对高等教育中出现的新课题。[③]

（二）知识体系是教学学术能力的核心

教师的知识面以及对专业领域内有关教与学的文献、理论的掌握程度，对其教学学术能力的提升有着重要的影响。舒尔曼认为，对教师来说，仅仅具备相互独立的学科内容知识和一般教学法技巧是不够的，二者的有机融合，即教师的学科教学知识（PCK），才是教学的基础。他指出，PCK 是教师通过恰当的方式将学科知识转化为易于学生理解和接受的表征形式的知识，意味着教师本身在对学科知识理解上已经发生转变，即从教师自己对学科知识的理解到对学科知识作新的阐释、识别和分解，用活动、情感、隐喻、练习、

① 深圳大学教师发展中心.教学学术是大学教师专业发展的核心[EB/OL].(2020-06-03)[2020-06-03].https://teacher.szu.edu.cn/info/1178/1578.htm.
② 王会军.互联网思维下教师教学理念与行动的重构[J].课程.教材.教法,2017(8):92—96.
③ 江萍.大学教师专业学习社群建设的行动研究——基于 A 大学的研究个案[D].南京大学,2018:150—151.

实例和演示等对其进行包装，以便让学生容易学习和掌握。①在具体的教学中，教师需要结合相关的教学法知识，将学科知识予以解释，选择恰当的表征形式以适合特定的教学情境、适应学生的特定需求。

教师的知识体系一直处于动态变化之中，教师需与时俱进，不断更新其PCK，融合技术的学科教学知识（TPACK）成为信息时代教师的核心知识体系。然而，技术知识不能作为独立的元素出现，它必须与教学法结合才能作为教师知识结构的一部分，也就是说，技术知识将作为教学法知识的一部分而存在，教师知识结构的未来发展或许还是要回归PCK。②因此，PCK是教师知识的核心，尽管在不同的时代，它会具有一定的时代特色。PCK可以通过学习和实践获得，研究和积累PCK是教师成功发展的关键，也是教师开展教学学术的坚实基础和应然追求。③可见，PCK也是教学学术能力的核心内容，教师需在学习和实践中不断积累和创新PCK，以推动教学学术能力的综合提升。

（三）教学反思能力是教学学术能力的活力之源

反思是人之为人的特有能力。④从词源学的角度来讲，英语中的反思（reflect）一词源自希腊语中的 reflectere，其中"re"表示"回"，"flect"表示"弯曲"，本意为"折回"。⑤《辞海》（第七版）对"反思"的解释有两种：一是"重新思考"，如《新唐书·崔日用传》中的"然每一反思，若芒刺在背"；二是西方哲学中通常所指的精神的自我活动和内省的方法。其中，第二种概念已为东西方学者普遍使用，表示对自己的思想、心理感受的思考，对自己体验过的东西的理解和描述，也泛指对各种事物、现象的思考。英国哲学家洛克认为，反思属于内部经验，是心灵以自己的活动作为对象而反观

---

① Shulman,L.S.Knowledge and teaching:Foundations of the new reform[J].Harvard Educational Review,1987(57):1—22.
② 徐鹏.人工智能时代的教师专业发展——访美国俄勒冈州立大学玛格丽特·尼斯教授[J].开放教育研究,2019(4):4—9.
③ 高筱卉,赵炬明.舒尔曼大学教学学术思想初探[J].高等工程教育研究,2022(2):143—149.
④ 李政涛,周颖.建设高质量教育体系与中国教育学的知识供给[J].教育研究,2022(2):83—98.
⑤ Rushton,I.& Suter,M.Reflective Practice for Teaching in Lifelong Learning[M].Berkshire:Open University Press,2012:1.

自照，属于人们的思维活动和心理活动，是知识的来源之一；而黑格尔则认为，反思更多的是将统一体分裂为对立面的二重性活动，是从联系中把握事物内部的对立统一本质的概念，介于知性和理性之间。杜威认为，反思区别于一般的思考，既包括引起思维的怀疑、踌躇、困惑和心智上的困难等，也包括寻找、搜索和研究的活动，以求得解决困难、处理困惑的实际办法。①当今，人们通常将反思视为对自己的思想、心理感受等的思考，是人们为了更加理性、更有目的地开展行动而对自己行为有意识的观察行为。对于教师而言，其专业学习不仅仅是知识习得和应用的过程，也是一个通过反思生产知识的实践行动的过程。②

教学反思是教师在复杂的教学情境中，对教学行为及其背后的理论和后果进行反复的、持续的和周密的思考，从而赋予教学实践意义，寻求改善实践可能方案的过程。③在具体的教学情境中，反思是有明细内容的活动，包括对文献、具体教学情境及其二者之间关系的反思；对学科情境中学生学习以及教学实践的反思：即教学是否聚焦、是否达到了既定的目的、从中获得了什么，如此等等。没有反思的教学会受制于技术理性，沦为机械的重复，会陷入因循守旧、故步自封的僵局，是教师进取心和责任感缺失的表现。然而，教学反思不是就教学谈教学，叙说教学琐事，而是深入挖掘教学的思想之根和经验之源，努力寻求教学的合理依据。④

教学反思是促进教师教学学术能力和专业发展的重要途径。对教学的反思，始于困惑，见于行动，终于改进，可以使教学实践更为理性化、更富有智慧和成效。"反思是教师向上生长的力量，按部就班型教师与专家、学者型教师之间就仅仅相差一个'反思'。"⑤教师反思能力的提升使其能够从对知识本

①　Dewey,J.How we think：A restatement of the relation of reflective thinking to the educative process [M].Boston,MA：Heath,1933：23.

②　Altrichter,H.The role of the professional community in action research [J].Educational Action Research,2005(1)：11—25.

③　赵明仁.教师反思与教师专业发展——新课程改革中的案例研究[M].北京：北京师范大学出版社,2009：20.

④　徐继存.论教学偏见及其消减[J].课程.教材.教法,2022(1)：40—46.

⑤　罗树庚.教师如何快速成长——专业发展必备的六大素养[M].上海：华东师范大学出版社,2021：前言 9.

身的关注逐步转移到对学生学习的关注，从对教学中的具体实践上升到对相关理论的探究，实现理论与实践的良性互动。这不仅可以丰富其教学体验和学生的学习体验，提升学生的学习效果，而且可以在此过程中不断更新、丰富和完善学科知识体系，建构、创生新的知识，进而促进教师教学学术能力的提升。

(四) 学术交流能力是教学学术能力的集中体现

交流是学术的本质特征，只有在交流过程中知识才能得以传播和发展。教学学术具有学术的一般特征，即将其在一定范围内公开并接受同行的评判，该理念倡导知识的共享交流，认为有效的交流是促进知识建构的必要手段。因此，教师在提升教学学术能力的过程中，要保持开放的心态，乐于分享自己的教学实践、心得和相关理论知识，虚心接受同行的评判，促成思想火花的碰撞，实现知识的共享共建。长久以来，大学教学健忘症、幻想症、孤独症、惯性、怀旧五大病症，将大学教学拒之学术门外，使大学教学质量长期难以提高。[①]此外，学工冲突、学用脱节、协作缺失等问题突显，尤其是高校教师各自为政、单兵作战的教学"孤岛化"现象严重遏制着教学交流、反思和公开化。[②]因此，教师隐性实践智慧无法外显，严重影响了教师教学能力的提升，使教学工作难以取得实质性的突破和进展。

沟通交流是人类最基本的社会性需要。在人的身心发展过程中，随时会遇到各种各样难以作出准确预设的疑难和问题，对此，只有通过相互间的交互活动去积极主动地应对，才有可能运用已知的经验和知识去解决它。[③]不仅如此，知识的生成也有赖于群体的互动和协商。教师之间有效的教学交流不仅可以使教师的实践智慧显性化，让个人的财富变为集体的财富并使之能够得以流传，而且可以通过共享实现知识的不断建构、推动知识的发展，进而反哺教学实践，提升教学质量，惠及广大学习者，回应教学学术的基本诉求。

① 赵炬明,李蕾.如何做好大学教学学术研究:一个案例分析[J].高等教育研究,2021(09):62—70.
② 王岚,史芝夕,邵俊美.高校教学学术共同体建设的现实困境与思考[J].教学研究,2022(03):44—48,61.
③ 刘旭东.论行动视域下的教育回归原点[J].教育研究,2022(11):66—76.

为此，教师要具有卓越的学术交流能力，能就普遍意义上或所在学科的教学实践和理论与同行进行高效的、正式的思想和经验交流。这一能力的获得，需要教师正确理解教学学术理念，并在这一理念的指引下专注教学研究，从口头交流走向学术论文的发表，在交流内容、形式、深度、范围等各个方面不断实现创新和突破。

三、教师教学学术能力的影响因素

博耶的教学学术理念在高等教育界掀起了一场影响深远的教学学术运动。在其影响之下，大学越来越意识到教学及其教师参与教学学术的重要性，并将教师的教学学术能力视作提升高等教育质量的关键要素。高校教师教学学术能力的提升受诸多因素的影响，主要来自大学本身、教师所在院（系）或教师发展中心、教师个人三个层面。

（一）大学文化是教学学术能力提升的价值引领

虽然教学学术理念的提出已有 30 余年，并且在众多高校有广泛的传播，但目前教学学术依然存在各种障碍和困难，如研究结果推广难、支持力度不够、认可度低等。[①]这种状况与漫长的高等教育发展历程及其追求的目标以及由此形成的大学文化有关。要改变这一现状，大学要营造良好的学术文化、建立健全激励机制，使教学学术理念深入人心，吸引教师为之不懈努力。

良好的学术文化是提升教师教学学术能力的基本前提。大学文化是一个学校特色的集中体现，是大学在长期发展过程中形成的历史积淀、人文品格和价值理念，既可以内化为大学的办学理念、价值追求和文化品位，也可以外显为大学的规章制度、行为方式和物质条件。大学文化在学校学术氛围的营造中发挥着重要的价值引领作用，潜移默化地影响着师生的思想和理念。倡导教学学术、培育良好的教学学术文化，有助于引导广大教师树立正确的

学术观，摒弃对教学学术的"偏见"并视教学学术为非常有价值的研究领域。从组织文化的角度来讲，各类教学学术相关活动的举办，将会在全校范围内营造积极向上的教学学术文化，提升广大教师的教学学术意识，为教师教学学术能力提升创造良好的条件。我国高等教育在经历了规模扩张的外延式发展之后，正逐步转向以提升教学质量为主的内涵式发展道路。在此大背景下，创建良好的教学学术文化环境尤为重要。要做到这一点，就要在高校形成一个广泛的、深厚的理解教学学术、尊重教学学术、积极开展教学学术研究、保障教学学术的文化氛围和环境。[1]

合理的激励机制是提升教学学术能力的有力保障。倡导教学学术的根本目的是以循证的方式，探索高等教育教学规律，激发教与学的新活力，在教育教学新环境中提升学生学习效果，为培养高水平创新型人才作出贡献，而在这个过程中，构建与教学学术品格相一致的激励机制是高校发展的风向标。这样的激励机制充分认可并接受教学学术，具有全面性、导向性和多元性，可以引导教师回归教学、潜心教学实践和研究，为教师开展教学学术和提升教学学术能力提供动力源泉和制度保障。米亚特（Myatt，P.）等建立的由领导、政策和规划、组织机构三个部分组成的概念框架，要求大学在这三方面都要充分体现教学学术，为教学学术能力提升提供制度保障。[2]这一观点为学校在制度上保障教师教学学术能力提升提供了依据。有愿景的引领、激励机制的支持以及相应的执行机构的保障，就能够为教师教学学术能力的提升提供全面的支持和保障。

（二）实践共同体是教学学术能力提升的主要平台

良好的大学文化有助于教师树立正确的学术观念、提高教学学术意识、激发教学学术兴趣。除此之外，大学还需为教师教学学术能力的提升搭建平

---

[1]　文剑辉.地方高校教师专业发展的策略研究——基于教学学术的视角[J].高教探索,2017(3):123—128.

[2]　Myatt,P.et al.Reflecting on institutional support for SoTL engagement:developing conceptual framework[J].International Journal for Academy Development,2017(2):147—160.

台、创造机会，教师发展中心以及教师所在院（系）在这方面发挥着重要的作用。其中，作为大学的专业组织和管理层级，院（系）在大学各类活动中发挥着重要的组织、管理和引领作用，是大学开展教学学术活动，提升教师教学学术能力的关键力量。

教师教学学术能力的提升需要平台。教学学术能力的提升，要求教师从个体学习走向共同学习，要求教师在密切关注学生学习的同时，与同行相互学习借鉴，促成知识的共享共建。教师发展中心以及教师所在院（系）通过提供相关资讯、开展各类活动、提供资助等方式，服务于学校的教学学术发展，引领着教学学术运动，在倡导教学学术、传播和支持教学学术方面发挥重要作用。2012 年以来，我国的教师发展中心发展迅速，数量激增，为教师创新教学方法、开展教学学术研究创造了良好的平台，促进了课程建设和课程改革，增进了教师之间的合作与交流，在提升教师的教学学术能力方面发挥了积极的引领作用。教师发展中心组织开展的各类工作坊、讲座等各类学习活动，不仅在全校范围内营造了良好的教学学术氛围，让教学学术的理念逐步深入人心，吸引教师了解、掌握教学学术相关知识、方法和技巧，引导教师积极开展教学学术研究并在分享交流中逐步提升自身的教学学术能力。

实践共同体是提升教师教学学术能力的主要平台。教师所在院（系）或教师发展中心创建的各类实践共同体，是教师发展教学学术能力的主要依托。许多高校在发展教学学术的过程中，都很自然地转向教师学习共同体，并将其作为提升教学学术的主要依托，以借助集体的力量来帮助教师提升学术性教学、生成教学学术。各类实践共同体可以赋予教师较强的归属感和安全感，让他们能在轻松友好的氛围中，探讨共同感兴趣的教研主题，在分享交流中互帮互助，为实现共同愿景而协同努力。考虑到教师的学科背景和个性化发展，教师所在院（系）在这方面可以与学校的教师发展中心紧密合作，相辅相成，弥补教师发展中心无法兼顾教师专业背景的不足，共同致力于教师教学学术能力的提升。院（系）及教师发展中心等机构打造的各类实践共同体，是教师提升教学学术能力的良好平台，可以为从事学术性教学和教学学术研究的教师提供宝贵的信息资源和学习培训机会。

（三）教师个体是教学学术能力提升的主体和关键

教师教学学术能力的提升，离不开外部各方面的支持和保障，更离不开自身的努力和探索。上述各种因素都属外部因素，而教师是提升自身教学学术能力的主体，其学术观、PCK、教学反思能力，都影响甚至决定着其教学学术能力的提升。

正确的学术观是提升教学学术能力的前提。理念是行动的先导，只有在接纳和认同的基础上，才能有效开展行动。博耶提出的教学学术理念，创造性地把教学纳入了学术的范畴，丰富了学术的内涵，拓展了学术的范畴，有效化解了教学与科研的对立矛盾，为教学研究争得了合法的学术席位，有助于引导高校教师潜心教育教学、关注教学实践、研究教学问题、改进教学工作，促使教学在高等教育中的地位从边缘回归中心，使高校更好地发挥人才培养的核心职能。对这一理念的深入理解和接受，是实现教师角色顺利转换的前提，而教师角色的成功转换，则是提升教学学术能力的坚实基础。当赋予教学"学术"的特性之后，教师的角色也必然随之发生转变，教师从传统的知识传授者和被研究者，转变为教育者、学习者和研究者，集多重身份于一身，教学不再是单纯的知识灌输，而是实践与理论的积极互动，是师生共同参与的知识建构过程。

PCK 是提升教学学术能力的核心。大学教师对自己教学实践的研究是提升其教学学术能力的主要内容，在这个过程中，教师的 PCK 发挥着关键作用。如前所述，PCK 与具体的情境紧密相关，是教师在帮助学生理解特定概念或知识范畴时所依赖的学科、教学、学习以及情境等相关知识，这种知识往往源自于经验和实践，与教师的课堂教学经验息息相关。教师 PCK 的更新和发展，主要源于教师的教学实践和对教学的反思和解读。[①]如果没有丰富的专业教学实践、经验及其对教学的感悟，教师 PCK 的更新和增长就会严重受

---

① Kreber,C.& Cranton,P.A.Teaching as scholarship:a model for instructional development[J].Issues and Inquiry in College Learning and Teaching,1997(2):4—13.

阻,其教学学术能力也会因此停滞不前甚至出现下滑现象。反之,教师PCK的生成和完善,不仅意味着教师可以将学科知识和教学法知识有机融合,还意味着教师能够聚焦教学实践,持续开展课堂研究,进而促进教师教学学术能力不断提升。因此,PCK是教师教学学术能力的直接体现,其中蕴含着教师开展教学研究的能力和基本素养,是提升教学学术能力的核心内容。

反思是提升教学学术能力的内生动力。教学学术一定是根植于教学实践和对实践问题的不断反思。可以说,没有反思,教学的学术品格就没有培养和展现的机制与场域,就更谈不上对教学实践的改进。大学教师只有躬耕教坛、潜心教学、勤于反思,方能形成自己独特的教学学术理念,并在持续的行动中不断改进教学,逐步提升教学学术能力。在此过程中,教师需对已有的教学知识进行新的、批判性的解读,通过正式、非正式或批判性的反思性探究来促进对教学的专业性参与,为处于不同学习阶段的师生提供帮助。[①]教师反思能力的提升,使教师能够更加专注于对教育教学中存在的问题及其对策的思考,不仅有助于提升教学能力和教学效果,更有助于激发教师开展教学实践和研究的兴趣,为教学学术能力的提升提供持久的内驱力。

四、高校新入职教师的教学及培训现状

随着高等教育大众化的逐步推进,高校师资日益年轻化,大量的研究生(以博士为主)加入高校师资队伍当中。经济合作与发展组织(OECD)2018教师教学国际调查报告(TALIS)指出,作为一个群体,新入职教师有着很强的社会责任意识和创新意识,但是如果没有良好的工作环境和系统的支持,这些潜质就会被埋没。教师职业初期是一个非常关键的过渡阶段,这一阶段的支持和指引,对新入职教师尽快适应环境、激发教学热情、发挥个人潜质等方面都有着重要意义。然而,现实中,高校新入职教师教学发展面临多重困境,培训体系尚不完善,教学学术能力的提升受多种因素的限制。

---

① Kreber,C.The Transformative Potential of the Scholarship of Teaching[J].Teaching & Learning Inquiry,2015(1):5—18.

（一）高校新入职教师教学实践中的困境

高校新入职教师除了教学实践经验不足之外，还普遍存在着工作任务繁重、知识结构失衡、教学学术能力亟需提升等问题。

工作任务繁杂。我国大部分高校新入职教师职前都没有相关的教育教学理论的储备和教学实践经验，这就意味着高校新入职教师教学经验和教学方法、教学理论的缺失，让他们在入职初期不仅要熟悉学校的环境和制度，处理同事、师生之间的各种关系，还要"应对所学理论知识与教学实践中的差异而造成的压力"[①]。然而，在许多高校中，教师刚入职后就被要求承担教学任务，尽管缺乏教学经验，但学校对他们有着和其他有经验的教师同样的要求，学生对他们也有着同样或更高的期待，很多情况下新入职教师的工作任务甚至要比其他教师更重。可见，入职初期是新入职教师角色转换的重要阶段，新入职教师既要适应新的环境、应对新的人际关系，还要在学习如何教学的同时承担相对繁重的教学任务。面对复杂的情境，新入职教师会出现心理压力增大、焦虑感增强、时间管理混乱等现象，甚至会在实际工作中手忙脚乱、疲于应付，最终导致教学更多地成为一种负担和必须应付的差事。由于入职前对工作的美好期待与现实形成鲜明反差，新入职教师的职业自豪感会在入职早期极大受挫，进而导致工作积极性下降、职业发展前景迷茫、工作态度不端、工作效率不高等一系列问题。

知识结构失衡。高校新入职教师在入职前完成了本学科基础知识与前沿知识的积淀与启蒙，而且经过硕士、博士期间的学术训练，在一定程度上已经具备了科研理性。[②]在学术方面，他们具备一定的科研能力，在一定的领域学术训练有素，但教育经历过于强调学科本位，缺乏有效开展教学实践以及教学研究应该具备的教育学、教学法等基本知识。因此，就学科专业知识而

①　Farrell,T.S."My training has failed me":Inconvenient truths about second language teacher education (SLTE)[J].TESL-EJ,2019(4):1—16.
②　崔振成.从"职业研究者"转向"职业教育者"——高校新入职教师教学素养诞生之路[J].武汉科技大学学报(社会科学版),2018(5):576—580.

言，新入职教师已有相对坚实的基础，但大多数教师的教育专业知识基本上是空白的。①也就是说，对于刚毕业、拥有硕士或博士学位、无任何工作经验的大学新入职教师而言，其学科专业能力一般都达到了大学教学的需要和水平，但他们所具有的教育学、心理学、教学法和 PCK 等教学学术知识、理论及建立在此基础上的教学能力，在某种程度上讲几乎还是一片空白。②然而，卓越的大学教师必须掌握教学的知识、技能以及传递学术领域知识和技能的"工具"。教育教学理论以及实践技能的缺乏，会使新入职教师对教学的认识和实践只能停留在表面，严重制约着教学实践以及教学研究，对教师教学学术能力的提升造成了很大障碍。

教学学术能力亟须提升。在教学实践方面，由于职前相关教育理论知识的缺失、教学经验的缺乏，教学对于新入职教师来说是一项陌生的任务。入职后，现有的相关岗前培训过于重视外在的培训，而忽视教师内在的学习。③缺乏理论指引的实践是盲目、低效的，且存在一定的风险。在没有充分准备的情况下开展教学，难免会出现各种问题和困难，如教学目的不明确、技术手段使用不当、对学生关注不够、备课不充分、语言表达不流畅、教学方法单一等问题。更有一些青年博士教师在教学中缺乏清晰的教学思维、表达方式、有效的教学技能和追求卓越教学的价值目标。④因此，新入职教师在教学方面的成长，主要是在实践中不断摸索和改进，如果没有适当的引导和支持，教学中出现的许多问题可能会伴随教师的整个职业生涯，严重影响其专业发展。

就学术能力而言，新入职教师普遍缺乏对教学学术能力的专门训练。⑤他们在研究生培养阶段，科学研究有了较好的实践和训练。步入工作岗位，他们也习惯于将科学研究作为学术的代名词，对教学学术的认同感和信任感不

---

① 程敬恭.高校教师岗前培训再论[J].教师教育研究,2009(3):44—47.
② 李庆丰.大学新教师教学能力提升研究:核心概念与基本问题[J].中国高教研究,2014(3):68—75.
③ 何劲松等.教师学习与专业发展:历史回溯与未来展望[M].上海:华东师范大学出版社,2021:2.
④ 蔡亚平,吴泠.高校青年博士教师教学能力提升策略探析[J].高教学刊,2019(12):155—158.
⑤ 王胜清,于青青.北京大学新入职教师教学培训项目设计与实践[J].中国大学教学,2019(12):80—84,91.

强，对教学的研究和反思较少，对教学学术的敏锐度、投入度、专注度、灵活性有限。[①]同时，由于研究生培养阶段的学术积累，大部分新入职教师倾向于沿袭上学期间的相关研究，而不愿重新开辟教学这样一个相对陌生的研究领域。此外，受社会价值观、高校管理制度和周围环境的影响，他们一般会认为科研价值大于教学价值，大部分都倾向于从事科学研究和服务社会，无法潜心教学工作。[②]因此，要提升新入职教师的教学学术能力，需从更新学术理念做起，逐步引导他们变革教学思维、探索教学学术，逐步加深对教学学术的理解、认识和实践。

（二）高校新入职教师培训体系尚不健全

目前，我国高校新入职教师培训体系主要包括三个层级：各级教育行政部门统一组织的岗前培训、各高校组织的校本培训以及各院（系）组织的新入职教师培养工作。岗前培训和校本培训普遍存在与实践脱钩、针对性不强等问题，院（系）的培养工作在规划、管理和落实等各方面存在不足，各级培训之间也缺乏系统性和连贯性，有待进一步的提升和改进。

1. 各级教育行政部门组织的高校新入职教师岗前培训

高校教师岗前培训是对到高校从事教育教学工作的新教师进行初步的师范性质的适应性培训。原国家教委 1997 年颁布的《高校教师岗前培训暂行细则》，仅对《高等教育学》等四门课程的开设有具体的要求和明确的规定，各地在落实和实施该细则要求的过程中，在教学内容、组织方式、评价手段等方面都做了有特色的探索和创新。如江西省高校师资培训中心自 2011 年开始对高校教师岗前培训课程进行实践探索，构建了由理论教学、实践技能、素质拓展、自主研修、校本培训五大模块组成的课程体系，提高了岗前培训的吸引力和实效性。[③]自 2013 年起，上海市基于"情境实践模式"（Situational

①　周海涛,于榕.高校青年教师教学学术能力提升的瓶颈与路径[J].国家教育行政学院学报,2022(5):79—85.
②　邹春花,黄连杰.多元视角下我国高校青年教师发展研究[M].北京:北京理工大学出版社,2017:101.
③　宋友荔,张丹.江西省高校教师岗前培训课程革新探究[J].教育与职业,2013(27):69—71.

Practice Model）开展上海市市属高校新教师教学技能培养，包含视野博览、专业提升、技能精炼和素质养成四大模块，以"实践共同体内的反思性实践"为核心，分准备、实践与总结三个阶段，取得了较好的效果。①然而，大多数地方教育行政部门组织的岗前培训，依然以国家统一要求的课程内容为主，辅以少量的具有时代特色的讲座和专题讨论。就课程体系而论，目前大部分地方的岗前培训偏重理论知识灌输，缺乏学科专业性的课程；内容和形式单一，缺少学科教学论、教育管理、现代教育技术等方面课程和必要的教学实践；培训内容、方法及手段较为陈旧，无法跟得上高等教育教学改革发展的步伐，滞后于高校教师培训工作改革发展。②

在国家层面，教育部 2016 年启动的高等学校新入职教师国培示范项目，在前期调研、专家引领、师资配备、聚焦实践、方式多元、展示平台等方面得到了学员的一致好评和认可。③然而，国培项目每年培训近 2000 名的西部高校新入职教师，覆盖面小、受益面窄，大部分新入职教师没有机会参加国培项目。而且，在具体的实施过程中，国培项目也逐步凸显出与各地方集中培训类似的困难和问题。比如，培训周期过长、培训内容与形式无法满足来自不同专业背景新教师的需求、培训考核评价趋于形式化、培训师资遴选有待加强等问题。④可见，集中性的培训，无论周期长短，均无法满足不同学科背景教师的具体需求，无法与教学实践紧密关联，对教师的发展影响甚微。

2. 各高校组织的新入职教师校本培训

作为高校新入职教师岗前培训的延续，大部分高校都组织相关的校本培训。通过实施校本培训，可以让新教师了解和掌握校情校史、规章制度、教育规律、教学方法、职业素养等，使他们更好地适应环境、进入角色。新入职教师的校本培训工作主要由学校的教师发展中心来完成。越来越多的高校

---

① 丁炜.基于情境实践模式的高校新教师教学技能培养研究[J].教师教育研究,2019(5):46—52.
② 杜娟,王颖.高校新入职教师培训课程设计及实施效果研究——基于北京理工大学的个案分析[J].高校教育管理,2018(4):118—24.
③ 杨虹.海南省高校新入职教师培训思考——以"2016 年中西部高校新入职教师国培示范项目海南省培训项目"为例[J].教育观察(上半月),2017(17):68—71.
④ 刘旭,谌晶晶."双一流"建设中高校新入职教师培训现状调查分析——以某省 2019 年中西部高校新教师国培项目为例[J].湖北科技学院学报,2020(2):134—139,144.

根据学校的特色和目标定位，形成了基于特定理论框架的新入职教师培训模式。吉林大学针对近三年新入职的教师，开展教学研修和教学竞赛，组建学习共同体；[①]北京大学基于 TPACK 理论框架，设计了新入职教师教学培训项目的课程体系，取得了良好的成效；[②]南阳师范学院提出了 TPACK 视域下高校教师岗前培训新模式并在实践中取得了良好的培训效果；[③]北京理工大学则以教师发展理念为指导，以"学习者为中心"理念为基础，分模块开设新教师培训课程，培养教师四方面的能力和素养：师德思想、理念变革、教学技能、职业生涯，并不断更新完善课程体系，取得了良好的效果。[④]高校的积极尝试和创新，不仅使新入职教师培训内容丰富、形式多样，而且越来越关注教师的专业发展。

　　然而，大多数的校本培训依然拘泥于传统的入职引导，侧重于新入职教师对学校各个方面的了解和认识以及师德师风建设和基本教学技能的传授。此类培训在帮助新入职教师尽快适应环境、了解基本规章制度等方面发挥着重要的作用，但普遍存在以下问题：培训期一般为一年，而且时段比较分散，对于新教师的专业发展来说远远不够；培训内容宽泛、空洞，缺乏理论支撑，与专业实践脱钩，针对性和体系性不强；培训形式刻板，以各类讲座为主，缺乏教师之间的交流和研讨，不能调动教师的积极主动性；培训计划不合理、落实不严谨、形式重于内容。此外，部分高校没有专门负责教师发展的部门，无法提供专业的引领和指导，这是导致校本培训停滞不前的主要原因。

3. 院（系）层面组织的新入职教师培养计划

　　为了使新入职教师在专业实践中学习成长，各学校在实施校本培训的同时，也会要求新入职教师所在的院（系）制订相应的培养计划。较之教育行政部门和学校组织的培训，院（系）对新入职教师培养的一大优势就是可以

① 胡亮,姚岚,金祥雷.以教学学术为核心　构建教师教学能力提升体系[J].中国大学教学,2017(6):68—72.
② 王胜清,于青青.北京大学新入职教师教学培训项目设计与实践[J].中国大学教学,2019(12):80—4,91.
③ 王燕.TPACK 视阈下高校教师岗前培训模式研究[J].中国电化教育,2014(3):117—22.
④ 杜娟,王颖.高校新入职教师培训课程设计及实施效果研究——基于北京理工大学的个案分析[J].高校教育管理,2018(4):118—24.

扎根于工作实践，有条件将教师前期学习的理论应用于实践，并在实践中不断反思改进。职业初期的正确引导，适当的导入措施将增进新入职教师的反思能力、改善人际关系、建立开放的交流氛围、提高教师效能与自主意识，而在院（系）经常性地召开各种讨论会、建立正式的师徒制度、建立和完善初任教师的教学档案、撰写教学论文等都被认为有助于新入职教师的专业成长。①然而，现实中，由于院（系）层面的新教师培训往往是校本培训的一部分，在职责划分上存在界限不明、考核不严的问题，因此在执行中容易流于形式。而事实上，基于教学实践的培训应该是职业初期各类培训的重中之重，对教师的专业发展有着非常重要的意义，可以使新入职教师能够在真实的情景中感知教学、体悟教学、改进教学，实现真正意义上的成长。

总的来说，我国目前的新入职教师培训体系依然以"外控式"的培训为主，普遍存在理论灌输多、互动交流少、培训内容与教学实践脱节的现象，忽略了教学情境的复杂性和教师的个性化需求，缺乏对教师主体性的关注，培训效果并不理想。教学的实践性本质决定了教师教学学术能力只有在工作实践中才能不断提升，所以教师的培训应紧密结合教学实践，作为常态化的工作来开展，而教师所属院（系）在发展教师教学学术能力方面大有可为。但在实践中，院（系）层面教师培训机制的缺失，严重制约着教师教学学术能力的发展。高校新入职教师教育教学相关知识、学术观念、时间分配等方面存在的问题，阻碍着其教学学术能力的提升。因此，院（系）层面可以通过创造良好的学术氛围、开展针对性的培训、组建新入职教师学习共同体、倡导教育行动研究等方式，来帮助新入职教师树立正确的学术观念、完善教师的知识结构、提升其反思能力和交流能力，从而促进其教学学术能力的发展。

五、高校新入职教师教学学术能力提升路径

教学学术赋予大学教师学习者、研究者和教师多重身份，要求教师从个

---

① 操太圣,卢乃桂.高校初任教师的教学专业发展探析[J].高等教育研究,2007(3):52—57.

体学习走向共同学习，在密切关注学生学习的同时与同行相互学习借鉴、共同促成知识的建构。可以从以下四方面来提升教师的教学学术能力。

（一）营造良好的教学学术文化

新入职教师处于职业发展的初期，是学术理念形成的关键时期，良好的教学学术文化有助于引导新入职教师热爱教学、正确认识教学学术、潜心教育教学。学校应倡导正确的学术观，大力宣传教学学术理念，提升教学学术的地位，重新唤醒对大学教学的重视，引领大学科学研究和教学研究的耦合发展，引导和激励教师回归教学、潜心教学实践和教学研究。在实践中，学校要以教学学术理念为指导，管理各项教学工作；要将教学学术理念融入学校的办学宗旨和战略规划，使教学学术的探究与机构的使命和定位紧密结合；要发挥重要变革推动者的引领作用，大力倡导教学学术，鼓励教师勇于实践、大胆探索，为每一位潜心教学者创造有意义的职业发展机会，使教学学术真正成为全体教师的共识。学校应创设促进能力发展的专门机构，支持各类教学交流活动，开展多样化的教学成果展示活动，扩大教学学术的影响力，增强教师参与教学学术的荣誉感，激发教师开展教学学术的热情。

将教学学术有机融入学校文化的重要途径是学校各类评聘相关政策对教学学术成果的认可。在制度保障方面，要出台与教学学术相关的各类激励机制，将教学学术纳入教师评聘和奖励制度，并保障这些激励机制的有效运行，这是增强教师积极性、参与度、成就感和荣誉感的主要措施。在高校的评价制度改革中，要结合破"五维"，改变当前教师评价制度中以科研成果和论文为主要依据的现状，充分地将教学学术合理融入评价体系之内，使教师在教学学术方面的投入、成果以及教学成效等方面都能得以充分认可和体现。同时，也要建立健全教学学术激励机制，完善奖励体系并提升对教学工作的奖励力度，引导教师"以教为乐""以教为业""以教为荣"，充分调动教师专业发展的内生动力、发挥教师的潜力，使教学学术内化为教师发展的必然要求，引导教师的全面发展，推动高等教育质量的稳步提升。

（二）创建教师学习共同体

自博耶提出教学学术这一概念之后，教师学习共同体自然成了人们关注的重点，在实践中成了传播教学学术思想的主要途径，也被证明是帮助教师提升教学和学习评价的有效方法之一。教师发展中心或院（系）所组建的教师学习共同体，有助于借助集体的力量，让教师在反思中改进教学方法，在实践中不断创新，使教师发展成为教学方面的专家。从某种意义上来说，教学学术本质上就是创造一个"教学共同体"，让那些致力于教学研究和创新的教育者聚集在一起，就教与学相关的问题交流意见。①这一过程也是教师开展教学对话的过程，教师在平等、民主、自由的基础上积极协作交流，共同致力于解决教学中的共性问题。在此过程中，"教师将不同教学观念、见解和意见置于相互碰撞和相互启发的语境中，寻求教学共识，彼此提升教学理解的层次和水平，需要教师走出个人主义的迷障，将教学反思内化为一种集体意识"②。

学习共同体为新手教师参与实践、沟通交流、持续学习、不断反思、实现认同提供了良好平台。③构建多层次、跨学科的教学学术能力提升共同体，可以有效缓解高校青年教师教学学术上的"孤独感"，增强其从事教学学术的热情，培育青年教师的教学学术情意、行为和能力。④在高等教育领域，学习型组织有各种实践形态，其中，由迈阿密大学提出的大学教师学习共同体（Faculty Learning Communities，FLC）就是一个典型的实例。FLC以自愿、信任、合作、跨学科、小规模、挑战、愉快、赋能为特征，一般由6~15人组成（8~12人为最佳），发展周期一般为1年，致力于提升成员的参与度和学术能力。⑤FLC为教师教学交流和合作研究搭建平台，运用系统的方法研究课堂现象，提

---

① Huber，M.T.& Hutchings，P.Building the Teaching Commons[J].Change，2006(3)：24—31.
② 徐继存.论教学偏见及其消减[J].课程·教材·教法，2022(01)：40—46.
③ 李玉荣.实践共同体视域下高校新手教师的身份认同[J].陕西学前师范学院学报，2021(1)：98—103.
④ 谷木荣.高校青年教师教学学术能力提升的现实困境与实现路径[J].当代教育科学，2018(11)：65—68.
⑤ Cox，M.D.The impact of communities of practice in support of early-stage academics[J].International Journal for Academic Development，2013(1)：18—30.

供数据驱动的信息，提升师生的教与学体验，是提升教学学术的最具有发展前景的途径之一。[1][2]FLC 对教学创新的支持和保障，有助于激励教师在反思中选择更好的教学方法，在实践中不断创新，有助于教师成为教学方面的学者。通过与优秀教师交流教学经验，借鉴他们丰富的 PCK，新入职教师能够及时发现自己教学中的问题，采取相应对策，促进自身学科教学能力的提升。[3]

　　围绕教学学术构建的各类学习共同体，可以让教师在共同体中拥有更多的教学学术自由权，在交流与合作中相互学习、相互借鉴，为开展教学学术奠定坚实的基础。[4]教师依托学习共同体开展合作备课、观课、反思教学、教学交流和教学学术研究是提升教学学术能力的有效途径。通过加入教师学习共同体，新入职教师们有机会分享问题、接受反馈、就教学问题展开批判性的对话，由此创生新的知识。为此，教师发展中心或各院（系），要支持各类学习共同体的组建和发展，为新入职教师开展教学学术提供良好的交流平台，要完善和丰富学习共同体及其运行机制，使参与过教师学习共同体的新入职教师，都能够从中受益，都能对教学学术有更深入的理解，有更强的归属感。

（三）开展针对性的学习培训

　　理解教育的核心理念和掌握教学的技能，能够帮助新入职教师搭建自身初步的教学理论知识体系，从而有效开展教学。[5]在这方面，除了教师自主学习之外，针对性的培训尤为重要。以教学学术理念为指引，依据新入职教师知识体系中存在的不足，针对性地开展培训，不仅会健全新入职教师的知识体系，而且会促进教师在实践中积极反思，提升其教学水平和教学研究的能

①　Happel,C.et al.Facilitators and barriers to engagement and effective SOTL research collaborations in Faculty Learning Communities[J].Teaching & Learning Inquiry,2002（2）:53—72.

②　Richlin,L.& Cox,M.D.Developing scholarly teaching and the scholarship of teaching and learning through faculty learning communities[J].New Directions for Teaching and Learning,2004（97）:127—135.

③　王玉萍.论外语教师 PCK 发展路径[J].外语界,2013(2):69—75.

④　李晓华,刘静芳.大学教师教学学术水平影响因素的实证研究[J].当代教育与文化,2021(2):93—98.

⑤　程敬恭.高校教师岗前培训再论[J].教师教育研究,2009(3):44—47.

力，进而实现教学学术能力的稳步发展。培训内容要以实践为导向，依据新入职教师的具体情况，安排针对性的、与学科专业相关的内容，让教师能将所学应用于实践。①

教师专业发展的目的就是培养教育领域的反思性实践者，新入职教师主要关注的是教学计划的设计和制定，因此教师培养方案应运用反思性教学，通过自我评价来提升教学计划的制定和使用。②鼓励新入职教师对教学实践进行系统反思，在教师教育项目中融入反思性实践，有助于帮助教师应对职业早期的各种困难和问题。③然而，尽管反思是改进教学方法的有效途径，但由于缺乏相应的教育教学知识，许多教师无法在专业实践中进行有效的反思；新教师在入职第一年并没有表现出对其教学计划的反思。④为此，高校应以新手到胜任型教师三个不同发展阶段的大学新教师教学成长发展理论为指导，分阶段系统设计大学新教师教学学术发展的培训活动。⑤加强对教师的职前培训和在职教育，以改变目前针对教育学、心理学、教育法律法规等课程的短暂突击式岗前培训方式，不断更新教育思想理念，加强教育理论学习，增加教学实践机会，并注重对教师教学研究能力的培训，提升教师反思教学以及生产教育知识的能力。

近年来，随着国家对教学质量的日趋重视，教师发展中心的建设理念与发展模式有了根本性转变，超越了单纯教师发展模式，开始走向关注学生的学习和教师教学发展的有机整合。⑥教师发展中心可以从教学学术的视角组

① 徐剑波.美国一流高校新入职教师教学岗前培训体系建设及其启示[J].黑龙江高教研究,2021(12):55—59.
② Calderhead,J.Reflective teaching and teacher education[C].In D.Hartley & M.Whitehead (Eds.),Teacher education:Major themes in education.New York City:Routledge,1987:35—47.
③ Farrell,T.S.Novice-service language teacher development:Bridging the gap between pre-service and in-service education and development[J]. TESOL Quarterly,2012(3):435—449.
④ McAlpine,L.& Weston,C.Reflection:Issues related to improving professors' teaching and students' learning[J].Instructional Science,2000(28):363—385.
⑤ 李庆丰.大学新教师教学能力提升研究:核心概念与基本问题[J].中国高教研究,2014(3):68—75.
⑥ 吴立保,刘捷.教学学术视角下的高校教师教学发展中心建设研究[J].中国高教研究,2015(11):81—86.

织开展形式多样的新入职教师学习活动，这不但有利于在全校范围内发挥价值引领作用、营造良好的学术氛围，而且可以促进不同学科之间教师的交流，就教学中的共性问题提供多学科的解决方案。尤为重要的是，教师所在的相关院（系），可以在特定专业领域提供针对性的学习和培训，不断完善教师的知识体系，更加有效地提升教师的反思能力和交流能力。教师发展中心和教师所在院（系）的分工协作，无疑会弥补目前新入职教师培养中存在的学习培训缺乏针对性、连贯性、可持续性的不足，以循证实践拓宽教师培训的实践路径，为教师的反思性实践创设平台、提供资源，引导教师在现有专业基础上进行批判性反思，促进教师从"技术熟练者"向"反思性实践者"转型。

PCK 是提升教学学术能力的关键因素，它是在教育理论的指导下由学科知识和教学法知识融合演化而来的范畴。关注 PCK，意味着新入职教师在教学实践过程中要不断反思与总结，并积极和其他教师交流学习。这就要求新入职教师在拥有扎实学科基础知识的基础上，通过参加有针对性的培训来加强学习，不断更新学科知识和提升教育理论水平，并在教育实践中将两者有机结合，不断反思改进，建构个性化、情景化的 PCK，并通过公开交流使PCK 从内隐走向外显。新入职教师要不断提升将教育理论应用于实践的能力，通过不断的教学实践、反思与调整，将所学的教育理论知识内化为符合教育情境的课堂教学技能与技巧，这一过程就是 PCK 的形成过程，也就是促进教师提高教学认识水平和实践能力的过程。[①]在此过程中，新入职教师的教学学术能力得以不断的锻炼和提升，而针对性的培训可以使他们掌握必备的知识和技巧，有利于更加富有成效地实现这一过程，达到预期目的。

（四）积极倡导开展行动研究

行动研究立足于教学实践中的具体问题，通过反思和交流积极探寻解决方案，以逐步改进教学工作。行动研究是一种融理论与实践于一体的研究范式，也是连接研究和实践的桥梁，它意味着研究者们既要分析世界，也要尝

---

① 王玉萍.论外语教师 PCK 发展路径[J].外语界,2013(2):69—75.

试去改变世界。行动研究具有系统性、情境性、参与性、合作性、循环性、反思性、自主性等特点，使教师们有机会将教学学术相关理论用于指导教学实践，引领教学反思和交流，为教师教学学术能力的提升厚植土壤、强根固基。开展行动研究，不仅有利于解决教学中存在的问题、创新教学方法，而且可以增强交流互动、促进教师专业发展。鉴于行动研究与教学学术在研究目的、对象、过程、方法、组织形式和成果呈现方式等方面都遵循相同或相似的基本理念，行动研究应该作为教学学术的研究范式加以推广，为教学学术奠定方法论基础。①

　　教学工作既具有理论的品格，也具有实践的价值，逐步改进教学实践是每位教师的应然追求，而开展行动研究是实现这一目的的理想路径。教师对教学实践的思考和探究，可以使经过丰富实践境脉滋养的学科专业知识及教育教学知识真正融入教师内在的生命结构，成为教师加强专业素养、改进教学绩效、提升教学境界的重要基石。②与此同时，行动研究将教学和研究合二为一，这就意味着，如果能够证明通过行动研究使教育实践得以改善，也就能说明它已经对知识生产作出了贡献。③因此，行动研究除了可以改进教学实践，还可以促进知识建构和动态实践性理论的生成。具体来讲，开展行动研究不仅可以不断改善教学实践、提升学生的学习效果，而且可以完善教师的知识体系、丰富实践性理论，从而有效连接教学与学术、教师与学生，实现良性互动与循环，为教师教学学术能力的提升提供内生动力。

　　依托学习共同体开展行动研究，可以强化教学学术意识，让新入职教师从行动研究的观察者逐渐转变为参与者和主导者，肩负起教学和研究的双重责任。从事行动研究的实践共同体，可以为加入其中的新入职教师提供良好的实践的平台。通过这一平台，新入职教师可以借助观察和参与，在有经验的老师的带领下，尽快了解行动研究本质、内涵及价值，掌握开展行动研究

　　①　吴义昌.行动研究:教学学术的研究范式[J].教育探索,2016(4):6—10.
　　②　吕林海.大学教学学术的机制及其教师发展意蕴[J].高等教育研究,2009(8):83—88.
　　③　姚文峰.走向生活:教育行动研究的本体意义[J].教育研究,2018(2):95—102.

的逻辑线路。尤为重要的是，开展行动研究不仅可以加深研究者对自身的理解，也可以增强研究者对相关话题的了解。[①]在此过程中，新入职教师通过对自己教学实践的反思，在特定的学科情境中探究、解读和促进学生的学习，不断丰富和完善自身的 PCK，其反思、交流能力也从中得以充分锻炼，促进教学实践与教学研究积极互动，进而实现真正意义上的教学学术能力提升。

---

① Mitchell,S.N.et al.Benefits of Collaborative Action Research for the Beginning Teacher[J].Teaching and Teacher Education,2009(2):344—349.

第二章　行动的基础及前期准备

　　本研究的主题深深根植于梅老师的成长经历之中。小时候，老师是她心目中最高大的人，"当老师"是她最大的梦想；长大后，在老师们的指引和培育之下，她如愿以偿站上了讲台，成了一名高校教师；多年后，X 学院新入职教师的成长和发展成了她工作中的一大难题；读博期间，她找到了破解这一难题的突破口——教学学术能力。

一、研究者从"逐梦人"到"筑梦人"的角色转变

　　或是家乡浓厚的尊师重教风气的耳濡目染，梅老师自幼就对教师这份职业充满敬仰和向往，梦想着长大以后能成为一名光荣的人民教师。在她成长的每一个阶段，都有老师们的教诲和指引。在如愿成为一名教师后，她非常珍爱这份梦寐以求的职业，同时也希望每一位教师，尤其是新入职教师，都能在努力中成长，在成长中发展。

（一）个人成长中的引路人

　　梅老师出生在西北地区的一个小山沟里，那里民风淳朴，尊师重教氛围浓厚。那个地方十年九旱，自然条件相当恶劣，苦瘠甲天下。因地处偏远，山高沟深，峁梁纵横，加之那个年代国家教育人才普遍缺乏，梅老师的小学和初中任课老师大都是聘用代课教师，俗称"民请教师"。但在那个"再苦也

不能苦了孩子"的大环境里，那些没有高学历和正式编制的老师们，却日复一日、无怨无悔地践行着"苦教乐教"的教育精神。他们带着孩子们在阳光下早读，在操场上奔跑，在山间田野里劳动，在土坯房里感受知识的奥秘。他们陪着孩子们走过了一个个寒冬酷暑，护送着一批批孩子走出了大山，自己却坚守在那里守望着家乡的未来。由于薪水微薄，老师们不仅要教书育人，而且要养家糊口，因此常常奔波于田间地头与学校之间，但无论他们走到哪里，大家都会投以羡慕的目光。在"面朝黄土背朝天"的老百姓眼里，在懵懂无知的孩子眼里，老师们是行走在乡间的一道独特的风景。这一切，在梅老师幼小的心里埋下了理想的种子——"长大后我要当一位人民教师"。

到了入学年龄，梅老师很想跟着姐姐去上学，可学校离家往返五公里，每天早出晚归，午餐也只有干粮，父母觉得她年幼体弱，想让她晚一年再去上学。可她没有听父母的话，偷偷地跟着姐姐去上学，也是在上学的路上，村里几位五年级的小伙伴才临时帮她取了"学名"，让她顺利地报了名，正式成为一名学生。父母看到她决心已定，默默地为她准备了书包、包好了书皮，叮嘱姐姐照顾好妹妹。在她的记忆里，小学的时光是无忧无虑的，上学路上的空山幽谷里回荡着她和伙伴们的欢歌笑语，不起眼的土坯教室里不时飘出老师们充满激情的讲课声和孩子们朗朗的读书声；坑坑洼洼的校园是孩子们早读时的"练字本"，一行行整齐的碳棒字儿在晨光里熠熠生辉。在那些虽苦犹甜的日子里，老师们手中舞动的粉笔，带着孩子们遨游知识的海洋，描绘孩子们心中的蓝图，为他们插上了梦想的翅膀；那白色的粉笔灰，就像飘散的梨花，落在老师朴素的衣服上，散发出阵阵香气，让孩子们深深陶醉其中。

小学毕业后，梅老师迎来了她人生中的第一个转折点。那年，她以全乡第一名的成绩考取了远在十几公里之外的乡初级中学。在那个张榜公示的时代，梅老师也成了乡亲们口口相传的小名人，在众人的赞许声中，她骄傲地成为一名中学生，开启了她的住校生活。初中三年，梅老师记忆最深刻的不是这小小荣誉带来的幸福，也不是翻山越岭的艰辛和白水下面、每人半米宽大通铺的食宿考验，而是她的老师们，尤其是她的英语启蒙老师。那是一位20岁出头的男老师，高中毕业就来初中任教了。由于英语基础差，同学们并不喜欢他的课，但他很勤奋，跟着磁带边自学边教学，每天还坚持在操场上大声朗读英语。渐渐地，同学们和他越来越熟，抑或是被他的精神所感动，大家对他也不再那么挑剔，反倒跟着他一起早读，甚至有同学会去他的办公室蹭磁带听。勤能补拙，英语老师通过自己的努力赢得了该有的信任和尊重，也为同学们树立了勤奋好学的榜样。后来，听老师们讲，梅老师那一届学生的中考英语成绩是学校多年来最好的。

高中的生活在紧锣密鼓中度过。宿舍的大通铺、煤油炉、面袋子里的小老鼠、发霉的饼子，一切都成了高强度学习生活中的佐料，日子虽苦但更多的是奋斗带来的快乐。老师们的关心和鼓励是梅老师最大的动力。不苟言笑的数学老师在梅老师的试卷上写下的大大的"腾飞"二字，至今仍深深地刻在她的脑海里，她从中看到了老师的惊喜以及对学生的肯定和期待。语文老师在全班大声宣读梅老师的作文时，脸上挂满了自豪和欣慰，梅老师从那里读懂了老师的期待，也听到了老师发自内心的呐喊助威。在老师们的鼓励下，梅老师在经历了高中适应期的低谷后，很快回到了全校数一数二的位置，高考成绩在全校也是名列前茅。那时候的她被幸福包围着，就连报志愿的事，也是学校的老师们帮忙填写的。由于那时候的农村信息很是闭塞，学生对于填报志愿几乎一无所知，梅老师那个时候并没有将自己的梦想和师范类院校联系在一起，最后稀里糊涂地上了一所很好的综合性大学。

也是在进入大学之后，梅老师才发现从教并不是自己毕业后的理想选择，因此她一度放弃了自己的梦想。然而，大三那年，班主任老师的一句不经意的话，又让她重拾尘封已久的梦想。那是在一次班级学习交流中，梅老师和大家分享了一些阅读的方法和技巧，班主任老师在点评时说："你很有悟性、很有亲和力和感染力，将来很适合当老师。"这句也许在别人眼里再也普通不过的话，却重新点燃了梅老师的希望，让她毫不犹豫地决定毕业后选择从教这条道路。也是在那次交流结束之后，同学们都开始喊她"梅老师"，小黄同学甚至调侃道："梅老师，看不出来啊，平时寡言少语的你，在站上讲台的那一刻，就成了'宇宙的中心'，抓住了大家的心，牵住了大家的鼻子，大家都会被你的精彩讲解所吸引，都乐意跟着你的思路走。你有什么秘密武器？

难道你真的生来就是当老师的吗?"梅老师一时不知如何回应,但小黄的话让她恍然大悟:原来,自己当老师的梦想并没有消失,而且一直在无形中规范着自己的行为,引导着自己向着心中理想的教师形象成长。悟性、亲和力、感染力,这些都是老师们身上最吸引她的地方,潜移默化中,自己也渐渐有了这些特质,这让梅老师兴奋不已。

在接下来的大学时光里,为了心中的梦想,梅老师更是倍加努力,时刻为"站上讲台"做好准备。她深信自己生来就是当老师的,但是她觉得要当一名好老师,需要辛勤的付出和不懈的努力,尤其是要有坚实的专业基础和良好的表达沟通能力。于是,教室后的花园里,经常能看到梅老师读书的身影,能听到她朗朗的读书声。生性内向的她也开始出现在各种公众场合,不为别的,就是为了锻炼她的沟通表达能力。班主任老师也是想方设法为梅老师创造了各种与外界交流的机会,帮助她进一步开阔眼界、锻炼胆量、提升自信。大学的最后一年,是梅老师成长最快的一年,那一年,她目标明确、动力十足,像即将起飞的小鸟一样,攒足了勇气,唤醒了内心的全部力量。"功夫不负有心人",本科毕业后,她如愿以偿,成为某高校 X 学院的一名教师。

(二) 工作实践中的喜与悲

入职之初,现实的冲击曾让她一度怀疑自己的选择,但在经历短暂的适应期以后,她以饱满的热情投入工作之中,开始以自己的实际行动诠释自己的梦想。她是在七月初报到的,学校的地理位置、住宿条件等让她美好的憧憬瞬间支离破碎,好在那清凉的夏日和热心的同事们给她带来了一丝丝慰藉,渐渐抚平了心中的波澜。那时候,X 学院仅有二三十位教职员工,同事之间关系融洽,教学任务也相对轻松,加之本科阶段所打下扎实的学科基础,让梅老师在从容自信中开启了她的教学生涯,在个人发展的起始阶段如履平地。尽管在入职初期,她对教学的理解并不深刻,但基于本能的教学倒是让教学充满了生机,亦师亦友的师生关系也为她的生活增添了不少乐趣。在教学工作之余,她也乐意去学院办公室帮忙,因为在那里,她可以接触到更多的人和事,感受到集体的温暖和同事们的关爱。和四位同年入职的教师一起分享和讨论上课的事情，是她入职初期美好的记忆之一。那时候大家的宿舍基本都在一起，一有时间大家就会凑到一起谈天说地，其中谈论最多的还是教学，因为大家都是新手，全新的工作内容给大家太多的触动和感受。谈及教学中的具体问题时，大家会八仙过海，各显神通，也常常会因意见不同而争得面红耳赤。但这些让她对教学的复杂性有了初步的认识——原来，对于同样的内容，每位教师的方法和思路会是如此不同！后来，在多次旁听有经验教师的讲课之后，她对教学有了更深刻的思考和认识——教学是教师魅力的集中展现，其背后隐藏着教师的阅历、智慧、品格和奉献。

二十多年来，教学工作带给她更多的是幸福和骄傲，包括同事的认可、师生的情谊和学生的成长，这一切让她更加珍爱和迷恋这份工作。入职后的第三年，由于教学成绩突出，她获得了学校的"教学优秀奖"，成了全校首批获得这一殊荣的 10 位教师中的一员。她深知，这一荣誉主要归功于她的学生，是他们在课堂上的积极参与和课后的努力付出，为她争得了这一学校最高级别的教学奖励。职业生涯中的第一份奖励，进一步拉近了她与学生的关系，让她在教学中能够更加从学生的立场去设计和开展教学，学生的成长和发展是她最大的欣慰。她承担着几门自己最喜欢也是比较有挑战性的专业课的教学工作，和同学们共同挑战专业技能的极限。尽管每次上课几乎都是在快节奏和高强度的讲解和演练中度过，但同学们的踊跃参与和勇敢挑战让整个课堂氛围紧张又兴奋，"累并快乐着"是师生共同的感受。置身于一群充满青春活力和蓬勃向上的学生中间，梅老师惊羡于他们的快速成长和他们身上迸发出的巨大潜力，陶醉于师生共同努力所取得的点滴进步。在她看来，老师的最大幸福莫过于此。尽管曾有多次可以更换工作的机会，但梅老师都不为之动摇，一直坚守着这份她认为"最适合自己的"工作。

然而，这份安逸与平静在梅老师担任 X 学院教学院长之后就不复存在了。工作职责使然，站在学院的层面，她关心的不再仅仅是自己的那片小天地，而是与学院相关的所有的人和事，其中总会夹杂着形形色色的问题和困难。X 学院所在的学校，是一所以理工科为主的教学研究型大学，X 学院在其中承担着全校几门量大面广基础课程以及三个专业的教学工作，教学对象涉及全校学生。因此，X 学院教师的教学工作量普遍偏高，这严重制约着教师的学术发展，教师们很容易出现职业倦怠现象，沦为原地踏步的"教书匠"。然而，高校的竞争日趋激烈，教育高质量发展对教师提出了更高的要求，因此，教师在工作中需要不断提升自我，在创新教学的同时要不断开展学术研究。在这种大环境下，X 学院教师的发展前景令人担忧，尤其是新入职教师，他们入职初期的蓬勃朝气很快会被繁重的教学工作消散殆尽。这是梅老师最不愿意看到但又经常看到的情景。

　　自从分管 X 学院的新入职教师培养工作以来，这一特殊的群体成了梅老师关注的焦点。梅老师注意到，同一系（部）或同一公寓的新入职教师往往结伴而行，但不同系（部）的新入职教师之间交往很少。可以想象，她们对其他系（部）的老教师就更为陌生了。这与梅老师当时入职时的情况完全不同。那时候，X 学院也就三四十位教师，而且学院每年暑假前都会组织教师集体户外活动，为刚入职不久的教师提供了很好的熟悉集体的机会，因此各个系（部）之间的界线并不明显，无论隶属于哪个系（部），新老教师之间都非常熟悉。而今，X 学院的教师规模翻了三四倍，教师之间的距离似乎也随之拉大，教师之间的互动交流也越来越少。由于 X 学院的新入职教师分属于不同的基层教学组织，每次提交各种材料的时候，是他们为数不多的集体见面的机会。然而，来自不同基层教学组织的新入职教师之间并不熟悉，见面也只是礼节性的简单寒暄，他们和梅老师的交流也仅仅是汇报资料的准备情况。

　　更让梅老师难以释怀的是，新入职教师在各种集体场合的沉默。每次在课间休息的时候，教师们都在三三两两地聊天、交流，但新入职教师往往都会独自坐在角落里发呆。其中，T 老师的习惯性动作让她记忆犹新：她常常会在休息室的角落里面对墙壁侧身而坐，她背上乌黑飘逸的长发成了许多人的谈资，而她的背影却像一把无形的锁，将自己锁进了一个孤独的世界。在各种教研场合，新入职教师们也表现得非常拘谨，很少主动发表意见、参与各种讨论，像极了身在局中的局外人，各种活动好像都和他们没有关系。这不是新入职教师该有的模样。常言道："初生牛犊不怕虎"，作为年轻的师资力量，他们理应精力充沛、思维活跃，为各种集体活动增添活力。然而，现实中，似乎有一种无形的东西在笼罩着他们，在他们与其他教师之间形成了一种屏障，让他们无法走近其他教师，也让其他教师难以靠近。新入职教师的行为举止表明，他们还未能真正融入集体，还缺乏归属感和安全感。

工作中的所见所思，让梅老师意识到，X学院在帮助新入职教师尽快熟悉环境、融入集体、自由交流等方面还有许多工作要做。事实上，X学院对新入职教师的培养工作一直存在有计划无落实、有督无导、循规蹈矩、创新不足的问题，长期停滞于按照学校要求提交各种资料的被动局面。尽管X学院也曾努力尝试去改变这一局面，但苦于没有找到合适的抓手，也由于时间、精力等各种因素的限制，这项貌似并不复杂的工作也一直未能得到改进。后来，在和新入职教师接触的过程中，梅老师目睹了他们的忙碌、焦虑、挣扎和倦怠，也因此对这项工作有了更多的疑问和思考。如何让新入职教师保持对教学工作的激情和热情？如何让他们能够在工作实践中历练成长？如何让他们对职业的美好憧憬得以实现？这一系列问题一直萦绕在梅老师的脑海中，但由于个人认知能力以及其他各种因素所限，新入职教师的培养工作最终成了她从事管理工作期间的一根"软肋"和离任时的一大"遗憾"。

（三）读博期间的思考与顿悟

反思自己在管理工作中存在的不足之处，梅老师深刻地意识到相关教育教学理论知识以及教师专业发展理论的重要性，渴望有机会能够通过系统的学习来改变这一现状。幸运的是，梅老师如愿实现了自己的梦想，获得了攻读教育专业博士学位的机会。同时，也因为梅老师离岗读博，X学院教学院长的岗位曾出现了近一年的空白期，新入职教师的培养工作更是由之前的"学校要求什么，学院就做什么"的被动作为变成了可有可无的存在。梅老师作为这项工作曾经的负责人，看在眼里，急在心里，却又束手无策。新的教学院长（L院长）履职后，在工作交接之际，梅老师着重交代了这项曾让她感到"心有余而力不足"的任务，反复强调其重要性、必要性以及X学院在新入职教师发展方面存在的困难和问题，让L院长对此问题有充分的认识和重视，也希望学院层面能够采取切实可行的措施来改变这一状况。对于如何有效开展新入职教师的培养工作，L院长自上任之日起就在思考这一问题，然而条件使然，要改变这一状况并非易事，尤其是对于新履职的教学院长来说，更是可望而不可即的事情。要找到很好的办法和思路不仅需要时间、精力，还需要各方面的支持和帮助。

读博期间，梅老师一直在持续关注这项工作，并积极探寻其破解之道。在专业学习中，梅老师接触到了不同的教育理论，尤其是对教师专业发展理论、教学学术、教师学习共同体、反思性实践以及行动研究等有了比较系统的了解。随着学习的不断深入，梅老师逐渐意识到教育教学理论的重要意义。此前，自己的工作和学习主要以个人的经验和理解为主，缺乏理论的指导，存在许多误区和不足。如自己之前对学术的理解过于狭隘，从未将教学纳入学术的范畴，这也是近年来自己和许多同事教学发展趋于停滞的主要原因。她惊喜地发现，对于以教学为主的高校教师而言，这些理论和方法可以改变教师对教学的认识和理解，有效缓解教学实践与学术研究之间的冲突，可以让教师们在教学实践中就教学问题开展探究，实现教学实践与学术研究的良性互动和共同发展。

同时，通过广泛研读相关文献、了解其他高校新入职教师培养方面的实践，梅老师对改进其所在学院新入职教师的培养工作逐渐有了思路和想法。读博期间掌握的这些理论和方法可以为困扰X学院已久的新入职教师培养问题提供很好的指导作用。例如，教师发展相关理论可以为X学院新入职教师的培养工作提供更好的理论指导，使之更科学、更具有可操作性、更加符合教师发展规律。新入职教师处于职业发展的初期，教学学术、反思性实践以及行动研究可以在帮助他们正确理解教学、培养对教学的热爱以及积极探究教学等诸多方面发挥积极的指导作用，也可以化解教学与科研之间的矛盾与冲突，有效减缓新入职教师的焦虑和压力，为其专业发展指明道路的同时提供源源不断的活力。学习共同体理论则可以为新入职教师的发展提供新的视角，可以让新入职教师摆脱职业发展中的孤岛现象，不断加强团队合作意识和集体意识，在互助协作中实现共同成长。综合这些理论和方法，梅老师逐步找到了X学院新入职教师培养的抓手——教师教学学术能力，并渐渐产生了将此作为自己博士论文研究主题的想法。

梅老师发现，教学学术能力是新入职教师专业发展的一个非常好的切入点。对于 X 学院这样的教学型学院而言，教学学术能力无疑是教师必备的核心能力，也是解决教师学术困难的一个突破口，以此为抓手来推进新入职教师培养工作，势必会对教师的专业发展起到很好的引导和助推作用。"如果可行，我愿意继续为 X 学院的新入职教师培养工作尽一己之力，将个人所掌握的知识理念落实其中，与新入职教师一道促进其教学学术能力的提升。一方面可以解决 X 学院实践中的一大难题；另一方面又可以成就自己的博士论文。"（PR20201128）梅老师一时难掩兴奋之情，在日记中立下了这一"宏愿"。尽管当时并没有非常清晰的方案，但她坚信，任何改革和创新都需要理论的支撑，有理论依据的实践是可靠可信的。为此，她愿意将自己的所学用于 X 学院的新入职教师培养工作，在促进自己成长的同时带动新入职教师的发展。

（四）同事之间的沟通与对话

梅老师将个人的想法与 X 学院的在任领导进行了沟通和协商。首先，她积极与 L 院长进行沟通，说明了个人的思路和想法，表达了个人乐于参与协助开展此项工作的意愿，表示个人乐意在其中扮演促进者的角色。当时是 2020 年 12 月初，L 院长刚接任 X 学院教学院长不久。履职不久的她，还处于工作的适应期，对于各种疑难问题，她会不时地向梅老师请教。那天，当她正在梳理各种杂乱的工作头绪时，梅老师的突然出现，让她格外兴奋。梅老师边帮她梳理工作，边讲自己对新入职教师培养工作的想法和建议，对此 L 院长很是赞同，也深表感谢。正当她苦于无法找到改进新入职教师培养工作的路径时，梅老师的出现让她很快就走出了迷茫的困境。在与教学院长达成共识之后，梅老师又进一步与 X 学院的书记、院长以及负责科研工作的副院长汇报了自己的想法，各位领导非常感谢梅老师对学院新入职教师发展的关注，也非常欢迎和支持梅老师继续参与、引领和推动此项工作并在此基础上开展相关研究，鼓励梅老师将这些理念和方法引入学院新入职教师的培养体系，为学院新入职教师的专业发展打下坚实的基础。鉴于 X 学院新入职教师培养工作的紧迫性，学院领导希望梅老师尽快开展工作，并表示将尽力参与和全力支持这项行动。

梅老师在向 X 学院的领导们汇报自己的研究思路和想法时，特地强调了"教学学术""学习共同体"等核心理念。梅老师提出，教学学术可以分解为"教""学""学""术"四个方面，就是对教与学的系统研究，也就是有关教与学的学术，以教与学为研究对象，具备其他学术的公开、接受同行评议、共同促进知识的建构等特点。这一概念并不难理解，只是在实践中，教师们很难将教学与学术相关联，即使现有的教学研究也往往具有了一定的功利性，没有深深扎根于教学实践，未能起到对教学的促进作用，而真正的教学学术是对教学实践中实际问题的研究，以改进教学、促进学生的学习和成长为价值取向。在教学学术发展的过程中，学习共同体成了开展教学学术研究的主要渠道，教师们基于共同的愿景协作开展研究，集思广益，共同致力于提升教学水平和促进学生的发展。X 学院大部分教师都从事量大面广基础课程的教学，这类课程的挑战性并不强，但工作量大、重复率高，教学实践中问题多且大多都未能有效解决，致使教师很容易出现倦怠心理。教学学术理念的落实，将会给枯燥的教学带来新的生机。此外，由于大部分教师从事同一门课程的教学工作，非常有利于组建学习共同体，打造教研团队，协作改进教学实践。通过搭建学习交流平台，有助于教师在实践中学习、反思、交流并接受同行评议，不断提高教学学术能力。

然而，对 X 学院的教师而言，教学学术是一个陌生的概念。在和许多同事谈及这一话题时，大家都表示"不了解，没有关注过"。事实上，梅老师在攻读博士学位之前，对此也知之甚少，只是有幸在一次教学能力提升工作坊中接触到了博耶的教学学术理念。让她记忆犹新的是，在工作坊的培训计划中，有一部分内容就是博耶的教学学术（Boyer's Scholarship of Teaching），却被工作人员误译为"博耶的教学奖学金"。出于个人职业的敏感性，梅老师认真地查阅了相关资料，对这一翻译第一时间进行了纠正，并以此为契机较为系统地了解了博耶的教学学术理念。可以想象，如果没有当初那样的机缘巧合，梅老师也许就和许多教师一样，在从教生涯中永远也不会接触到这些概念。这在一定程度上揭示了高校在教师的聘用及培养方面对基本教育教学理论的忽视。X学院院长在听了梅老师的解释之后，也深有感触，他认为："'教学学术''学习共同体'，甚至常用的教学方法相关的概念，对我们的老师来说都是陌生的，尽管在教学实践中我们在某种程度上都在使用这些概念或理念。将这些理念融入我们的新入职教师培养中非常有意义。一方面，可以让教师的教学始终处于发展状态，避免停滞不前的僵局；另一方面，有助于教师团队精神的培养，这对新入职教师的发展都是非常有益的。"（DL20201216）①他认为，为进一步加深对教学的理解，提升教学能力和教学研究能力，教师应加强教育教学理论的学习。

　　在和X学院沟通的基础上，梅老师也向X学院各位新入职教师表达了自己愿意通过引导和参与各项活动和大家共同开展行动研究的意向。由于时间原因，梅老师与11位新入职教师分批见面，表明了自己的想法，征得了她们的支持和认可。她们都是三两结伴来和梅老师见面的，尽管当时已入职有半年或一年半左右，但在与她们接触的过程中，梅老师明显感觉到她们还是非常拘谨。对于梅老师的解读，除了A老师和B老师表现出较浓的兴趣之外，她们大多时候都是在认真地听，偶尔还会在笔记本上做些记录。由于临近期末，各位新入职教师都略显疲惫，在谈及教学和个人发展计划时，大家都有些迷茫。备课、上课、改作业似乎耗尽了她们的大部分精力，让她们无暇顾及未来的发展，反倒是对即将到来的寒假充满了渴盼。也许在那时候，下学期的计划和安排对她们来说还很遥远，没有必要去细细思量，于是她们都欣然接受了梅老师的"邀请"和"寒假作业"——进一步熟悉和了解教学学术、反思个人教学的优点与不足。见面结束时，她们倒是一脸轻松，一个个欢快地和梅老师道别，刚开始时的拘谨早已消失得无影无踪。

---

①　代码说明（全书同）：A、B、C、E、F、G、H、S、J、K老师分别为参与本研究的十一位新入职教师；R、W为X学院的两个专业；L院长为X学院主管教学的副院长；M、Q、T、Y、Z老师分别为X学院的其他教师；20XXXXXX代表"具体的日期"；PR代表"梅老师个人反思"；QN代表"问卷调查"；IV代表"访谈"；DL代表"对话"；RA、RB、RC、RD、RE、RF、RG、RH、RS、RJ、RK分别代表"十一位新入职教师的教学反思"。

二、分析 X 学院新入职教师的入职培训现状

　　高校在聘用教师的过程中更多强调的是专业背景和研究成果，而对教学经验和教育教学相关知识并无硬性标准或可操作性要求，因此大部分高校教师在入职之前没有接受过任何教育教学相关的学习或培训，在他们从学生到教师进行角色转换时，缺少了必要的准备和过渡环节，支撑其教学的主要是专业知识、已有的学习经历和逐步积累的点滴经验。在这方面，X 学院的教师毫无例外，大部分教师都是入职后才发现自己置身于一个完全陌生的领域。X 学院的新入职教师大部分都是非师范类院校毕业生，教育教学知识缺失，即使本科就读于师范类院校的几位教师，对教育学相关知识也只是略知一二，并没有系统的学习和掌握，在硕士、博士阶段的学习中，基本全未涉及教育

表 2-1　X 学院新入职教师学习成长需求调查问卷反馈关键信息汇总

问题	问卷反馈关键信息
1.自入职以来，您接受过哪些相关学习培训？	高校教师资格证培训；学校新入职教师学习；学院（系）列培训、讲座、研修班；各系部组织的试讲；心理健康培训；各类线上培训和讲座；自主学习；听课；教学比赛观摩。
2.在您所接受的学习培训中，印象最深的是什么？	名师讲堂；教学经验分享；师德师风教育；户外培训；教育心理学；假期线上培训；听课。
3.对于您所接受的相关学习培训，您有什么想法和建议？	与本专业无关，针对性不强，希望能和专业相关联；部分培训流于形式，耗时无效；希望鼓励个性化的自主学习。
4.自入职以来，您在教学方面取得了哪些进步？	教学经验有所增长、教学思路更加清晰；对学生的关注以及与学生的交流有所增加；对课堂和学生的管控能力有所提高；教学效果有所提升；获得教研项目立项或教学比赛奖项。
5.自入职以来，您在教学方面遇到哪些困难？是否得以有效解决？	教学经验匮乏；课堂管理与教学评价能力不强；教学方法单一；教学重难点把握不准；对教材不熟悉；信息化手段使用不当；学生学习主动性不强；大部分问题未能有效解决。
6.在目前的教学中，您的主要困惑有哪些？	如何激发学生的积极性、处理师生关系、转变教学理念；怎样提升教学技能、合理使用教学手段、把握教学重难点。
7. 在今后工作中，您将从哪些方面提升教学能力和水平？	创新教学方法、提高课堂管理能力、提升专业素养；调动学生的积极性、激发学生学习热情。
8.您希望学院在哪些方面为您教学能力的提升提供帮助？	创造更多的听课机会、提供更多的学习资源；帮助提升教学能力。开展优秀教师经验分享活动。

教学相关课程。

为进一步了解新入职教师所接受的入职教育及需求，梅老师于 2021 年1月借助问卷星对新入职教师进行了简单的问卷调查（见附录二）。问卷包含 8 个开放性问题，其中前 3 个问题与新入职教师入职培训相关，旨在进一步了解各位教师入职以来，在融入新的工作环境的过程中所接受的相关学习培训，培训的效果、存在的不足以及个人诉求；后 5 个问题与教师的教学情况有关，旨在了解教师入职以来的教学发展情况，包括取得的进步、存在的问题以及基本需求，为制订行动计划奠定基础。问卷反馈关键信息汇总见表 2-1。

从问卷反馈可以看出，X 学院的新入职教师所接受的培训除了个人自愿参加的各类线上线下培训之外，共性的部分主要是不同层级的集中培训。在入职以来的教学实践中，新入职教师在教学方面取得了一定的进步，尤其是教学经验更加丰富，但在教学中也遇到很多问题，而且许多问题未能得以有效解决。对于今后的发展，她们期待个人能够在教学方法、能力、专业素养等方面有所提升，也希望 X 学院能够在各方面提供更多的支持和帮助。

（一）自上而下的培训体系

据了解，自入职以来，X 学院的新入职教师所接受的集中培训主要包括全省的高校教师岗前培训、校本培训和学院组织的培训。所在省份的高校教师岗前培训一般在暑假期间举办，为期 15 天左右。培训的主要内容包括教师的师德师风建设、课程思政教学、教学管理以及高等教育学、高等教育心理学等。培训方式以集中授课为主、教师自学为辅。培训结束后，参训人员须参加相关考试，考核成绩合格者可获得教育部人事司监制的《结业证书》。校本培训由所在学校的教师发展中心组织、各二级学院配合完成，内容主要包括岗前教育专题培训、青年教师导师制、新入职教师助教制、教师首开课审核制、教师授课质量跟踪和教师工程实践能力培养六大项。其中，岗前教育专题培训共计十大模块，由学校教师发展中心负责在教师入职后一年之内实施，具体内容包括学校情况介绍、师德师风专题教育、职能处室介绍、安全教育专题培训会、名师导航、课堂授课技巧及课堂观摩、工程教育理念宣讲、教学能力测试、素质拓展训练、新教师座谈会。而其他五项由教师所在学院负责实施，分散于入职后的前三年之内。

对于学校的相关培训安排，由于学科差异较大，每个学院的落实情况参差不齐。就 X 学院而言，由于教师们承担的是量大面广课程的教学工作，师资队伍庞大但教学任务依然繁重。与大多数学院不同的是，X 学院新入职教师在入职后的第一个学期就要承担相对繁重的教学任务，故而无法落实学校所要求的首开课审核制，更无法实现一年专职助教工作以及工程实践能力培养，能做到的仅为落实导师制、授课质量跟踪两个方面。学院层面的培训主要由教学院长负责，具体工作由学院资深教师和学院教学指导委员会完成。为配合学校的安排，X 学院也制订了相应的新入职教师培养方案，但在方案的执行过程中，主要局限于完成学校所要求的相关信息的汇总上报，存在形式大于内容、执行力度不够等问题。为新入职教师所指派的指导教师，也因时间、精力以及激励机制等原因，指导非常有限，影响微乎其微；授课质量跟踪制度的落实情况相对较好，有具体的听课安排，但往往是有督无导，更多的是例行听课，缺乏深度的反馈、指导和持续性的改进。

省级和校级层面对高校新入职教师的培训，尽管在某种程度上填补了新入职教师教育教学理论的空白，但普遍存在理论灌输多、互动交流少、培训内容与教学实践脱节的现象。新入职教师所属院（系）的相关培训，也存在过于注重形式、缺乏内涵的现象。"这种传统'外控式'的培训模式，不仅忽略了教学情境的复杂性，也缺乏对教师主体性的关注，忽视了教师的自我反思，因此培训效果并不理想。"[①]鉴于教学的实践性本质，教师教学学术能力只有在工作实践中才能实现真正意义上的提升，因此其所在的院（系）在发展教师教学学术能力方面大有可为。然而，由于组织、人力、时间等各种原因，X 学院对新入职教师的培训，更多聚焦于熟悉各种日常教学业务条例和规则，各种教学活动往往只有例行开展，深度学习、总结和反思不足，缺乏针对性、理论性、系统性和可持续性。

---

① 王栋.教师行动学习研究——以高中英语学科教师为例[D].上海师范大学博士学位论文,2013:5.

（二）苦乐参半的参训经历

通过对问卷的分析，梅老师发现，新入职教师自入校以来主要接受的培训除了全省的高校新入职教师培训以及学校的相关培训，还包括学院层面的相关业务性培训、各种线上线下的培训会议以及对其他教师教学的观摩活动等。问卷显示，通过参加各类的培训学习，新入职教师主要的收获在于了解了一些教育学和心理学方面的知识，但此类集中性的培训无法兼顾教师的专业背景和个性需求，因此需加强针对性以及与实践的紧密关联性。

1. 成长与收获

谈及集中培训学习的收获，几位教师印象最深的要数学校教师发展中心组织的优秀教师的教学展示、经验分享以及全省培训中的教育学及心理学方面的相关知识。尽管集中性的培训与真正意义上的实践还有一定的距离，但能够让新入职教师对"什么是好的教学"和"什么是好的教师"有了比较直观的了解和理性的认识，让他们能够"尽快融入工作环境""对今后的职业规划有比较明确的认知"。

首先，一线教师现身说法，分享"教学方法、教学理念和教学经验"，起到了积极的模范作用，其成长心得和职业规划，对新入职教师而言都是宝贵的财富。入职之前，教师们对教师的理解主要源自上学期间自己的教师，身份的差异让他们仅从学生的视角去理解和认识教师。入职后，身份的转变，可以让他们从晚辈、同事的视角重新去认识教师，从资深教师身上去勾画自己未来的形象，憧憬自己的职业发展前景。优秀教师的经验分享，也可以让他们从学习者和从业者双重视角审视教师及其教学，有助于建构积极的教师形象，树立正确的职业发展观，更加合理地规划个人的职业发展道路。

其次，培训内容中涵盖的教育心理学方面的知识，开拓了教师的视野，帮助教师"更好地了解学生的学习心理，以便从学生的角度出发，有效调动他们的学习积极性"。大部分高校教师职前都没有接受过系统的教育教学培训，缺乏教育教学理论和心理学方面的知识，而这些知识对于教师理解和解释教育现象、深入开展教学研究和了解学生学习都具有非常重要的意义。入职培训中相关知识的介绍和引入，无疑会在一定程度上弥补教师知识体系的缺陷，激发教师对相关知识的兴趣和关注，引导他们在日后不断丰富和完善教师的知识体系，为教学学术能力的提升创设条件。

再次，集中学习为不同学科的新入职教师之间的交流创造了机会，尤其是学校组织的素质拓展训练，增强了新入职教师的"归属感"和"团队合作精神"。学校每年组织的素质拓展训练，最受新入职教师的欢迎。户外素质拓展往往选择天气晴好的时段开展，这对许多教师来说既是一种体验式学习，也是一次集体的旅游。大家可以放下平日学习和工作的包袱，愉快地体验系列精心设置的新颖、刺激的情境，主动去体会、解决问题，达到启迪思维、激发创造力、提高抗压能力、增强团队意识、培养协作精神的作用。在素质拓展训练中，教师之间的协作互助非常有利于拉近教师之间的距离，提升其归属感和集体荣誉感，在一定程度上弥补了平日培训中互动交流的不足。

2. 不足与缺憾

从教师们的反馈中可以看出，此类集中、外铄性的学习和培训存在的问题主要体现在两个方面。一方面，"缺乏针对性和灵活性"。各类培训"与本专业关系不大""没有本专业的专家讲座""教学方法相关的内容太少"，未能也无法兼顾教师的学科背景以及教师个体特性。在各个环节都看不到自己专业教师的影子，让她们觉得自己是培训中的旁观者和局外人，缺少了参与的激情和动力。另一方面，由于班级规模、场地等因素的限制，集中培训"缺乏必要的互动和交流"。负责培训的教师主要以内容讲授为主，而参训学员之间除了学校统一组织的户外素质拓展活动，几乎没有正式的学术交流机会。即使在优秀教师的经验分享环节，鉴于时间紧、人数多等原因，"新入职教师参与发言的机会也非常有限"。显然，短期集中性的培训，尽管可能会给予教师一定的引导和激励，但无法满足教师个性化的基本诉求。事实上，教师在所属学科领域的专业发展，是一个漫长、持续性的过程，贯穿于整个职业生涯，其中个人的终身学习意识和能力发挥着举足轻重的作用。个人的努力固然重要，但在职业发展之初，针对性的指导和引领非常重要，可以有效规避诸多不确定因素的影响。

（三）简单朴实的发展诉求

新入职教师带着复杂的心态进入教师的角色，她们既对未来充满憧憬和希望，也对新的职业生活感到焦虑和担忧。对于今后的发展，她们的诉求简单又朴素。D老师平日里是一位非常安静和独立的老师，她很喜欢读书，图书馆里经常会有她借还书的身影，晚上和爱人一起相互陪伴学习也是她每天最享受的时刻。对于X学院的图书馆，D老师的表述很是委婉："还需进一步丰富图书资源。"显然，对于她这样一个频繁光顾图书馆的人来说，X学院的图书资源是不能满足她的需求的。对于目前的培训形式，她很期待"注重教师的自主学习，减少被动输入"。各类集中培训因与实践脱钩而缺乏吸引力，尽显"被动输入"的弊端，但积极主动的学习需要个人的勤奋和自律。对于D老师这样爱学习的老师来说，自主学习不失为一种很好的选择，但是对于学习内容的选择，还是需要一定的指引，否则会缺乏针对性和导向性。

针对集中培训与专业实践脱钩的现象，各位新入职教师希望学院层面能够提供一定的专业方面的帮助，如"鼓励新老教师交流""分享经验""多一些专业方面的培训""多渠道为新入职教师的专业发展创造机会""多一些教学方法方面的培训，让新入职教师能学到更多能真正用到教学中的东西"等。不难看出，职业初期，教师们更关注的是能否站稳讲台，能否胜任基本教学的问题，因此希望在学习培训中能够多一些与专业相关的教学方法、教学经验方面的内容。处于"生存期"的新入职教师能够着眼于当下的教学，将教学放在首要位置，这一点值得肯定和赞扬。但是，教师的反馈也凸显出了一定的问题，如有教师提议"多一些在线学习和培训"，这在一定程度上折射出新入职教师对现有培训的抵触心理和惰性思想。同时，片面地认为现有培训"耗时""无用"，也反映了教师的功利心理，这种心态无形中会使新入职教师只能看到眼前的利益，而不能从长远的角度来深入思考自身的职业发展。

在和新入职教师交流的过程中，梅老师注意到老师们强烈的求知欲望和自我发展意愿，尤其是希望能不断学习教育学和心理学方面的知识。"在全省组织的岗前培训中，老师们所讲授的教育理论和心理学相关理论，给我留下了深刻的印象，为我打开了另外一扇窗，让我能够从不同的视角去理解教学。在今后的学习中，我希望能够更多地、系统地了解相关知识，拓展自己的视野"，一位新入职教师在问卷反馈中颇有感触地说。作为新入职教师，经验的欠缺是必然的，但对他们而言，最为重要的是如何在实践中更快地成长，不断提升自身的能力和素质，为今后的成长打下坚实的基础和开启良好的开端。要做到这一点，自主学习固然重要，但如果缺少必要的引导，新入职教师会陷入茫然四顾、漫无目的，甚至南辕北辙的迷局。

实践中，除了满足以上的基本诉求，教师所在学院在其专业发展方面还可以有更大的作为，这主要体现在紧密结合教学实践开展教师的培养工作。密切关注教师成长，让教师从能胜任基本的教学任务，转向更深层次的对学生学习和身心发展的关注，引导教师潜心于教学，在教学实践中积极反思，勇于创新，勤于研究，促进个人教学学术能力的稳步发展，为教师终身学习和专业发展铺平道路。万事开头难，一旦教师们有了最基本的教育教学知识的积累，凭借他们已有的学习能力和经验，完全可以依据自身需要开展选择性的学习，实现知识的不断充实和完善。初入职场的教师有着良好的学习惯性，需趁热打铁，予以引导和鼓励，使这一学习惯性得以持续。

综上所述，无论从职前的教育背景还是职后所接受的相关学习和培训来看，X 学院的新入职教师都渴盼在学院层面能够提供与专业紧密相关的引导、学习和培训，以帮助她们在职业生涯初期树立正确的学术观、通过合理的路径来提升教学能力、提高教学研究水平。可以看出，"如何提升新入职教师的教学学术能力"是一个根植于工作实践、有待且值得进一步探究的现实问题。

三、组建新入职教师学习共同体

行动的目的是改进工作实践，在学习相关理论的基础上，梅老师开始发挥自己的影响力，物色志同道合者一起组建学习共同体。在 X 学院领导、各位新入职教师的鼓励和支持下，X 学院新入职教师学习共同体于 2021 年 2 月底成功组建。自此，X 学院 11 位新入职教师教学学术能力的提升行动正式启动。

在 X 学院所在的高校，入职三年之内的教师都属于新入职教师。当时，X 学院有上述 11 位新入职教师，分散在 X 学院的四个系（部）。由于不同基层教学组织的工作内容、地点各不相同，教师之间交往较少。新冠疫情的暴发更是加重了这种情况，对新入职教师熟悉环境、融入集体造成了很大的障碍，不利于她们的成长与发展。然而，"独学而无友，则孤陋而寡闻"，人类的社会性决定了人类的学习绝大部分来自"社会性学习"，即从别人的实践经验和示范中主动学习。学习的社会性决定了真正意义上的学习只能发生在与他人的交往之中。因此，在教师专业发展理论以及圣吉的学习型组织理论的指导下，X 学院在梅老师的提议下组建了新入职教师学习共同体，在组建过程中参照了迈阿密大学的大学教师学习共同体模式并根据实际情况进行了相应的本土化处理。

（一）积极寻找建构学习共同体的样板

在学习和查阅资料的过程中，迈阿密大学的教师学习共同体模式引起了大家的注意。被这一模式的影响力及其明晰的分工和操作步骤所吸引，梅老师等决定向先进经验学习并在此基础上形成自己的发展模式。

20 世纪七八十年代，美国大学的教育发展侧重于支持学科发现的学术，缺少对教学发展的支持。作为对这种现象的回应，Lilly Endowment 私人基金会为部分高校提供了为期三年的基金项目，以支持有关早期职业学术发展的教学发展项目的设计和实施。迈阿密大学于 1979 年得到了该基金项目的资助，用于以小组学习共同体的方式组织青年教师参加为期一年的学习，以应对教育中长期存在的问题，如以学生为中心的学习的缺乏、学科越来越独立化等。由于该小组学习共同体与之前的跨学科学生学习共同体（Student Learning Community，简称 SLC）有相似之处，因此迈阿密大学就将其命名为教师学习共同体（Faculty Learning Community，简称 FLC）。①自此以后的几十

---

① Cox,M.D.& McDonald,J.Faculty Learning Communities and Communities of Practice Dreamers, Schemers,and Seamers[C].In McDonald,J.& Cater-Steel,A.(Eds.).Communities of Practice.Singapore:Springer Nature Singapore Pte Ltd,2017:47—72.

年中，FLC 不断发展，在形式上从基于特定群体的形式走向了既有基于特定群体的教师学习共同体，也有了基于特定主题的学习共同体，其推广范围也从迈阿密大学走向了美国，走向了全世界。

迈阿密大学提出的大学教师学习共同体，将"共同体"理念引入了高等教育领域，使之与教师专业发展紧密相连。大学教师学习共同体是一种以大学教师为主体的学习型组织，也是一种有特定组织的多学科实践共同体，以跨学科、自愿、信任、合作、挑战、愉快、赋能、小规模为特征，聚焦教学问题，致力于提升教学学术。[①]在类型上，迈阿密大学提出的大学教师学习共同体分为基于特定主题的学习共同体和针对特定教师群体的学习共同体。依托学习共同体，教师成员可以围绕共同关心的话题，参与相关的课程学习，并通过定期举办的交流活动积极协作，研究、尝试、评估和采纳新的教学方法；也可以加入共同体所组织的合作学习项目，结合工作实际开展各种活动，如设计案例、尝试教学创新、评价实施效果、在学校或其他场合交流展示项目成果等。[②]借助学习共同体这一平台，参与者不仅可以提升其教学能力，更重要的是可以借助集体的力量来提升自身的教学学术能力。

大学教师学习共同体由九个主要部分组成：使命和目的、课程、管理、联络、辅助人员、会议及其活动、学术进程、评价、激励和奖励。每个方面有着不同的组成要素，共计 30 个基本要素。[③]其中，学术进程处于核心地位，其他部分都服务于学术进程，为学术进程的顺利推进提供保障。而学术进程又包括焦点文献、焦点课程或项目、教师个人项目、各类报告、教师个人课程或项目的微型档案、成果发表、教学学术七个要素，并以教学学术为落脚点。因此，大学教师学习共同体的核心在于提升教学学术，共同体的各项活动和所有努力都应聚焦特定的主题，指向和服务于教学学术。共同体的使命与目的，要从教师教学中存在的问题出发，以解决教学中的实际问题为导向；

① 朱景梅.大学教师学习共同体:内涵、价值及其构建[J].当代教师教育,2022(01):39—45.
② 詹泽慧,李晓华.美国高校教师学习共同体的构建——对话美国迈阿密大学教学促进中心主任米尔顿·克斯教授[J].中国电化教育,2009(10):1—6.
③ Cox,M.D.Introduction to Faculty Learning Communities[J].New Directions for Teaching and Learning,2004(97):5—23.

共同体的焦点课程要聚焦具体的问题，为解决具体的问题提供理论指导，为问题所依托的项目的顺利开展提供保障；共同体管理者以及辅助人员都应有相应的共同体组织管理经验，引导者（facilitator）更应是共同体所关注的教学问题方面的专家；各类活动、评价及其奖励都要服务于共同体所关注的教学问题，以解决问题为导向，通过各种方式来激发学习兴趣，丰富教师的教学体验和学生的学习体验。

大学教师学习共同体的初衷就是为了鼓励教师潜心教学研究，其活动涉及教学学术的诸多方面，为提升教师的教学学术提供了非常好的组织架构和强有力的实践依据。一方面，大学教师学习共同体为教师教学交流和合作研究搭建平台，并运用系统的方法研究课堂现象，提供数据驱动的信息，提升师生的教与学体验。[①]另一方面，大学教师学习共同体可以激励教师在反思中选择更好的教学方法，在实践中不断创新，有助于使教师成为教学方面的学者，促进其教学学术的健康发展。实践证明，大学教师学习共同体是行之有效的教学交流平台，是提升教学学术的最具有发展前景的途径之一。[②]本研究也聚焦教学学术，且以新入职教师这一特殊群体为主要成员，与迈阿密大学提出的基于特定群体的大学教师学习共同体有诸多共同之处，因此在组建学习共同体的过程中可以参考和借鉴这一模式。

（二）组建 X 学院新入职教师学习共同体

X 学院的新入职教师学习共同体属于针对特定教师群体的学习共同体。由于该学习共同体主要成员为 X 学院的新入职教师，在组建过程中带有一定的行政约束力，并未在严格意义上体现自愿和跨学科的特色，但具备前面所提及的学习共同体的其他特征。该学习共同体的愿景是"提升新入职教师的教学学术能力"，旨在通过搭建平台，让新入职教师能够在自由、公开、轻松

---

① Happel,C.et al.Facilitators and Barriers to Engagement and Effective SOTL Research Collaborations in Faculty Learning Communities[J].Teaching & Learning Inquiry,2002（2）:53—72.

② Richlin,L.& Cox,M.D.Developing scholarly teaching and the scholarship of teaching and learning through faculty learning communities［J].New Directions for Teaching and Learning,2004（97）:127—135.

的氛围中探讨教学实践中存在的问题，分享教学经验，探究教学疑难问题，在此过程中形成正确的教学理念，不断丰富和完善教师的知识体系，增强教师的反思能力和交流能力。为方便沟通交流，该学习共同体创建了 QQ 交流群，教师成员可以通过此平台即时开展教学交流、分享各种学习资料、相互学习借鉴。X 学院的各位领导也应邀入群，可以随时关注和指导学习共同体的学习活动，关心新入职教师的成长。

新入职教师学习共同体的常规组成人员包括 L 院长、梅老师以及 11 位新入职教师。其中，L 院长主要承担着组织领导的角色，负责学习共同体的组织和管理、协调安排各项集中学习活动、督促教师成员的自主学习、保障学习计划的顺利实施；梅老师既承担着引领者和促进者的角色，负责整个行动计划的规划、实施和改进，同时也是整个行动的参与者、观察者和研究者，全程参与共同体学习活动、记录和观察活动过程，为行动的改进和研究的开展提供依据；学习共同体中的教师成员既是参与者和建设者，也是学习者和研究者，既分享自身的教学经验、教学反思、学习心得，也在集体讨论环节从不同的视角提供批判性的反馈，为学习共同体的各项活动贡献自己的力量，在改进个人教学的同时促进共同体的发展。除此之外，根据学习活动的需要，学习共同体也会邀请 X 学院的领导、优秀教师代表、各个基层教学组织负责人、教学管理人员加入其中，共同参与促进新入职教师的成长和发展。

四、了解新入职教师的现状与愿景

为进一步了解新入职教师的基本情况，以便更合理地选择学习共同体的学习内容、以"新入职教师为本"设计行动计划，学习共同体的正式活动以座谈会的形式拉开了帷幕。那是 2021 年 3 月初的一个下午，学习共同体的13 位常规成员第一次相聚在 X 学院的会议室。会议室很大，中间是一张环形的会议桌，周围摆放着几圈椅子，L 院长和梅老师坐在圆桌的一侧，新入职教师则三三两两地坐在外圈的椅子上窃窃私语。新学期，新气象，度过了一个较长的假期，大家一个个容光焕发，脸上还洋溢着新学期的兴奋和喜悦。

在梅老师的组织下，大家都向中间靠拢，围着会议桌坐在了L院长和梅老师的对面。为了营造相对轻松的氛围，L院长没有直奔主题，而是留出了一定的时间让大家寒暄叙旧。等气氛活跃起来，L院长简单解读了学院在新入职教师培养方面的具体安排和要求，总结了X学院以往在此项工作中存在的困难和问题，并说明了组建该学习共同体的初衷及其重要性和必要性，要求每一位新入职教师都能"珍惜机会、积极参与，发挥主人翁的精神协同合作，以开放的姿态分享智慧、取长补短，实现共同成长和发展"。

梅老师也借此机会说明了创建新入职教师学习共同体的初心和期待，明晰了"学习共同体"和"教学学术"这两大核心概念的意义所在。"学习共同体"指的是一群志同道合的教师在学习和教学方面形成的共同体，对教师的发展具有重要意义。学习共同体可以为教师提供一个互相学习和交流的平台，使教师们共同探讨教学问题，分享经验和教学资源，从而提高教学质量；通过交流和合作，可以让教师可以更深入地了解教学领域的知识和理论，进而激发其学习兴趣和热情，促进教师的专业成长；可以促进教学学术的开展，帮助教师深入研究和探索教学问题，推动教学改革和创新。教学学术是对教与学的系统研究，关涉教师的学科知识、教育教学知识以及学术研究能力，可以引导教师在实践中关注学生、探究教学，以更好地理解和改进教学工作。新入职教师可以通过多种途径提升其教学学术能力，如参加教学培训，学习教学理论和方法，掌握教学技能和工具；参加学术会议和研讨会可以了解最新的教学研究和实践经验，与同行交流和合作，从中汲取灵感和启示；参加教学研究项目或课题、撰写教学论文，深入探索教学问题，在提升教学水平和专业能力的同时建立自己的学术声誉和形象；加入学习共同体，与同行建立联系，分享教学资源和经验，共同探讨教学问题，创新教学手段，提升教学质量。

接下来，梅老师对前期教师们在需求问卷（见附录二）反馈中的相关问题进行了回应，包括教师们自入职以来在教学方面取得的进步、遇到的困难和今后发展的打算与期待，并引导大家对一些共性的问题进行了讨论。结合问卷和讨论，可以发现，新入职教师自入职以来，所取得的主要成就包括"教学经验日趋丰富、教学思路更加清晰、方法更加得当，能够更加有效地和学生交流，课堂秩序越来越好，气氛越来越活跃"。有部分教师积极参加各类教学比赛，取得了理想的成绩，也有个别教师成功获批教学研究项目立项。尽管如此，新入职教师普遍认为，她们的教学生涯才刚刚起步，纵然教学经验日渐增长，但在实践的过程中各种教学问题困扰着她们。归纳起来，这些问题主要源自教师教学能力和学生学习态度两个方面。

（一）对自身教学的担忧

A 老师本科毕业于国内一所师范院校，本科毕业后保送至国内一所"211"高校攻读硕士，之后在国外一所著名大学攻读博士，专业基础扎实，学术背景雄厚。自 2019 年入职后，A 老师就承担了 R 专业核心课程的教学工作。由于 R 专业才成立 4 年左右，其师资队伍还处于发展壮大阶段，人员变动比较频繁。鉴于 A 老师在各方面的突出表现，她在入职后一年左右就挑起了 R 专业负责人的重担。她满腔热情地投入工作之中，除了上课，她基本上都在办公室里备课、批改作业、处理系里的管理任务。麻雀虽小，五脏俱全，R 专业虽然规模不大，但由于是新专业，许多管理工作都得从头做起，所以 A 老师的大部分时间都花在了琐碎的管理工作中。好在她就住在校园里而且当时尚未成家，有时间打理这一切。即使如此，A 老师也担心，长此以往她的教学会受到影响。"对新教材不熟悉，而课时、课头较多，没有时间精心备课，课后也无法消化和反思，这样下去恐怕自己的教学能力会不进反退，教学效果会越来越差。"她的担心并不是多余的，入职仅仅一年有余，教学仍然处于适应阶段，繁重的工作任务显然会消耗教师的精力、转移其注意力，影响教学能力和教学效果的提升。尽管新入职教师承担行政任务可以增强紧迫感和责任感，也可以加深对学校各项工作的了解和认识，但也可能会带来更多的压力和挑战，甚至会对教学本职工作形成负面的影响。

不幸的是，A 老师所面临的问题并不是个别情况，X 学院的新入职教师普遍承担着繁杂的工作任务。由于入职后就要承担教学任务，新入职教师在历经假期紧锣密鼓的备课之后，开学立即投入忙碌的教学工作，在心理上也经受了很大的挑战，对自身的发展不无担忧。除了每周至少 12 学时的教学任务，她们还要承担班主任、系（部）教学管理等工作，部分从事专业课教学的老师更是同时要讲授好几门新课程，任务繁杂、备课量大。忙碌之间，更是无法静下心来精心设计教学、反思教学，导致"教学方法单一、对教学重点把握不准，教学效果欠佳"，以至于疲于完成各项任务成了教学的常态。入职初期是适应工作环境、形成专业发展观的关键阶段，过于驳杂的工作任务，不利于新入职教师身份和角色的转换，更不利于其教学能力的提升。面对现实中的各种困境，新入职教师不仅要提升教学在各项任务中的优先级，合理安排时间、提升工作效率，更要加强自我调适，保持积极向上的工作状态，以饱满的精神投入教学。

在教学上要做到游刃有余，经验固然重要，但教学理念、教学方法方面的创新、教育教学理论的提升，无疑会发挥很好的价值引领作用，会减少摸索前进带来的风险。然而，前期的问卷调查显示，新入职教师在"知识体系""教学方法""专业素养和教学能力"等方面都存在很多不足，而且在如何弥补这些不足以及能否实现这些目的方面充满迷茫和疑虑，缺乏清晰的图景。J老师在回顾自己入职半年以来的经历时略显失落："感觉自己一直处于忙乱状态，面对并不熟悉的教材和 100 多名学生，我有些分身乏术，无法同时兼顾到教材和学生。"看得出，J 老师明白这两方面都很重要，但是由于时间和精力有限，她无法同时兼顾到自己的教与学生的学，而只能将更多的注意力放在了熟悉课本和讲课之上，在一定程度上忽视了学生的学习。教学经验、教学理论和教学方法的欠缺，让许多新入职教师在实践中都无法将教与学很好地结合在一起，他们所面临的最大困惑就是教学理念的转变，即如何从"以教师为中心"转向"以学生为中心"，让教学致力于满足学生的个性需求和促进学生的发展。

（二）课堂管理中的困扰

新入职教师对自我教学的过度关注，会将精力集中于教学内容和知识的传授，故而"很难调动学生的教学积极性"，在课堂教学中普遍存在"学生学习兴趣不高"的问题。Q 老师是 X 学院的一位资深教师，也曾是主管教学的副院长，目前还担任学校教学指导委员会委员。她在 X 学院任教已有 30 余年，亲自参与和目睹了 X 学院的发展和变迁，因此对 X 学院各方面情况很熟悉，也非常关心学院各方面的发展，尤其是青年教师的发展。Q 老师也是X学院教学指导委员会的成员，会不定期深入课堂去开展教学督导工作，在"有督有导"方面一直发挥着模范带头作用。有一次，在谈及学院青年教师的发展时，Q 老师非常激动地给梅老师讲述了她的听课经历："有些年轻教师啊，上课只顾埋头讲课，根本不管学生在干什么。课堂死气沉沉，学生在下面各行其是，有玩手机的、做其他作业的、还有睡觉的，甚至有一个在一楼上课的老师，学生从窗子跳了出去她也不动声色。"她的激动显然是源自对学院教学工作的关心和对现状的不满。近年来，学生上课玩手机的现象屡禁不止，给教师的教学工作带来了很大的困扰，但有些教师因种种原因对学生疏于管理，致使课堂管理过于松散，课堂气氛低迷，学生学习状态不佳。部分新入职教师性格腼腆、威信不足，在课堂管理方面的问题尤为突出，例如课堂纪律散漫、学生注意力不集中、活动参与度低。

课堂气氛是教师教学能力的缩影，可以在很大程度上折射出教师的知识水平、教学技能和教学理念。尤为重要的是，学生的学习状态，直接决定了学生的学习效果，而这正是所有教学工作的终极目标所在。新入职教师因缺乏必要的经验以及"威严"不足，在"要不要管"方面举棋不定，在"如何管"方面更是不知所措。从问卷反馈以及集体讨论中可以看出，新入职教师的课堂上普遍存在"学生学习积极性不高""上课注意力不集中""学习兴趣不浓""课堂参与度低"等问题。由于课堂管理经验不足、教学方法和技巧不够灵活，"如何激发学生的学习兴趣、提高学生的课堂参与度"对新入职教师来说是一大挑战。在实践中，尽管新入职教师"想方设法改变这一现状，但效果不佳，这不仅会大大挫伤教师的教学积极性，也会形成恶性循环，对学生的学习造成更加不良的影响"。

影响课堂气氛的因素极其复杂，是每一位教师在其教学工作中都应关注和探究的问题，新入职教师能够意识到这一问题并努力尝试去解决这一问题，值得肯定和鼓励，但要解决这一复杂却又非常重要的问题，不仅需要教师自身的努力，也需要各方面的支持和引导。一方面，新入职教师需主动和学生沟通、交流，加深对学生的了解，与学生建立积极的关系；加强学习和实践，丰富教育教学理论知识，增强教学的知识性、趣味性和纪律性；注重学生的参与和互动，鼓励学生在课堂上主动提问、表达思想、参与讨论，在学习中发挥主观能动性。另一方面，新入职教师所在的学校、院（系）应创设平台，为新入职教师提供更多的学习和交流机会，让新入职教师参与团队合作和资源共享，以便获取更多的支持和建议；与其他教师积极沟通和请教，学习借鉴好的实践经验，丰富教学手段、改变授课风格，尽快提高教学能力和管理能力。

（三）学术发展中的困境

X 学院所属的高校是一所省部局共建大学，学术研究是驱动学校发展的主要推动力，学校的系列激励政策和措施，给每一位教师带来了极大的压力。由于激励机制的制定主要以理工科专业为依据，有些标准对于 X 学院的教师来说可望而不可即。"那些跳起来都够不着的目标，就等于形同虚设，大家在遭受挫败之后只能选择躺平。"X 学院的教师对学校的系列政策颇有微词，学术软肋成了许多教师专业发展中的绊脚石。学科性质使然，X 学院的教师教学任务繁重，开展学术研究的时间和精力有限，加之大部分教师没有学术积淀，面对学校的激励机制，许多教师都在辛苦付出后依然无法达到预定的目标，强烈的挫败感和无力感会让他们陷入迷茫的境地，甚至从此一蹶不振，放弃了继续拼搏的念头。"躺平"成了普遍现象，"学术"也渐渐淡出了大家的视野，只有为数不多的几位"科研达人"还在为之苦苦挣扎。教学与科研的二元对立现象，使以教学为主的教师很难同时兼顾二者的发展，但在各种压力下，荒芜的科研也会让教学黯然失色。

对新入职教师而言，站稳讲台也是一种挑战。教育教学理论和教学经验的缺乏，让他们在入职初期面临多重挑战，在各种任务的权衡中往往会顾此失彼。D 老师本科和硕士都就读于国内一所非师范类重点高校，教学对她来说是一个全新的领域。在谈及个人发展规划时，她有些小小的失落："目前只能先学着站稳讲台，自己的研究方向和教学没有任何关联，暂时没有时间和精力兼顾学术。"和大部分新入职教师一样，D老师表示自己还是希望能够继续研究读研期间的研究主题，"因为之前积累了一定的基础，而且还可以随时咨询导师，心里也觉着踏实"。教学与学术研究脱钩，无形中让教师们肩负双重重担，这对于新入职教师而言更是造成了很大的困扰。对他们大部分人而言，教学实践是全新的，教育教学理论更是一片空白，面对这份全新的工作，他们的工作重心会放在适应教学上，学术研究只能暂时搁置一旁。

然而，适应教学是一个漫长的过程，而学术发展日新月异、永不停息。认识和理解教学，要求新入职教师在实践中不断积累经验、加强学习，在反思中成长。这一过程是漫长的，至少需要几年的时间，而学术在几年之间会发生翻天覆地的变化。新入职教师所表现出的等待和观望态度，会对其学术发展造成很大的障碍，其原有的学术基础会逐步削弱甚至消失，研究方向也会日渐模糊。本来，研究生期间的学术积淀为他们开展研究奠定了良好的基础，非常有利于职后继续开展相关研究，但因教学而搁置学术研究，不仅会遏制其学术潜能的发挥，而且会引起更多的焦虑和担忧，反而会对教学的发展造成不良影响。因此，等待和观望是一种消极的表现，新入职教师应积极应对新的挑战，改变对学术的认识，在教学与学术之间寻求新的契合点，将二者紧密结合、相互促进。

为有效解决新入职教师所面临的学术困境，教学学术理论有着重要的价值。博耶的教学学术理念认为，教学也是一种值得研究的学术。教学学术根植于教师的教学实践，将教学与学术紧密关联，在理论与实践的积极互动中促进教学能力的提升、学科知识的建构以及学生的发展，这对以教学为主的X学院的教师来说是一条可行的发展之路。因此，在学习共同体的集中学习中，梅老师选择带领新入职教师学习教学学术的相关理念，探讨其内涵，并以国家、地方以及学校近年来鼓励教学学术的相关政策文件为佐证，引导她们树立正确的学术理念，培养她们对教学的热爱和兴趣，让她们能够专注于教学，积极开展教学学术研究，为专业发展开辟新的道路。

（四）对专业发展的愿景

尽管在教学中存在各种问题和困难，但在实践中不断摸索、积累经验、反思成长，可以说是新入职教师实现个人成长的主要路径。D 老师平日比较内向，寡言少语，但在教学中，她是一个很有想法的老师。和她的性格一样，她的课堂也是"温文尔雅"，但她会以自己独特的方式设计教学，想方设法吸引学生的注意力，对于教学中出现的问题，她也善于钻研，形成了自己独特的应对之道。对于每一门课程，她会从分析教材的结构、特点入手，挖掘其中的重点难点，基于这些重难点精心设计教学活动，用她特有的方式引导学生参与学习。日积月累，她"在一年多的教学实践中不断丰富了教学经验，教学思路日益清晰，逐步学会了管控课堂，与学生的互动和沟通更加深入"。D 老师在短期内不仅积累了教学经验，而且在教学能力方面有了提升。更难能可贵的是，她在教学中能重视与学生的互动与交流。她的快速成长，得益于她在教学实践中善于思考，勤于实践，这是每一位新入职教师都值得学习的地方。

座谈中，L 院长边翻阅前期的问卷反馈，边询问各位新入职教师今后的打算以及对学院的期待。新入职教师一方面表示要努力提升自我，一方面期待学院层面能提供更多的支持和帮助。她们认为，在今后的工作和学习中，要"不断提升自身的业务水平"，尤其是要不断"更新专业知识、改进教学方法、提升课堂管理能力"。同时，期待学院层面能够通过以下途径帮助新入职教师尽快实现角色转换："丰富教学资源以及教育学、心理学方面的书籍；邀请经验丰富的优秀教师传授教学经验，发挥好'传帮带'作用，帮助新入职教师学习教学方法、梳理教学重点难点；创造机会，让新入职教师能够去其他学校交流学习。"这些期许和愿望表明，新入职教师对自我有着较明确的认识，也有着努力提升自我的强烈意愿。对相关资料的渴求，说明新入职教师对教师的知识体系有最基本的了解，也有志于通过学习来弥补其中的不足；对优秀教师"传帮带"以及交流学习的期待，体现了新入职教师对优秀教师的敬畏以及提升个人教学能力的强烈愿望。

在本研究启动之时，11 位新入职教师中有 7 位已经步入了入职后的第四个学期，其他 4 位也有了一学期的教学经历，因此，大家对教学已经有了一定的经验和体会，对自己的教学有了一定的认识，对其中的问题也有所思考，只是在解决问题方面还存在一定的疑惑。此外，由于每位教师的教育背景、性格特征等方面存在个体差异，大家所面临的具体问题、付出的努力、采取的方法也都不尽相同。但总体来说，在教学实践中，教师们对自己教学中的不足有比较明确的认识，渴望通过各种途径提升自身的教育教学理论水平、改进教学方法与技巧。同时，面对课堂气氛不活跃这一大难题，她们也在寻求提升学生学习兴趣、活跃课堂气氛的方法与策略，纵然各种努力和尝试收效不佳，但对这一问题的持续关注和思考，表明她们对其重要性有着比较深刻的认识，也在努力尝试着去解决这一问题，这对于教师的成长和教学能力的提升有着非常重要的意义。从教学实践中发现问题，基于问题深入反思和探究，在理论层面寻求问题的解决之道，是开展教师教学学术的主要渠道。目前，新入职教师欠缺的就是教育教学理论知识，致使她们无法在实践和理论之间建立关联，对问题的思考还局限于直觉和经验，缺乏理性的思考和理论的支撑，这也是她们无法有效解决教学中实际问题的主要原因。

五、规划提升教学学术能力的行动方案

在组建教师学习共同体和了解新入职教师发展现状的基础上，共同体成员开始制订本研究的整体行动方案。鉴于当时共同体成员中的新入职教师已入职半年或者一年半，其中有 7 位教师的入职培训期将在一年半后结束，为保证共同体成员的相对稳定，本研究的正式轮行动期限确定为近三个学期。考虑到各位成员业务繁忙且不熟悉相关内容，同时也是为了提高工作效率，共同体建议由梅老师先提出一个初步的整体行动方案供大家商议、修订。因此，整个行动计划的规划过程可以分为研讨教学学术能力提升行动的基本思路、形成教学学术能力提升行动的具体思路和步骤两大环节。

（一）讨论教学学术能力提升行动的基本思路

拟定整体行动方案的主要依据是本研究理论部分中所提出的教学学术能力的基本构成、影响因素、新入职教师的现实困境及其教学学术能力提升的实践路径。新入职教师教学学术能力提升的实践路径包括营造良好的教学学术文化、组建教师学习共同体、开展针对性的学习和培训、倡导行动研究四个层面。这四个层面不是相互孤立的，而是相辅相成、相互促进的。其中，营造良好的教学学术文化主要体现在引导教师树立正确学术观念以及激发教师教学热情方面，是整个行动研究的价值引领，贯穿整个行动研究的始终，而组建学习共同体是开展本研究的基础，是养成共同体学习理念及其开展后续各轮学习交流活动的主要依托。尽管学习共同体中针对性的学习和培训将主要在第一轮和第二轮行动中开展，但从本研究所倡导的终身学习的角度来讲，针对性的学习和培训不仅限于本研究期间，教师理应依据个性化需求开展长期的学习活动。行动研究周期较长，因此在本研究中仅能展示部分研究计划，但行动研究是提升教师教学学术能力的主要路径，也是教师的应然追求，理应伴随教师的整个职业生涯。

基于教学学术能力相关理论，梅老师拟定了新入职教师教学学术能力提升的基本思路（见表 2-2），主要包括三大方面：教学方法专题学习与讨论、教育教学理论专题学习与讨论、教研主题探讨。所采取的路径包括营造教学

表 2-2   新入职教师教学学术能力提升基本思路

行动	时间	内容	路径
第一轮行动	2021.04—2021.07	教学方法专题学习与讨论	倡导教学学术 开展学习培训 尝试行动研究
第二轮行动	2021.08—2021.12	教育教学理论专题学习与讨论	
第三轮行动	2022.01—2022.07	教研主题探讨	
后续行动	2022.08—		
备注	每轮行动拟开展 10 次左右集中学习活动，每次 2 小时左右；前两轮集中学习培训具体内容依据新入职教师的基本需求确定；第三轮以教研主题探讨为主，旨在引导新入职教师在教学中尝试行动研究。		

学术氛围、针对性的学习培训、尝试行动研究。其中，营造教学学术氛围主要是指在学习共同体中倡导教学学术理念，深化新入职教师对教学学术的认识，引导她们培养热爱教学、潜心教学的职业情操；针对性的学习主要围绕教育教学理论、具体的教学方法展开，并根据教师们的具体需求动态调整、逐步深化；教师开展行动研究的能力是其教师教学学术能力的综合体现，因此行动研究也是本学习共同体所追求的理想。在每一轮行动中，这三个方面都有所涉及但又有所侧重，其中教学学术氛围的营造是价值引领，针对性的学习培训是具体的措施，行动研究是努力的方向和目标。各轮行动之间是一个持续动态螺旋上升的关系。

整体思路的重点在于针对性的学习培训。在前两轮行动中，每轮（约一学期）至少开展10次集中学习活动，学习活动以理论专题学习为主，辅以教学问题的反思和探讨。在整个学习培训的过程中，一方面，坚持倡导教学学术理念，引导新入职教师深入理解教学学术的重要性和必要性、正确认识自身教学的问题与不足，并能在教学实践和学习培训中不断提升和改进。另一方面，通过相关教育教学理论和具体教学方法的学习，不断完善教师的知识体系，引导教师积极反思、探究，尝试开展行动研究。总体上看，每一轮行动都关涉教学学术能力的四大维度，只是前两轮行动更侧重于教师的教学理念、知识体系、反思能力这三个维度，第三轮行动更侧重于教师的学术交流能力，并通过尝试行动研究来实现教学学术能力四个维度的整合应用和综合发展。

（二）形成教学学术能力提升行动的总体方案

在基本思路形成之后，共同体成员在不同范围内对其进行了讨论，进一步明晰了将要开展的工作，细化了具体内容，最终形成了本研究的总体方案。首先，为使行动方案更加符合X学院的实际情况，梅老师与L院长进行了面对面的探讨。L院长认为："初步计划的整体思路比较清晰，每一轮行动各有侧重，但又紧密关联，只是知识内容相对空泛，可能会存在操作性不强等问题；每轮行动中有10次的集中学习，按照目前新入职教师的工作量可能存在一定的难度，建议将部分内容设置为自主学习内容。"按照这些建议，梅老师和 L 院长将教师的自主学习纳入方案之中，将原方案的教学方法以及教育教学理论相关集中学习内容划入新入职教师自主学习的范畴，而集中学习环节将主要聚焦教师之间的交流，以便为新入职教师提供充分表达所学所思的机会和平台。同时，对集中学习环节的内容依据教师教学学术能力的构成作了大体的安排，涵盖了教师的教学理念、反思能力、交流能力三大方面。这样的调整有三大好处：一是尊重成人学习的自主性特点，给各位新入职教师一定的自主权，让她们根据自身所需选择个性化的学习内容，针对性地完善个人的知识体系；二是可以充分利用有限的集中学习交流时间，引导教师革新教学理念、培养其反思、交流能力；三是自主学习和学习共同体的集中学习相结合，实现了教学学术能力四大维度的全覆盖。

在此基础上，学习共同体全体成员对调整后的计划进行了进一步的商讨。各位新入职教师对整体安排都比较赞同，只是在集中学习的时间方面有所顾虑，遇到的主要问题是"工作任务重""住得比较远""共同时段少"，这些都成为集体学习活动的主要障碍。考虑到这些现实问题以及新入职教师教育背景存在个性化差异，学习共同体最终决定将每轮行动的集中学习从原计划的 10 次调整为 5 次，平均每三周开展一次，每次时间控制在两个半小时左右，这与迈阿密大学的教师学习共同体的每月一次的学习周期基本吻合。在其他可自由支配的时段，教师们根据自身条件开展自主学习，学习内容以教育教学理论为主，其主要目的是帮助新入职教师在弥补教师知识体系中的欠缺和不足的基础上，逐步树立正确的学术观念，改变教学理念。教师们可自主选择学习材料或参加相关培训，X 学院负责提供相关的支持和帮助。在共同体成员的集体努力下，最终形成了本研究整体方案（见图 2-1）。

整体行动方案总体上遵循"以教学学术理念为指引、以学习共同体为平台、以教学实践为立足点、以教学反思为抓手、以分享交流为主要方式、以行动研究为落脚点"的逻辑理路，依次从观念、知识、技能三个维度不断提升教师的教学学术能力。理念是行动的先导，教师的教学理念发挥着重要的价值引领作用和基础保障作用，而反思是连接教学实践与教育教学理论的桥梁，是教师教学学术能力提升的主要抓手和发力点，反思意识的唤醒，是教

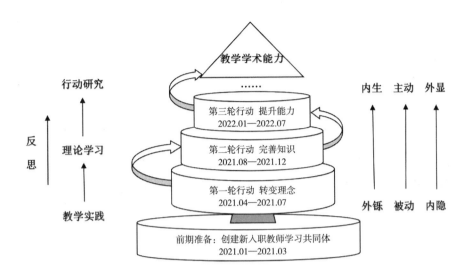

图 2-1 新入职教师教学学术能力提升行动整体方案

师教学学术能力提升的发端。因此，本研究从教师的教学理念和反思意识入手，根据行动的具体推进情况，逐步加强教师教学学术能力其他维度的发展，包括知识体系的逐步完善以及反思能力和交流能力的培养，最后实现教学学术能力各维度的综合提升。由于教学学术能力各维度之间紧密相关、相辅相成，因此在每一轮行动中，均会在全面考虑各维度的同时又各自有所侧重。各轮行动之间是一个持续改进的过程，故而各阶段之间并不存在严格的界限之分，后一轮的行动总是在前一轮行动的基础上，进一步深入推进教学学术能力建设，各轮行动之间保持连贯性、持续性和递进性，最终形成环环相扣、螺旋式上升的教学学术能力提升过程。

整体行动方案强调新入职教师自主性的培养。教师是其专业发展的主体，应根据自身特点和需求，选择学习的内容和方式、将所学知识与技能与实践相结合，不断提升个人教学学术能力。教师专业发展的自主性既要符合自身要求，也要契合教育教学的实际要求，要有明确的目标和具体的行动计划。对新入职教师而言，其自主性的培养需要有效的引导和支持。为此，本研究注重启发和引领，强调新入职教师的参与、感知和体悟而非理论的灌输和传统的说教，从外铄性的学习和培训逐渐转向内生性的自主学习、反思和行动，让新入职教师从被动的接受者变为主动的参与者和探索者，让其实践智慧从内隐不断得以外显，使教学学术的价值和意义逐步得以彰显。行动的每个环节尊重成人的学习特点以及教师的专业自主性，给予教师充分的自由，鼓励教师能够结合自身的特点和需求选择自主学习的内容和方式，既符合教师成长的规律，也有助于调动教师的积极性和主动性。平等、尊重、合作、共享、自主、信任等原则贯穿整个行动过程，让新入职教师在一定的指导和引领下，积极参与和见证自身的成长，为自身的专业发展发挥重要作用。

第三章　第一轮行动:转变教学理念,培养反思意识

　　信息时代的到来以及人工智能的发展,使得信息技术与教育教学深度融合,知识的传递方式也由传统的单向传递变为多向互动,教师已不是单纯的"知识的传递者",而更多是学习的设计者、引导者和促进者,师生关系也因此变成平等的学习伙伴关系。这些变化对教师的教学学术能力提出了更高的要求,要求教师在教学理念、知识体系、反思能力、学术交流能力等各个维度都能不断发展和变化,以更好地适应时代的发展、满足学生的需求。鉴于教师教学学术能力的复杂性,在实践中可以选择从改变思想观念出发,逐层深入,在提升单个维度的基础上逐步实现各维度的融合发展。

一、以转变理念为切入点规划行动方案

　　依据新入职教师的教育背景、基本需求以及本研究的逻辑理路,第一轮行动的重点放在改变教师的教学理念和培养教师的反思意识两个方面。在明确了本轮行动的主要目标之后,学习共同体通过座谈的方式了解了各位新入职教师的教学理念以及她们对反思的理解和认识,并在此基础上细化了本轮行动的具体内容。

(一) 新入职教师的教学理念

　　任何有价值的变革,都是从理念的变化开始的。在本研究初期,学习共

同体内部举行了非正式座谈，每位成员针对即将开展的工作交流了自己的想法和对未来的设想。S 老师在座谈中就说道："目前在教学中，只是关注上课内容了，没有太多思考过教学理念的问题。上好每一堂课，也许是每位都应该努力做到的。我个人以前的工作和专业关联不紧，专业知识或多或少有些荒芜，因此在教学中一直在努力弥补这方面的不足。"S 老师职前曾从事过一段时间的新闻工作，但因为"教师这份职业稳定、社会地位高"，她后来在家人的建议下又选择加入了高校教师队伍。由于之前曾有过其他工作经验，S 老师具有很强的业务能力，因此入职后不久就分担了所在系（部）的一些管理工作。在教学方面，为了弥补自己曾对专业知识的"疏忽"，S 老师在认真上好课的同时，努力利用各种培训和实践机会提升自己的专业水平。和 S 老师一样，大部分新入职教师认为，"上好课"更多的是教学态度的问题，即认真对待每一次教学，要做到这一点，扎实的专业知识是必不可少的，但这仅仅是最基本的要求。

　　"上好每一堂课"似乎是每一位老师的共同愿望，但怎样的课才是好的课以及如何上好课，每个人的理解不尽相同。对于共同体中的新入职教师而言，"上好每一堂课"是一种理想的追求，更是一种美好的感觉，至于具体是什么样的，大家似乎并不清楚。而这种美好的憧憬，往往在实践中很快会化为虚无，取而代之的是"圆满完成教学任务"——按部就班完成教学内容，即把知识的复现作为教学的主要目标。为了实现这一目标，"注重形式""赶进度"往往就成了课堂教学的普遍现象，灌输式的知识传授自然就成了最常见的教学方式。这样的教学透射出"为教材而教"的教学理念，其中教师就是教学任务的被动执行者，缺乏了应有的"主体意识"和"对象意识"，既不利于发挥教师在教学中的主导作用，也不利于激发学生的主观能动性，甚至在一定程度上剥夺了学生参与教学的权利，让学习变得毫无生机、索然无味，其教学效果也就可想而知了。

　　毋庸置疑，教师应具备扎实的专业基本功，但是要"上好课"，仅有专业知识是远远不够的，教师还需要在各方面进行全面的准备和考虑，需了解学生、积极与学生互动、及时提供反馈与评估、不断学习、持续改进。在这个过程中，教学理念发挥着关键作用。教学理念是教师开展教学工作的主导思想，在一切教学活动中发挥着指导作用。教学理念是人们对教学和学习活动内在规律的理解的集中体现，包括人们对教学活动的看法和持有的基本的态度和观点。尽管教学理念处于动态的发展变化之中，但隐藏其后的最基本的价值观会随着教师的发展逐步趋于相对稳定。新入职教师正处于个人基本教学理念形成的阶段，在起始阶段，他们往往会以自己老师的教学理念为参考模本，然后在自身的教学实践中不断调整和更新，随着教学经验的不断积累，渐渐形成自己独特的、相对固定的价值观念，指导其教学理念的动态发展。

现实中，新入职教师在经历一年左右的教学实践之后，或多或少会出现一定的职业倦怠感。入职不久就出现这种现象，也许对于观察者来说有些意外。当看到新入职教师在学生面前一副老练的样子，课堂观察者也许会震惊他们的处变不惊，也许会感叹这与教龄极不相符的"老气横秋"。然而，这种现象是普遍存在的。在对新入职教师的课堂观察中，梅老师发现新入职教师均已在一定程度上脱离当初的稚嫩和青涩，在课堂上落落大方、"高高在上"，尽显教师的"威风"。在职业发展初期，教师会倾向在课堂上过于在乎树立教师的威严，因此在表面上表现出成熟教师才有的老练与稳重，但与老教师截然不同的是，其中或多或少多了一些不自然的"做作"成分。

事实上，由于教学经验和历练的不足，他们在教学方面依然是"新手"。这个"新"主要表现在对教师个人的过度关注。无论从教学内容还是教学方法来讲，新入职教师非常重视教学内容的"完美"呈现，其教学方法也是倾向于实现这一功能。然而，犹如演员在台上演出时苛求个人艺术的完美展现，这里的"完美"具有较浓的表演成分。对于教师而言，追求这种个人层面的"完美"表现，会为教学蒙上一层浪漫主义色彩，会使其将重心置于自我，机械式地完成任务会成为教学的主要目标，因此会忽视学生的存在或将学习的深层任务完全交给学生，给学生造成不必要的压力和负担。在这种理念下，教师往往会陶醉于忘我的讲授，而学生可能也会在课堂上沉迷于遐想、游戏或者是窃窃私语。"互动"的缺失，是新入职教师课堂教学气氛欠佳的主要原因。在这样的课堂中，教师和学生可以说是各行其是，没有师生互动学习的良好氛围，师生之间更是无法建立任何情感纽带，师生关系会日渐疏远，学生的学习热情也会渐渐消退。长此以往，教师也会渐渐在个人期待和成就感之间失去平衡，逐步丧失对教学的热情和兴趣。

为引导新入职教师尽快改变原有的相对传统的教学理念，形成符合时代发展和有利于学生成长、教师自身发展的教学理念，很有必要在入职初期开展适当的引导和培训。其中，引导新入职教师将关注点从自身转向学生，是活跃课堂氛围、提升学生学习兴趣、提高课堂教学质量的主要路径。这个转折是从新手教师向成熟教师转变的一个标志点。对新手教师而言，刚走上讲台时，往往会被教学内容本身所困，如何更好更科学地处理教学内容是他们关注的焦点。但随着时间的推移，一般是两三年后，一位新手教师对教学内容就能够达到游刃有余的地步，这时取而代之的是能不能使自己对教学的关注点转向对学生，特别是对学生学习方式的关注。教学不仅是教师传授知识的过程，更是教师与学生共同建构知识的过程，课堂和谐氛围的营造、师生之间的良好互动和配合是提升学生学习动力的关键。在此过程中，教师和学生都是学习者，其中学生是中心，教师是主导，即教师是学习的引导者、辅助者和协调者，而学生是学习的主体。要使教学能力和水平得以不断提升，就必须了解和研究学生，只有当教师以学生的发展为出发点开展教学工作，教师才能潜心教学，合理选取教学材料、选择适切的教学方法、调动学生的学习积极性，与学生共同营造良好的学习氛围，促进学生的健康发展。这就关涉到教师教学理念的转变，要求教师突破自我的桎梏，热爱学生、尊重学生、赋权学生，与学生共同探求和建构新知识。

（二）新入职教师的反思意识

通常意义上的反思，是指人们在工作、学习和生活中不断自我审视、总结经验、发现问题并改进自己的一种行为。反思意识是对反思的认知程度和基本态度。反思行为受反思意识的支配和引导并反作用于反思意识，促进反思意识的提升。对于教师而言，反思意识始终伴随着教育实践，反思意识越强，教师的教育意识就越清醒，教师的教育实践就越具有自觉性和自主性，教师也更具有教育的敏感性,能及时捕捉赋予教育机会的可能,随时都有建构教育情境和教育机会的可能。[①]只有具有反思意识的教师,才能对教育充满期待并为之做好积极的准备,才能在教育实践中适时把握教育时机,正确启发和引导学生,有效促进学生的发展。同时,反思意识有助于激发教师的能动性和创造性,使教师的教育实践更具灵活性、创新性和高效性,为教师教学能力的提升创造更多的机会。因此,反思意识可以引导教学反思行为逐步走向深入和自觉,实现真正意义上的教师专业发展。

在座谈期间,梅老师谈及教学反思意识在教师成长中的关键作用,这一相对"熟悉的"话题让座谈的气氛一下子变得活跃起来。大家对此纷纷发表见解,平日比较腼腆的 K 老师带头发表了自己的看法。K 老师是学习共同体中年龄最小的一位教师,当时入职仅半年有余,还处于入职适应期,平日在各个场合都比较内敛,很少主动发言,但她期待的眼神和专注的神情,流露出她对各项活动的关注和思考。"反思"这一话题似乎触发了她克制已久的交流欲望,她略带自豪地说:"我觉得自己的反思意识还是有的,每次上完课后都会去想想哪里上得好,哪里上得不好,不好的地方在后面的教学中会去注意调整。"在她看来,"反思"并不陌生,是在日常的教学之后都会自然而然去做的事情,反思意识体现在对教学的反思行为中。反思是人类的本能,反观教学是教师应有的一种本能反应,但这种本能性的回顾更主要的是对教学过程的一种回想,是对教学任务的完成情况或对教学中印象深刻的事件的简单回忆,缺乏对当时思考的过程的再思考和对其他可能性的思考,因此严格来讲并不是真正意义上的反思。

真正的教学反思是一种再学习活动,是教师自觉地对课堂教学实践的全面、深入思考,其目的是改进教学状态、促进学生的发展。教师的反思包括教学反思和自我反思,前者以教师的教学为指向,是教师对自己教学过程中的各个具体环节进行的反馈和调控,而后者是以教师自身为指向,是教师对自身的

---

① 胡萨.反思:作为一种意识——关于教师反思的现象学理解[J].教育研究,2010(1):95—99.

教育理念、教育责任感、合作精神、知识结构等方面进行的反思。[①]两种反思相辅相成、密不可分，在革新教师教学理念、提高教师教学水平、推动教学研究方面具有重要作用，也是提升教师教学学术能力的核心要素。一线教师如果缺乏对教学实践问题的理性思考，其实践经验将仅仅局限于教学行为的表层，只是知其然而不知其所以然，无法真正实现有意义的经验积累，不利于教师自身的专业发展。[②]然而，对教学问题的理性思考，不仅需要时间的投入，而且需要教育教学理论知识的支撑，如果没有针对性的学习和实践，教师对教学的反思仅会停留在浅表层面，即对教学任务完成情况的技术性反思，缺乏对个人教学理念、教学能力、学生的学习效果等方面的深度反思，因此在内容和深度方面都达不到教学反思的要求。

对于新入职教师来说，培养教学反思意识是非常重要的。首先，教学反思意识有助于新入职教师更好地理解自己的教学，发现其中的不足，从而采取针对性的措施进行改进以提高教学质量。其次，教学反思意识有助于新入职教师更好地了解学生的需求和特点，并据此选择教学内容、教学策略和方法，从而更好地促进学生的学习和发展。再次，教学反思意识有助于教师更好地认识自身的优势与不足，并根据实际情况不断改进，促进教师的学习和成长，进而增强教师的自信心、提高教学能力和水平。新入职教师处于职业发展的起始阶段，对教学、学生以及自己的认识尚不清晰，个人的教学也处于起步阶段，需在实践中积极反思、查找不足、不断改进。让新入职教师正确认识教学反思、唤醒其反思意识，是提升其教学反思能力的起点和基础。然而，新入职教师的工作以"新"和"杂"为主要特点。在这种情境下，驳杂的任务就会冲淡教学反思意识，让教学变为一种程式化的任务，下课离开教室就意味着一项任务告一段落，无暇顾及反思和回顾。通过针对性的引导，可以让新入职教师认识到反思在教学以及整个职业发展中的重要作用，进而通过各种路径来提升其反思意识，用批判性的眼光审视自身的教学实践并努

---

① 高玲.教师反思能力发展特点的研究[J].教育理论与实践,2007(9):45—48.
② 文秋芳.高校外语教师专业学习共同体建设研究[M].北京:北京大学出版社,2021:73.

力消除其中存在的不足，达到逐步提升教学学术能力的目的。

（三）第一轮行动方案

在对新入职教师的教学理念和教学反思意识有了基本的了解之后，学习共同体对本轮行动的具体内容进行了讨论，并在此基础上提出了第一轮行动方案（见表 3-1）。鉴于本轮行动是本研究的起步阶段，学习共同体决定以相对轻松的形式拉开本研究的序幕。其中，自主学习环节以课堂观摩和理论学习为主，其目的是让新入职教师尽快掌握教学方法和技巧、丰富个人的教育教学理论，以不断革新个人的教学理念。考虑到新入职教师的个体差异及其对"可自由支配时间"的渴求，学习共同体除强调新入职教师要养成终身学

表 3-1　第一轮行动方案

目 的		更新教学理念。引导新入职教师加强自主学习，在向优秀教师虚心请教和学习的同时，自觉弥补个人知识体系的短板与不足；在教学实践中不断反思、改进，并结合理论学习不断更新教学理念，加深对教学学术的理解。			
		培养反思意识。引导新入职教师发现、思考教学中遇到的棘手问题，并在集体学习活动中寻求大家的意见和建议，集思广益，为解决问题提供思路和对策；鼓励新入职教师积极参与教学交流，在集体学习活动中分享教学中的亮点，供其他教师学习借鉴；邀请其他优秀教师分享教学经验以及成长经历，为新入职教师现身说法、传授经验。			
内 容	自 主 学 习	课堂观摩：新入职教师需提前做好听课计划，听课后请填写好听课记录，并在参加集体学习活动时交流听课心得。			
		理论学习：新入职教师根据自身需求，制订学习计划，逐步完善知识体系，重点放在弥补教育教学相关理论知识的不足。			
	集 体 学 习	序号	时间（暂定）	活动内容	负责人
		1	2021.04.13	新入职教师基本需求调研反馈；教学问题探讨	L 院长
		2	2021.05.11	教学中常见问题讨论	梅老师
		3	2021.06.01	过教学关活动（讲课比赛）及其反思	L 院长
		4	2021.06.22	教学经验分享及交流（Y 老师）	梅老师
		5	2021.07.06	对个人自主学习的总结与反思	梅老师
	教学反思：教师利用假期完成本学期的教学反思。				

习的习惯以及自主学习的重要性之外，还充分赋权于新入职教师，让她们依据自身所需开展针对性的学习。集体学习环节从新入职教师的基本需求出发，一方面引导新入职教师正确认识职业初期的特殊性，尽快实现角色转换，形成正确的教学理念，为职业发展打好基础；另一方面聚焦新入职教师教学中的常见问题，鼓励教师观察和思考教学问题，并对其中存在的问题进行简单的分析和讨论，逐步激活和培养新入职教师的反思意识。

具体来讲，集中学习环节主要包括三方面的内容：首先，讨论各位新入职教师所关心的教学中存在的问题，让大家能够就熟悉的话题发表见解，引导她们反思教学、发现问题、探讨解决方法，提升其教学反思意识。对于熟悉话题的讨论，可以有效缓解新入职教师的心理压力，增强其自信心，有利于由浅入深，逐步培养批判性思维能力和交流能力。其次，按照前期调研反馈，邀请优秀教师做教学经验分享，通过直观的方式引导新入职教师形成"以学生为中心"的教学理念，培养她们对教学的敬畏之情，激发她们对教学的热爱。新老教师之间的交流，不仅有利于传承经验，而且可以相互启发、推陈出新、共同进步，有利于教学的创新发展。再次，结合 X 学院的相关要求，鼓励新入职教师积极参与各类教学比赛，促进教师之间的学习与交流，达到以赛促教的目的。通过参加教学比赛，新入职教师一方面可以通过观摩和交流，拓宽思路，在互学互鉴中反思自己的教学，改进教学理念、方法和策略；另一方面可以通过参赛充分发挥个人潜能，加深对教学的理解和认识，提升自信心，促进个人成长。

二、聚焦教学实践，引导反思交流

本轮行动是研究的起始阶段，为了消除新入职教师的焦虑、舒缓学习压力，本轮行动的集体学习活动安排相对灵活，节奏也比较缓慢，以便让她们能够有足够的时间来思考教学，梳理教学中遇到的困难和问题、个人能力方面存在的不足以及在教学理念方面的欠缺，尝试着去清晰地描述问题，并能在集中学习活动中将问题公开化、分享自己的见解、征求其他成员的意见和建议以便达成共识。于是,学习共同体以相对轻松的对话形式开启了集中学习活动,通过反馈新入职教师需求问卷和讨论教学中常见的问题来引导新入职教师学会思考问题、描述问题、探讨问题并努力寻求解决问题的方法。自主学习环节则是在引导的基础上,赋予各位新入职教师充分的自主权,让每位教师深化对自我的认识,加强自我成长中的自律性和责任感。

(一) 反思教学实践

如前所述,学科性质使然,X 学院的新入职教师入职后的第一学期就需要承担相对繁重的教学任务。除缺乏教学经验之外,大部分新入职教师都没有相关的教育学、心理学学习背景,所以对她们而言,通过自主学习来完善知识体系、在实践中反思成长,是实现个人发展的主要路径。为此,除了个性化的自主学习之外,学习共同体的集中学习活动侧重于引导新入职教师观察、思考、分享、讨论自己的教学,培养她们善于发现问题并积极探寻解决之道的意识和能力。在分享和讨论的过程中,每位新入职教师应逐步聚焦关键问题,着手查阅和研读相关文献、学习相关理论、尝试用理论来指导实践,为后期尝试行动研究做好铺垫,为提升自身的教学学术能力奠定基础。在集体学习环节,教学学术、学习共同体、教师的知识结构、教学理念、教学反思等都是反复强调的话题,共同体在澄清相关概念的基础上,通过 QQ 平台分享相关的文献和资料,帮助共同体成员深化对相关概念的理解。

1. 回应教学实践中的共性问题

学习共同体严格意义上的第一次集体学习交流,是继"新入职教师需求调查"之后不久开展的。那是 2021 年 4 月 20 日,一个乍暖还寒的春日下午,学习共同体的 13 位成员悉数到场,由于绝大部分教师住在校外,有几位是气喘吁吁地踩着点儿来的。可能是学习共同体第一次集体活动,新入职教师们或多或少都有些拘谨。活动的前半部分,L 院长代表学院对新入职教师的培养计划进行了解读和说明,新入职教师们一个个都在仔细地听,认真地记,她们的身上都散发着浓浓的学生气息。对于学院的学习安排,她们也都表示赞成,没有提出任何建议和意见。接着,梅老师对教师们调研反馈中普遍存在的一些疑问进行了回应，引导新入职教师结合自己的教学实践，分析讨论这些问题并从各自的角度提出相应的对策。信息反馈阶段相对枯燥一点，梅老师结合自己的工作经验，对教师们教学中常见的问题进行了解答，各位新入职教师的参与并不多，大多时候也是处于"听""记"的状态，只有被点到了才会简短回应。那时候的氛围像极了上课的情景，好像L院长和梅老师是老师，而新入职教师们则是学生，在她们之间，横亘着一条隐形的鸿沟。这不是学习共同体该有的样子，新入职教师的积极主动参与才是各项集中学习活动的活力所在。

为活跃气氛，在接下来的交流学习环节，梅老师将话语权交给了新入职教师，让她们结合教学实践，就这些共性问题发表自己的看法。新入职教师们围绕大家关注的"师生关系""信息化手段""课堂管理能力"等主题展开了讨论。尽管大家刚开始的时候有些拘束，不愿主动发言，但在梅老师和L院长的引导下，讨论渐渐由被动、生硬变得生动、自然。一个个源自工作实践的鲜活案例的呈现，赋予了处于教学一线的新入职教师们更多的话语权，拉近了讨论与教学实践的距离，为讨论增添了更多的生机和意义。随着活动的逐步展开，分享的内容愈加丰富，"讨论"的味儿更加浓厚，打破了"一人说，众人听"的局面，说到有趣的地方还时不时会爆发出阵阵掌声和欢笑声。

把握师生关系中的"度"。入职初期，教师在与学生的共同交流方面有着诸多优势，容易与学生"打成一片"，但同时也容易出现"课堂秩序容易失控""难以树立教师威信"等窘境。H老师性格温和、开朗，自入职以来就担任了R专业新生的班主任，半年多来，她与班上的学生课上课下频繁接触，相处非常融洽。但是，正是由于和学生过于熟悉，师生之间的边界感日渐模糊，由此引发了"上课太活跃、压不住"的现象，给H老师的教学造成了很大的困扰。"和同学们之间太熟悉，课下是学生的知心大姐，上课又要扮演'教师'的角色，很难做到课上课下角色的转换，很难树立教师的威信。"H老师很是苦恼，而其他的几位老师也不例外。为了树立威信，有的老师刻意拉大与学生的距离，疏于和学生交流，与学生之间形成了隔膜，不利于了解学生的学习状况和实际需求，更不利于建立良好的师生关系。对于这一问题,L院长认为:"师生交往中,要有边界意识,要把握好尺度,分清课堂内外,明白'亦师亦友'的深层内涵。"一方面,在教学管理上要保持一定的威严,要坚持原则和规范,尤其是道德规范,不断提升个人素养和管理能力,始终将"教书育人"作为教师的最基本职责;另一方面,要与学生建立良好的关系,做到关心学生成长、倾听学生的心声、建立师生互信、激发学生的学习兴趣。作为新入职教师,更是要不断加强个人修养、提高教学能力,平衡好"亲和力"和"威严"之间的关系,严慈相济,建立良好的师生关系,为学生的成长创造良好的教育环境。

合理使用信息化手段。信息化手段的使用,也给各位新入职教师带来了很大的困惑。B老师曾在一所省属高校工作过一段时间,尽管她在目前的教学中经常使用信息化手段,但在她的认知里,"'粉笔 + 黑板'的教学方式很好,老师边写,学生可以边记,既可以很好地把握讲课节奏,也可以帮助学生深化记忆。没有了视频、音频的干扰,学生也会更加专注学习。"B老师是11位新入职教师中唯一一位"80后",她的父亲是一名教师,从小的耳濡目染,让她对传统的教学手段充满信任和感情。然而,信息素养是当今教师必备的能力和素质,但包括B老师在内的新入职教师对如何合理使用信息化手段存在很大疑惑:"尤其是在教学中很难把握信息化手段的使用的度,不知道怎样使用才是'合理使用',面对纷繁多样的信息化手段,常会出现取舍困难,反倒给课堂教学带来了一定的干扰。"

信息素养是新时代教师的必备能力之一,不仅要有,而且要与时俱进,不断提升。与其他知识和技能一样,信息化手段始终要服务于教学,帮助教师更加有效地实现教学目标。教师应根据教学实际需求选择适当、必要的信息化手段,以帮助学生更好地理解教学内容,增强教学的趣味性,增大教学的信息容量,提升教学效果。但是,信息化手段的使用并不是多多益善,而是要"恰到好处",适切、适时、适度,是信息化手段使用的理想状态。这就要求教师对教学目标、教学内容、教学手段、教学对象等有很好的理解和把握,同时要具备一定的信息素养和教学方法与技能,能合理选用最佳的信息化手段,以提高教师的教学质量和学生的学习效果。作为教师教学方法的一部分，信息化手段的合理使用对于缺乏教育教学背景的新入职教师而言也是一大挑战，需要在加强理论学习的同时，在实践中不断积累经验。

提升课堂管理能力。课堂管理是教育教学活动中不可或缺的组成部分，是保障教学质量和提高学生学习效果的重要手段。教师需具备一定的教学技能和管理能力，如沟通能力、组织能力、评估能力、解决问题的能力等，而且能够在课堂教学中灵活运用各种教学手段和方法，营造良好的学习氛围，引导学生主动学习。课堂管理为创造良好的学习环境、保障教学的有效开展创造条件，但课堂管理也是不同阶段的教师都会面临的一大挑战。对于新入职教师而言，教学经验的缺乏，这一问题显得更为突出。以J老师为例，入职仅有半年之余的她习惯于鼓励学生参与各项活动，当学生作个人汇报、分组讨论时，她会背着手在教室里来回走动，督促学生学习。但是，梅老师在之前的几次听课中注意到，学生会在J老师走近的时候"专注"于学习，但在她转身离开后马上就会各行其是，似乎在和她玩"猫捉老鼠"的游戏。对此，J老师似乎有所察觉，她会随机发问，但同学们的回答往往不尽如人意，她的眼里会充满无助，面对四五十人的大班级，她似乎有些无能为力。J老师表现出的无力和无助，对其他新入职教师来说并不陌生，她们都有同感："教学中总感觉在动心思、花精力和学生斗智斗勇，但收效不佳，自身的课堂管理能力亟待提升。"

课堂管理能力的提升也是一个漫长的过程。面对课堂管理中的各种挑战，新入职教师会急于尝试各种应对措施，但往往会因为对问题的分析不够深入而采取不当措施，会产生强烈的挫败感和无力感。对此，梅老师指出："课堂管理能力的提升需要时间，新入职教师要以开放的心态面对课堂中的各种现象，在认真分析其原因的基础上选取恰当的措施，耐心观察其效果并根据具体情境不断调整策略。"她提醒各位新入职教师要不急不躁，客观、坦然地应对课堂管理中的各种问题，从各个方面积极寻求问题的解决路径。在经验中摸索成长固然重要，但仅凭这一点是远远不够的，新入职教师可以通过其他途径来促进课堂管理能力的提升。其一，积极向有经验的教师请教，观察、学习他们的课堂管理经验，帮助自己有效解决课堂上出现的类似问题。其二，学习课堂管理相关的理论,为课堂管理实践提供理论指导,以便更好地了解学生、设计教学活动、管理课堂秩序。其三,掌握和灵活运用多种课堂管理手段和方法,并根据具体情境适时作出调整,以符合学生的认知特点和心理特征、满足学生的个性化需求。

2. 探讨课堂参与度这一棘手问题

在教学实践中,每位教师都会遇到比较棘手的问题,而这些问题,往往会因为教师教育教学理论的缺乏、教师之间缺少交流等诸多原因而很难得以解决。尽管教师会尝试去解决教学中困扰他们的问题,然而许多教学问题貌似简单实则复杂,往往不能凭借一己之力在短期内解决,因此许多问题会变成教学中 "习以为常" 的 "顽瘴痼疾",进而成为教师教学能力提升的绊脚石,严重影响教师教学能力的提升。因此,为新入职教师搭建交流平台、营造氛围,鼓励她们就教学中遇到的难题展开讨论,集思广益,积极探讨问题的解决之道,以防止这些问题发展成为教学中的顽疾,帮助他们铲平成长道路上的坎坎坷坷,为专业发展铺平道路。在第一轮行动中,学习共同体侧重于引导新入职教师去梳理和思考教学中遇到的难题,在集体学习环节将问题抛出来,让大家围绕问题展开讨论。教师们关注的问题主要聚焦 "学生的课堂参与度"。面对这一 "老大难" 问题,新入职教师碰到了两种极端情况:"有的学生很积极,有的学生怎么也调动不起来",但真正的问题在于 "有些学生上课很积极,甚至有些过于积极,但是学习效果又不怎么好"。

那么,如何做到在活跃课堂气氛的同时又保证教学质量? 对此,新入职教师们也有自己的对策。A 老师认为, "教师要设计好教学环节,让学生紧张起来。教师可以在课堂上留出部分时间,让学生在规定时间内完成某项作业,这样学生就会集中精力去完成任务,效果远远好于课外作业"。这一做法引起了大家的共鸣, "由于课堂教学时间紧,大部分教师会将作业留在课后,但学生作业完成的质量并不理想。在课堂上留出一定的测验或练习时间,不仅可以增强学生的参与意识,也可以提高学习效率"。对于学生上课注意力不集中的问题,E 老师采取的办法是 "没收学生的手机,让学生专注于学习"。她会要求学生将手机关机或置于讲台上,让他们远离手机信息的干扰,专心听讲，积极参与课堂活动。C 老师之前有过中学教学的经历，较之于 E 老师的直截了当，她的对策更加"委婉"一些："站在学生的角度设计教学，提升学生兴趣的同时增强学生的获得感。"在她看来，要抓住学生的心理特征和兴趣爱好，设置合理的教学活动，以引导和激发学生的学习热情。B 老师也是有经验的教师，她深知学生最关注的是成绩，所以她的"妙招"就是"将学生的课堂参与纳入形成性考核，激励学生参与课堂活动"。她认为，教师在明确课程教学相关要求时，要向学生详细解读考核成绩的具体组成，让学生知晓学习过程中的每个环节都会影响到成绩，尤其要强调课堂参与在总成绩中所占的比重。

"学生的参与度"是长久以来一直困扰教师们的一大难题，其影响因素复杂多变，需要在理论的指导下在实践中不断摸索方能得以改变，值得教师们在实践中反复琢磨和探究。在观察和听取了大家的讨论之后，L 院长提醒各位新入职教师："要改善课堂氛围，最重要的是教师要提高自身的教学能力，要通过各种途径吸引学生的注意力，而不仅仅是通过一些约束性措施来将学生的注意力强制性拉回课堂。"的确如此，由于教育理论和教学经验的缺乏，新入职教师在教学中容易出现目标不清晰、方法不灵活、讲解不深入、课堂管理松散等问题，难以激发学生的学习兴趣，影响教学效果和教师的自我效能感。为此，新入职教师需加强自主学习的同时积极向其他有经验的教师学习，有效整合教学内容、合理设计课堂活动、革新教学方法和手段，以增强课堂的互动性和吸引力，提升教学水平和教学效果。在职业发展的初期，可以采取各种各样的措施来引导学生积极参与课堂活动，但有些方法无法激发学生的学习兴趣，有时候会事与愿违，更是无法持久。卓越的教师会通过改变教学方法和策略，来吸引学生的注意力，激活学生的内驱力，让学生在掌握知识的同时，能够通过积极的思考和参与来提升自己的能力，如思维能力、应用能力和创新能力等。因此，新入职教师应努力从提升个人教学能力出发，通过个人的努力，营造良好的课堂气氛，让学生主动参与教学活动，约束性的措施仅可作为教学辅助手段，需持之以度。

（二）分享教学经验

本研究在推进的过程中，特别注重新老教师之间的交流学习。新老教师之间的互动交流，有助于教师在相互学习借鉴中实现共同成长。一方面，老教师的教学经验分享具有非常重要的意义，可以为新入职教师提供很好的指导和借鉴。老教师在这里工作了多年，有着丰富的教学经验，熟知学生学习的特点，也了解学校教学文化。其教学经验分享，可以让新入职教师深入了解和掌握学校文化的特点，帮助他们尽快适应环境、熟悉教学工作；有助于他们更好地理解学生和掌握教学技能，在教学工作中更加从容自信、更加高效；帮助他们更清晰地规划专业发展道路，减少其中的迷茫和挫折。另一方面，新入职教师拥有许多独特的优势和潜力，可以为教学改革和创新提供新的视角、为教育教学注入更多新鲜元素。在互动交流中，新入职教师可以在教学理念和方法方面为老教师带来更多启发，让他们重新审视自己的教学方式和方法，以保持教学的新鲜感和活力。

在本研究各阶段的经验分享中，梅老师和 L 院长都会根据新入职教师的具体需求，邀请优秀的老教师参与共同体的学习，助力新入职教师的成长和发展。应新入职教师们的要求，本轮行动研究邀请了 Y 老师为共同体成员分享自己的成长经历和教学经验。选择 Y 老师作为第一位分享经验的优秀教师，原因是多方面的，其中最重要的是 Y 老师是大家心目中的“优秀教师”。一方面，Y 老师自 2000 年入职以来一直坚守在教学一线，为教学投入了大量的时间和精力，教学经验丰富，教学效果良好，深得学生的爱戴，也赢得了各方的高度评价和一致认可。另一方面，Y 老师一直以来坚持做教学研究，积极参与各类教学改革项目和教学比赛，不断创新教学方式方法，有思考也有行动，取得了较好的成绩。此外，Y 老师目前是 X 学院负责科研工作的副院长，不仅关心 X 学院新入职教师的发展，也是本行动研究的大力支持者之一。在前期调研阶段，Y 老师对本研究给予了充分的肯定：“我们确实非常需要这样的学习共同体，新入职教师当然更是需要这样的组织和平台，如果有什么我个人能尽力的，我会全力以赴。”因此，Y 老师当之无愧地成了第一位应邀参加学习共同体经验分享的优秀教师。

　　Y老师比梅老师晚一年入职，她们有着类似的成长经历，对教师成长中各种支持和帮助的重要性深有体会。在经验分享过程中，Y老师结合自己的教学实践，从改变教学理念、激发学生潜力、用心挖掘教学素材、因材施教、革新教学方法、实施过程性评价等几个方面分享了自己的做法和经验。她认为："传统的'将备课工作做到极致，课堂上满堂灌、压着学生去学'的教学方式，会压制学生的天性，不利于学生的成长，也不能满足现代的学生需求。以教师为中心的传统教学方式已不适用于现代的课堂教学，教师要将主动权交给学生，要学会观察学生、理解学生，学会聆听和思考。新时代的教师要学会'以学生为中心，赋权学生，发掘学生潜力'，放手让学生积极参与教学。事实上，学生的能力还是很强的，只是我们总是觉得学生好像不行，怕他们不行，但是事实上如果我们发掘一下，他们是有能力去做得很好的。"如其所言，作为老师，要相信学生、鼓励学生、激发学生的潜力，让学生发挥主观能动性，通过自己的行动体悟学习的快乐，体验付出带来的成就感。信息时代，微课技术的开发、翻转课堂以及混合式教学模式的应用，为赋权学生、带动学生积极参与课堂活动创造了非常便利的条件。此外，正如L院长所言："新入职教师在教学方法创新上有着得天独厚的优势，他们接受新事物的能力和意识应该比其他教师要强一些。"新入职教师需充分发挥这些优势，不断更新教学理念，创新教学方法，以学生为中心开展各项教学活动。

　　Y老师特别强调对学生的关爱、责任和付出。她认为："作为老师，我们要静下心来去了解学生，这是良好教学的第一步。只有热爱教学、热爱学生，才能成为一位负责任的老师，才能愿意为学生付出时间和精力，才能从教学中得到幸福。"对教学的热爱是教师发展的永恒动力，教师应在职业生涯初期就对这份职业充满敬畏之心，并愿意为此奋斗终身。"教师更应该是学习者，应养成终身学习的意识，尤其是应养成思考和写作的习惯，去关注教学中的细节，从其中的某一点着手开展探究，日积月累，就可以从小的事情上做出大成绩。"在这里，Y老师强调了教师对学生的关注以及对教学的探究，这与本学习共同体所倡导的教学学术理念是完全一致的。

Y 老师在经验分享中所强调的尊重学生、关心学生、热爱教学、勤于思考和写作,对于新入职教师树立正确的教学理念和学术观念以及培养反思意识和写作意识都有很大的启发和激励作用。这些都是一位老教师结合自身的专业发展经历给新入职教师所讲的肺腑之言,都是她个人成长中积累的宝贵经验。在与新入职教师互动的环节,Y 老师语重心长地对她们说:"这是学院首次对新入职教师组建学习共同体,也是首次组织此类学习交流活动,一切都来之不易,大家要好好珍惜,积极参与,在互帮互助中实现共同发展。"这是一位学院领导对新入职教师的殷殷期望和谆谆嘱托。也许在现阶段新入职教师并不能深入体会这些经验、期待和嘱托,但这些都已是她们成长中的一部分,必将会对今后的成长产生一定的影响。对 Y 老师而言,她也觉得"很荣幸有机会和新入职教师集体面对面交流,她们的观点和想法也让我很受启发"。可见,新老教师之间的交流不仅是经验的单向传授,而且可以碰撞出思想的火花,激发各自的潜力,实现共同进步。

(三) 加强自主学习

前期需求调查显示,11 位新入职教师普遍缺乏相关的教育教学理论知识。因此,在学习活动伊始,学习共同体对教师知识相关的理论进行了简单的梳理,帮助教师们明晰了在完善自身知识结构方面应努力的方向。作为信息化时代的新入职教师,首先要明白教师应具备的基本知识及其构成,并以此为标准审视自身知识体系存在的不足,以便开展针对性的学习,不断更新和完善知识体系。整体来讲,各位新入职教师都具有较扎实的学科基础知识,但在这个信息日新月异的时代,教师更加需要养成终身学习的理念,做到与时俱进、紧跟学科前沿。教育教学理论是各位新入职教师普遍缺乏的,需在自主学习环节不断弥补。在信息素养方面,尽管新入职教师具有一定的优势,但如何让信息技术融入教学方法与技巧并为教学服务,还需各位教师在相关理论的指导下在教学实践中不断探索。

本阶段的自主学习赋予了各位新入职教师极大的自主权,引导她们学会审视自身的知识体系,查找其中的短板,积极开展自学,弥补不足。在学习共同体的统一安排下，新入职教师各自制定个性化的学习计划，充分利用闲暇时间，通过系统阅读、参加工作坊、线上线下教研活动等方式，不断提升自我专业知识、教育教学知识和信息素养。这部分任务的执行对教师的学习自主性是一大挑战，尤其是对于刚毕业就踏入工作岗位的教师而言，他们迫切期待改变一直以来埋头苦读的学生的样子，想在工作之余体验丰富多彩的生活，享受来之不易的"自由"。因此，要求新入职教师自主学习有一定的风险，但其潜在的引导和启发意义对于新入职教师而言也具有非常重要的价值。从被动逐步走向自觉是其个人发展的必经之路，尽管学生气未脱的他们依然需要不断的督促和提醒，但适度的自由也意味着更多的自主思考和决策。

除理论学习之外，"做中学"或"在实践中学习"是新入职教师的主要学习方式。新入职教师不仅在自己的教学实践中学习成长，而且通过观察其他教师的教学实践来学习和借鉴他人经验，促进自身的学习成长。在此环节，新入职教师在教学实践的基础上，需完成相应的听课任务，即旁听或观摩其他教师的教学并做好记录和反思，旨在学习和借鉴其他教师的有效教学经验，提升教学能力和教学效果。按照要求，每位教师需完成8课时的基本听课任务。在教师互相听课方面，X学院要求全体教师都开放课堂，随时欢迎其他教师前往听课、观摩，为教师们相互学习创造了良好的条件。K老师在分享听课心得时说道："每位教师都有其独特的教学风格，即使同样的内容，每位教师的授课方式都是不一样的，都可以给我很多的启发。"通过听课，新入职教师可以直观地学习借鉴他人的经验，拓宽视野，博采众长，并能在比较中反思和改进自己的教学，不断提高教学水平。

此外，新入职教师还参加了X学院的"青年教师过教学关"活动，与其他教师同台竞技，既锻炼了教学能力，也加强了与其他教师之间的教学交流，在观摩学习和对比反思中找差距，认识到了个人教学的优势和不足，明确了今后的努力方向。B老师和C老师入职前都有在其他学校的从教经验，因此是几位新入职教师中参赛比较积极的教师。入职前的教学经验，让她们在比赛方面更加自信和从容。相比较而言，其他几位老师在参赛方面都略显被动，但在X学院的统一安排下，她们都参加了本次比赛。由于本次比赛是正式的教学比赛，每位教师都做了精心的准备，以展现自己最好的一面，因此这一过程也是提升和检验教师教学能力的好机会，每一位参赛教师都会从中受益。正如 D 老师在分享参赛心得时所言，"参加讲课比赛很有挑战性，但在准备、演练和实战环节都有很大收获"。在反思"过教学关"的环节，新入职教师对"如何把握好教学内容的重点难点""创新教学方法""如何说课""提高学生的参与度"等进行了深入的分享和交流，剖析了自己在本次参赛中的优点与不足，取得了相互借鉴、取长补短的效果。

参加教学比赛非常有助于提升新入职教师的教学能力。在比赛准备阶段，新入职教师会精心设计教学，深入研读教学内容，在反复演练的基础上对每个教学环节精雕细琢，这是平日教学中很难做到的。这一过程会加深教师对教学的各个方面的领悟和体会。在比赛的过程中，教师的潜力会得以充分发挥，尤为重要的是，通过与其他教师同台竞技，新入职教师既可以借鉴和汲取他人的教学经验，也可以在对比中找差距，进而对自身教学有更加清晰的认识，更加准确把握教学中的问题和不足，并在学习借鉴的基础上更加有效地解决这些问题，弥补其中的不足。同时，随着实践经验的增长，新入职教师也能在比赛中体会到自己的进步和成长，收获一定的成就感、荣誉感和自信心。"台上一分钟，台下十年功。"经常活跃于各种教学比赛中的 B 老师和 C 老师，在本次比赛中也取得了优异的成绩。她们所取得的成绩不仅印证了她们的成长，也给了她们更多的自信和成长的动力，也为其他新入职教师树立了榜样。

三、对第一轮行动的总结与反思

万事开头难。第一轮行动在忐忑中开始，其间有踟蹰，有退缩，有坚守，也有惊喜。尽管在摸索中经历了多重困难和挫折，但在大家的共同努力下，各项学习活动都得以开展且取得了一定的成效。通过对教师集中活动的观察和对教师学期教学反思的分析，不难发现，教师们在本轮行动中努力改变自身的教学理念，尝试着去思考和解决教学实践中的问题。但这仅仅是一个开端，其中还存在着不少有待改进的地方。

(一) 教学理念有所转变，反思意识日趋增强

在本轮行动中，各位新入职教师努力通过各种途径完善知识体系、改进教学方法、提升教学能力、增强教学研究意识。A 老师在学期教学反思中写道："在本学期，从学院组织的新入职教师学习活动中，我学到了很多积极的理念和有效的教学方法；在自己的专业方面进行了一定的阅读，在线下和线上听了一些专家的学术讲座，还赴外地参加了教研会议，观摩了很多节示范课，也聆听了多场学术报告，对讲好一节课的要领和教学研究的方向有了更好的把握。"(RA210729) A 老师具有很强的自律性和进取心，尽管她是几位新入职教师中工作任务最繁重的一个，但在繁忙的工作之余，她仍然不忘努力提升自我。她虚心好学、积极进取，工作雷厉风行，在学习共同体的集体活动中，A 老师一直发挥着模范带头作用，在多数讨论场合总是第一个发言，而且发言很有思想深度，为推动共同体的发展发挥了重要作用。在学习共同体的驱动下，A 老师通过多种途径努力提升自我，为其他新入职教师树立了榜样，促成了共同体成员之间的良性竞争。通过本轮行动的集中学习，各位新入职教师在转变教学理念和反思教学实践方面都取得了一定的进步。

从"单边推进"走向"双向互动"。在集中学习环节，学习共同体反复强调"以学生为中心"的理念，引导新入职教师在教学设计、实施、评价等各个环节将目光聚焦于学生，关注学生的学习和健康成长。在此影响下，各位新入职教师在教学实践中逐步意识到学生在教学中的重要地位。J 老师在反思本轮行动时提到："入职近一年了，我也逐渐意识到在教学中教师的教只是一方面，更重要的是学生的学。"(RJ210731) 在对这一理念认识的基础之上，新入职教师们打算在今后的教学中予以贯彻实施，如"进一步创新教学方法，以学生为主体，激发学生学习自主性和积极性"、(RA210816)"尝试改变以往的上课模式，充分发挥学生的主观能动性，提高学生的学习兴趣和能力"、(RB210719) "加强对学生学习方法的指导，培养学生的学习积极性和自主学习的能力，使学生养成良好的学习习惯"(RH210731) 等。有个别教师已经在教学实践中践行"以学生为中心"的理念，如 A 老师在教学中"秉承把

课堂交给学生的理念，运用各种教学方法，充分调动学生学习积极性"
（RA210816）。这些构想和实践，有助于教师将注意力从自身的教学逐步拉回
到学生的成长之上，让教师能够摆脱"灌输式"和"表演式"教学的束缚，
脚踏实地开展真正意义上的"一切以学生为中心"的教学工作。

"教"与"学"是相互依存、密不可分的整体，教师只有在"教"的同时
充分关注"学"，才能促成二者之间的互动生成，将二者合二为一，实现师生
的共同成长。"在今后的教学中应更多思考如何做到兼顾教学任务和学生的
接受能力。加强与学生间的沟通与交流，及时听取学生反馈，并根据学生实
际接受情况及时调整教学方法。"H老师学期教学反思中的这番话，道出了新
入职教师在平衡"教"与"学"中顾此失彼的现象，在二者的取舍方面，往
往仅会顾及教师的教而忽略学生的学。在教师发展的不同阶段，"好的教学"
被赋予了不同的蕴意。对于初入职场的教师而言，这也许仅仅意味着能够顺
畅地完成既定的教学任务，但随着教师自身能力和素养的提升，其蕴意也得
以不断丰富和拓展，教师对自身教学的要求会越来越高，最终实现与学生紧
密合作，共同促成知识的生成和建构、实现师生的共同成长。

从"简单回顾"走向"积极反思"。回顾和反思都是对过去的思考和总
结，但二者之间存在明显的差异。回顾是一种事后总结和梳理的过程，重在
回忆，目的是记录和回想过去的经历，以便为未来的行动或类似情况作出准
备。反思则是一种更深层次的思考过程，关注对经验价值的理解，通过对经
验进行总结，查找其中的问题与不足，并积极寻找和采取应对措施，以逐步
推进学习和成长。波斯纳 （G.J.Posner） 的教师成长公式表明，经验和反思
的良性互动是促成教师成长的主要路径，没有反思就无法实现真正意义上的
成长和发展。对于教师而言，对教学的回顾有助于总结和积累经验，但对于
创新教学方法、改进教学实践、促进个人成长而言还远远不够。教师需在教
学实践中深入反思，为持续改进教学和不断提升自我提供可能。教学反思是
教师对教学的自我评估，有助于教师以开放的心态对待教学实践，客观认识
其中的优点与不足，并乐意为改进教学实践而不断努力。在此过程中，教师
会更加深入地理解教学、不断革新教学方法和手段、努力提升自我，以改进

教学实践、促进专业发展。

　　引导和鼓励新入职教师加强反思意识，尝试对教学实践进行反思，可以让新入职教师养成反思的习惯，避免教学中出现"反而不思""思而不反"以至于教学和个人发展停滞不前的现象。如前文所提，新入职教师起初对"反思"的理解更多的是"回顾"，更多的是对经验的总结，但缺少对实践和自我的深度剖析和持续改进。在本轮行动中，新入职教师能够在学习共同体的指引下，有意识地尝试反观自身的教学，对其中的"课堂管理""学生学习""教学方法""教学内容""与学生的沟通""教学评价"等问题进行逐步深入的思考，并能在集体学习活动中分享交流，以寻求改变现状的措施。这种对于常见教学问题的集体探讨，可以让新入职教师能够更加认真地观察、回顾和思考教学实践，理性对待其中的问题与不足并积极思考和寻求对策，不仅有助于加深对教学的理解和认识，也有助于扭转教学"私有化"的状况，让教师在相互学习和借鉴中实现个人和集体的共同成长。

　　对于教学实践中存在的问题，新入职教师已渐渐能够做到从理论和实践两个层面去积极寻求帮助，探求有效的解决策略和改进路径，这相对于当初的"简单回顾"来说已是一大进步。比如，对于教学中遇到的问题，I老师会在繁忙的工作之余，多途径积极探索问题的解决之道。她在学期教学反思中这样写道："对于教学中比较棘手的问题，也会去查阅相关的文献、积极向有经验的教师请教、与其他新入职教师一起讨论，尽力去寻找解决问题的方法。有的方法是有效的，但有的方法作用并不明显，这可能是因为我们面对的学生不同的缘故。"（RI210730）尽管在起始阶段，新入职教师无论是在理论水平还是实践经验方面都有所欠缺，也许她们的努力并不会取得明显的成效，但能够意识到这些问题并乐意花心思去应对它们，这是解决问题的前提和基础，也是教学反思的开端，故而对教师的反思能力以及整体教学学术能力的提升、教师个人的发展都具有重要意义。

（二）行动初期的忙乱、被动观望与忐忑不安

　　作为整个研究的探索阶段，本轮行动在推进过程中遇到了诸多困难，主

要体现在共同体成员的参与意识、集中学习活动的时间安排以及专业引领三个方面。

1. "驳杂事务"中的时间管理之困

在本轮行动的开展过程中,无论是集中学习还是自主学习,时间都是最大的障碍。按照规定,X 学院所在的高校每周二下午不安排任何课程,以便开展各种其他集体性活动,因此学习共同体的各项集体学习活动多安排在这一时段。然而,每次在落实具体时间的时候,L 院长和梅老师总是很纠结,因为她们既要考虑各位参与者的空余时间,也要考虑学院其他的活动安排,更重要的是要考虑如何让每次活动都能开展得有意义,让教师们都能从中受益。即便如此,在工作实践中,也常会出现各种活动扎堆的现象,各种临时性的事务往往会打乱既定的计划。而新入职教师学习共同体作为一个"新生"事物,参与的人员又相对较少,因此总会在出现时间冲突的时候让位于其他集体性的活动。如果临时调整共同体的学习计划,一方面对于那些专门调整好时间来参加学习的教师成员来说有失公平,不利于激发其积极性;另一方面,调整后的学习活动可能还会继续受到其他事务的反复干扰,影响共同体成员对活动本身重要性的认识和理解。

由于此前 X 学院新入职教师并没有此类集中学习,目前所开展的学习活动,对全体参与者而言都是新生任务,加上教师们的工作任务相对繁重且教学时段各不相同,要找出共同的空闲时段来安排集体学习并非易事。各项工作任务的交织,使共同体成员很难投入学习活动。尽管本轮行动中集中学习的次数也就区区五次,但每一次安排都让组织者煞费苦心。各种协调、变动、调整,让每一位参与者的心理都经历各种波折,或多或少影响到了大家的参与热情和学习动机。有时候一次活动会因为时间问题一推再推,对参与者的情绪和期待都产生了消极的影响,对 L 院长和梅老师都造成了很大的困扰。为此,X 学院各部门之间需以学院的整体发展为共同目标,建立良好的沟通机制、明确任务分工、加强时间管理、提高工作效率,以实现学院各方面的协调发展。

此外,对于刚刚步入职场的新入职教师来说,妥善处理学习与工作之间的关系也是一大挑战。一方面，她们刚刚摆脱学业的压力，对学习或多或少会有一定的自满和厌倦心理，终身学习的理念难以持续。从学生到教师这一角色的转换，让新入职教师不得不面对职场中的各种压力以及期望值与现实之间的落差，其自信心和进取心往往会在一定程度上受挫，学习的动力也会大大削弱。另一方面，快节奏的工作和生活，要求人们学会合理利用碎片化的时间提升自我，否则就会置身于被动发展的窘境。而处于生活转折期的新入职教师，无论是自律能力还是时间管理能力都有待提高。目前，她们主要关注的还是站稳讲台，对职业的长远发展考虑不多。而事实上，工作和学习是对立统一的，对时间和精力的竞争是导致其对立关系的主要因素，而平衡二者关系可以实现它们之间的良性互动和共同发展。时间管理中的"要事优先法则"表明，共同体成员的终身学习意识及其对共同体学习活动的认识都有待提高。那么，如何提升新入职教师的终身学习意识，在态度上能够更加重视此类活动，并能主动参与各项活动，是共同体组织者和促进者必须认真反思的问题。

2. 从"旁观者"到"参与者"的转变之难

由于共同体成员分属不同的专业、系（部），面对这种全新的学习形式，新入职教师们一开始表现得比较拘束，在集体学习活动中比较沉默，基本上不主动发言和交流，即使轮到发言时也显得格外紧张，往往是寥寥数语就草草了结。作为学习共同体的主要成员，新入职教师整体上在本轮行动的集中学习活动中表现得比较被动、参与意识不强，并未能表现出学习共同体以及行动研究所倡导的"民主""平等""奉献"等精神。究其原因，主要有教师的角色定位、对此类活动的态度以及学习活动本身的吸引力三个方面。

首先，"新入职教师"这一身份标签，让她们无论在自信、知识还是地位方面都处于相对劣势，让她们习惯于做被动的听众和受训者，在主观上不会主动争取发言的机会和权利，也因此缺乏了学习共同体所期待的积极主动性。由于本轮行动是学习共同体学习活动的开端，教师们对此类活动形式比较陌生，对于主动参与和自由交流持有戒备之心，对自己的发言内容缺乏自信，对他人的发言也不轻易发表任何评论，"沉默"成了一种最安全的选择。

这跟新入职教师平日在教研活动中缺少交流发言的机会有关，因为即使是在基层教学组织开展的教学活动中，她们往往扮演的是"学习者"和"倾听者"的角色，很少能在集体活动中表达自己的观点。也正是因为这些原因，新入职教师们比较习惯以"旁观者"的身份参与各项集体活动。然而，在学习共同体的集体活动中，她们被置于一个完全不同的情境之中，在这里，新入职教师需要事先准备好分享和讨论的问题，且在现场要围绕问题引导集体开展讨论，而要适应这一转变，她们需要一定的时间和锻炼。此外，她们起初的犹豫不决，也是缺乏专业自信的表现，或是对自己的问题有所顾虑，担心自己的问题并不是"大问题"，不值得进一步讨论，或是担心对问题表述不清或思考不深。

其次，入职初期各项繁杂的工作任务可能让新入职教师身心疲惫，在面对这些"新添的"学习任务时，难免会产生轻微的排斥心理。尽管在本学习共同体建立之时，11 位新入职教师中有 7 位已入职三个学期有余，其他 4 位也已进入教学生涯的第二学期，严格意义上已经适应了大学的教学环境。然而，繁杂的教学任务、基层教学管理工作、班主任工作等，依然让新入职教师处于"连轴转"的状态，缺少了静下心来思考的时间和精力。为此，当初在谈及个人自主学习计划时，新入职教师们表现出的沉默，透露出了一些茫然、焦虑和抵触的气息。在后来的集中学习环节中，新入职教师们表现出来的与年龄不相符的疲惫和消沉，也让人心生怜悯和感慨。在自由交流环节中，也出现了准备不充分、思考不深入的问题，如问题意识不强，抛出的问题过于泛化，很难引起其他成员的兴趣；对问题的理解和分析也仅仅停留在表象的描述，无法触及问题的核心，很难激发对问题的深入探讨等。学习共同体的健康发展，离不开各个成员的积极支持和踊跃参与，成员之间的协作共享和主动贡献是实现个体和共同体整体发展的基本保障和活水源头。

再次，从另一个角度看，上述这些现象也折射出共同体的学习活动对教师成员的约束性和吸引力有待提高，需要进一步了解成员的内在发展需要，使活动内容更加丰富，形式更加多变。在学习共同体的组建过程中，为了体现应有的"民主"和"公平"，也为了培养新入职教师的自觉性和自律性，尽管 X 学院要求全体新入职教师必须参加各种学习活动，但共同体内部没有制定相关的制度，也没有将其与相关的考核挂钩。同时，也是为了遵循成人学习的规律，X 学院希望新入职教师都能逐步养成自主学习和终身学习的习惯，能够在个人的专业发展中表现出应有的责任心和主动性。总体来看，以 A 老师为代表的几位新入职教师，不仅能积极参与共同体的各项活动，而且能在关键时候发挥主人翁精神和模范带头作用，为活动的有效开展建言献策、以实际行动推动各项活动向前发展。然而，大多数存在被动等待、盲目从众的现象，其积极主动性尚有待提高，甚至有个别教师表现出疏于准备、被动参与甚至消极抗拒的现象。在对"自由"和"纪律"的权衡方面，学习共同体选择了前者，对教师的一些不理想的表现采取了包容态度，期待她们能够在相互学习借鉴中逐渐转变思想意识，积极投身于共同体的建设和发展中，以实现个人和集体的共同发展。学习型组织的活力来自学校的文化氛围、激励机制以及教师个体的自觉自愿，其中后者是最重要和最持久的驱动力。如何提升各项活动的质量和吸引力，让新入职教师能够认可共同体各项学习活动的重要性，能够更加积极主动地参与各项学习活动且能学有所获？这些都是学习共同体今后应着力思考和解决的问题。

3. 踯躅前行的引领者

梅老师作为本研究的引领者和促进者，自本研究开始之前就有各种担忧。在她的学术日记中，记载着她在引领共同体学习时的担心和疑虑："凭借自身并不完备的专业知识，我是否能清晰地阐明心里所构想的'宏伟目标'，能否让大家体会到组建这一新入职教师学习共同体的初心和使命，能否打造切实可行又有实效的学习方案来吸引大家积极参与各项活动进而达到既定的目的？（PR20210306）本来，她只想做一个参与者和研究者，后来当 X 学院将这项任务交给她负责时，她一下子感觉到肩上的担子重了。那一刻，她既兴奋又担心，兴奋的是 X 学院对她的信任，担心的是个人的能力。毕竟自己也还在学习摸索阶段，能否如愿推进这项工作，达到预期的目的，就成了经常萦绕在她脑海中的一大问题。在第一轮行动中，由于对个人专业知识、教育理念、领导能力等各方面的不自信，梅老师在方案的制定、执行等方面不时表现出忐忑、担忧、焦虑,缺乏引领者应有的自信、定力和毅力。

新入职教师教学学术能力的提升工作是 X 学院一项全新的尝试,可供参考和借鉴的经验少。尽管前期对新入职教师学习共同体这一新生事物所面临的困难有所预料,但在真正运作环节还是出现了许多新的问题,其中最大的困难就是 X 学院在教师发展方面的积淀太少,对共同体成员的参与意识、参与动机和积极主动性都造成了无形的影响。对于这样的新生事物,需要一个比较漫长的认识和接受过程。也是在各种焦虑和担心的驱使下,梅老师对各种可预见的问题作了充分的思想准备,为了减轻各方的压力,让大家逐步适应此类活动,梅老师选择以一种极其轻松的漫谈式交流开启共同体的学习活动。即便如此,新入职教师在开始阶段均表现得亦步亦趋,这不禁让梅老师对行动的价值和意义产生了怀疑,起初的满腔热情也曾一度严重受挫。为此,梅老师积极调整状态,主动与新入职教师沟通交流,在集体学习中尽力激发其主动性,让她们逐渐放下了拘束和戒备。在她的努力下,讨论环节逐渐有了主动参与,时而也会有热烈的掌声和欢声笑语。

在学习共同体组建初期,由于梅老师教育理论储备不足、对团队成员发展需求的了解不够透彻以及相关专业知识尚有欠缺,在活动计划的安排以及执行方面存在瞻前顾后、犹豫不决的现象,甚至在遇到挫折时容易气馁。新入职教师教学学术能力提升行动是一种新的尝试和探索,其中的不确定性难免会影响活动的深入开展。尽管 X 学院对此项活动有着较高的期待,坚信这将是一件有益于所有参与者和学院的行动,但在一切付诸实施之前甚至在实施过程中,各种焦虑和担忧犹如暗流涌动,不时地冲击着梅老师的意志。曾有一次,L 院长费尽心思协调好共同体集中学习活动时段,但新入职教师们又被临时通知去参加班主任会议,不得已再次作出调整,谁知后来又不时有成员因各种原因请假,无奈那次活动推迟一周才得以开展。梅老师看在眼里,急在心里,心情也随之起伏不定。好在每次在临近绝望的时候,在 X 学院领导尤其是 L 院长的鼓励和支持下,事情都能得以顺利解决,而且每次集中学习活动中新入职教师的参与热情以及活动的开展情况往往比预期的要好很多。尽管存在各种困难和担忧,学习共同体的集中学习计划都得以落实且取得了一定成效，但如果梅老师在整个过程中有更多的自信心、领导力和执行力，学习活动的开展可能会更加顺畅和高效。要做到这些，引领者梅老师需要不断加强学习，不断提升个人能力和素质，尤其是对教学学术能力提升、学习共同体发展以及领导力建设等方面的理解和应用。

（三）需激发热情，强化时间管理与组织引领

结合第一轮行动中的成长与困惑，学习共同体通过线上会议的方式，共同商议行动的改进思路。临近期末，各位教师成员已完成所有的教学任务，加之是线上交流，整个讨论在相对轻松的气氛中进行。梅老师对本轮行动进行了简单的总结，引导大家对今后的行动集思广益。各位新入职教师紧紧围绕第一轮行动中的不足和个人的感悟，你一言我一语，在反思和讨论中逐渐形成了行动的改进思路。通过对本轮行动中主要问题的剖析，大家一致认为，在接下来的学习活动中，学习共同体需注意激发教师成员的积极主动性，提高其参与意识和参与度，鼓励各位教师成员在共同体中发挥主观能动性，为个人的成长和共同体的成长贡献自己的力量；学习共同体需加强统筹协调，减少各项工作的时间冲突，教师成员也需提升时间管理能力，强化碎片化学习、合理安排和利用时间，提升工作和学习效率；共同体的引领者和促进者需强化理论学习和领导力建设，不断提升自我，以更好地引领共同体的发展。

第一，要调动共同体成员的主动性和积极性，通过明晰的学习任务逐步提升参与热情和参与度。首先，要加大引导和鼓励，逐步"放权"，赋权新入职教师，让新入职教师充分意识到学习共同体的意义以及共同体成员的责任和义务，引导她们能够发挥主人翁精神，主动地参与到活动的各个环节中去，并通过实际行动来体会个体在共同体学习中的作用和影响，提升参与感、归属感和成就感。其次，更加科学、合理地规划学习内容，增强共同体学习活动的吸引力。随着行动的逐步深入开展，学习共同体的集中学习将逐步深化，这对学习内容及其安排提出了更高的要求。共同体需在深入了解各位成员需求的基础上，结合 X 学院的发展要求以及本研究的目的，制定切实可行的学习计划，确保学习的趣味性和有效性。再次，要进一步明晰每次学习活动的

具体内容和任务分工,让成员们能提前为交流分享做好充分准备。由于本轮行动的集体学习活动以讨论教师教学中的问题为中心,旨在引导新入职教师改变教学理念,学会关注学生的学习,善于发现其中的问题并积极思考和探究,尽管集中学习的主题明确,但具体内容相对灵活。也正是因为这个原因,教师成员所关注的教学问题各不相同,加之教育理论储备不足,集体讨论仅停留在表面,无法深入问题的核心。因此,明确每次学习活动的具体内容,让共同体成员有备而来,不仅可以让她们在准备过程中丰富相关知识,而且可以提高交流的质量和效果。

第二,为保障学习活动如期顺利开展,强化时间管理非常重要。首先,通过 L 院长,加强与学院层面的沟通,尽量争取每一位成员都能按时参加集中学习。为避免过多的时间冲突,要根据新入职教师授课时段,选择其他空余时段开展活动,避开活动密集的每周二下午这一时段。与此同时,要通过各种途径争取学院层面对学习共同体活动更多的支持,强化新入职教师的纪律性和自觉性。其次,要引导新入职教师学会管理时间,张弛有度,有效平衡好生活、工作、学习之间的关系。时间管理能力强的人,往往会有很强的时间观念,会妥善安排好工作和生活中的各种事项,即使面对繁杂的工作任务,也会表现得不慌不忙,可以有条不紊地按计划处理好每件事情。恰恰相反,不会打理时间的人,即使任务不多,也会觉得碌碌无为,最终因为缺乏合理的计划和安排,致使所有的任务都草草而终。再次,在加强共同体的凝聚力和感召力的同时,要在学习共同体内部强调纪律性和主动性。在开展各项集中学习的过程中,强化共同体愿景的凝聚力和引领作用,赋权新入职教师,增强其归属感,提升其主动性;通过精心设计学习内容和学习方式,让新入职教师能够体会到此类活动对个人发展的意义,进而能够积极主动地投入各类学习活动中去。

第三,作为本学习共同体的引领者和促进者,梅老师要不断提升自身的理论水平和领导力,结合共同体成员的需求和 X 学院的发展规划为学习共同体制订合理可行的学习计划,深化新入职教师对教学学术的认识,尤其是引导她们养成终身学习和反思教学实践的习惯。加强教育教学、组织管理等相关理论学习，不仅可以深化自身对教学学术和学习共同体的理解、增强学术自信，而且可以更好地引领学习共同体的发展，提升成员对教学学术的认知水平，更好地促进教学学术能力的提升。实践表明，各位新入职教师对教学学术的认识还有待深化。C老师在一次聊天中这样说道："总是很忙，自己上研究生时的研究领域也没有去关注，感觉没有精力去了解'教学学术'这一新的领域。"在各位新入职教师的眼里，教学学术是一个全新的领域，是一个距离自己很远、很是生疏的一个概念，殊不知这是所有教学型教师理应关注的一个领域，它就在教学实践中而且应该贯穿教师的整个教学生涯，然而许多人对此却视而不见或望而生畏。这种认识就像一张无形的网，横亘在教师和教学之间，挡住了教师深入探究教学的视线，阻止了教师教学学术能力的提升。许多新入职教师对"学术"的理解依然停留在传统"科学研究"，对教学学术或多或少有些漠视。因此，在今后的学习活动中，要不断强化教学学术理念，提升新入职教师对其重要性和必要性的认识，并能在此理念的指导下在实践中不断尝试开展教学学术研究。要做到这些，梅老师的个人理论素养以及领导能力至关重要，因为引领者的理论素养决定着共同体学习活动的品质和内涵，而其领导力则直接决定着活动开展的效率和深度。

经过第一轮行动的摸索和适应，各位共同体成员对学习共同体和教学学术能力有了一定的认识，并且在这个过程中逐渐体会到了学习共同体各项活动给个人成长所带来的变化。通过学习共同体这一交流平台，她们可以充分表达个人的观点、反思个人的教学、与同伴们共同商讨教学中的棘手问题、向有经验的教师学习请教，成长的道路上从此有了更多的陪伴和支持。对于接下来的学习活动，她们也是满怀期待，期待在教学学术能力方面有更大的提升。但是，她们的教学能力还有待提升，尚不具备必要的教育教学知识体系，特别是有关开展教学学术研究的知识体系，她们的反思意识和反思能力也有待进一步加强。而这些，都是教师教学学术能力的重要组成部分。因此，在下一轮行动中，学习共同体要把完善教师的知识结构、形成系统化的知识体系以及提升教师的反思能力作为重中之重。

第四章　第二轮行动：完善知识体系，提升反思能力

　　在第一轮行动中，学习共同体在转变教学理念和培养教师的反思意识方面进行了积极的引导，取得了一定的成效，各位新入职教师更加重视学生在教学中的中心地位并在教学中逐步将目光转向学生，也更加留意教学实践中的各种问题且能从不同渠道寻求问题的解决方法。但在整轮行动中，成员的参与意识较弱、时间冲突较大，对各项活动的深入开展造成了很大的障碍，致使新入职教师无论在自主学习环节还是集体学习环节都投入不足，教师个人和学习共同体的成长发展都与预期的要求和目的有一定的差距。其中最明显的问题包括：由于时间问题，教师自主学习几乎很难落到实处；在集中学习中，新入职教师的教学反思意识得到了一定的锻炼和提升，但因教育教学理论的缺失，教学反思很难深入，大部分仅停留在简单的现象描述层面。为此，依据教学学术能力的四大构成维度，第二轮行动在整体促进教学学术能力提升的基础上，将侧重于教师知识体系的完善及其教学反思能力的培养。

一、以阅读与反思为抓手改进行动方案

　　基于对第一轮行动的总结和反思，学习共同体在进一步明晰新入职教师知识体系以及了解其反思能力的基础上，经过反复协商讨论，形成了第二轮行动的具体方案。

（一）新入职教师的知识结构

教师的知识结构是非常复杂的，包含本体性知识（学科知识）、条件性知识（教育专业知识）和情境性知识，各种知识之间有着千丝万缕的联系。[1]随着时代的变迁，教师的知识以及人们对它的理解和认识，都一直处于动态发展和不断丰富之中，经历了单一学科知识、教学法知识与学科知识的结合、学科教学知识（PCK）的动态演变过程。当今这个日新月异的信息时代，更是为舒尔曼所提出 PCK 赋予了新的内容，使其演化为集教师的教育理论知识、学科知识以及技术知识于一体的整合技术的学科教学知识(TPACK)。本研究中的新入职教师均在近年来完成了硕士或博士阶段的专业学习，因此具有相对扎实的学科专业知识和一定的信息素养，但普遍缺乏教育教学理论知识。教育教学理论知识作为人们长期以来凝练的理性知识，是教育实践智慧的结晶，反映了教育活动背后的必然联系，有助于人们正确认识教育现象、解释教育现象、合理开展教育实践、预测教育发展动向、掌握教育规律等。只有掌握必要的教育教学理论知识，教师才能合理解释和预测教育教学实践中的各类现象，这对教师教学学术能力的提升而言至关重要。

遗憾的是，共同体中个别教师在本科阶段接触过一定的教育教学理论知识，但在后续的研究生学习期间，并未涉猎相关的教育理论学习或教学实践。除此之外，由于缺乏教学经验和教育理论，新入职教师很难做到各种知识的有机融合。信息时代，教师的技术知识，即信息素养，已成为不可回避的话题，虽然作为数字土著的新入职教师在这方面有着得天独厚的优势，然而，将技术有效融入教学意味着教师能够将信息技术运用于教学实践，为有效开展教学提供服务和保障。这不仅要求教师掌握相应的信息技术，更重要的是要实现观念上的改变，在一定的教育理论指导之下技术才能有效服务于教学实践。正如皮尔森（Pierson，M.E）所言："除非教师将技术视为学习过程中不可或缺的组成部分，否则技术将游离于教师教学的边缘，而真正的融合是

---

[1]　高玲.教师反思能力发展特点的研究[J].教育理论与实践,2007(9):45—48.

教师知识不同部分的有机交融。"①教师要掌握教育教学理论，有机融合各类
知识，除了在教学实践中不断积累经验，还必须有针对性地进行阅读，提升
自身的理论修养。在本轮行动的读书分享环节，新入职教师将分享和讨论指
定的理论学习内容，在一定程度上弥补教育教学理论知识方面的不足。由于
集中学习次数有限，读书分享活动更重要的目的在于引导新入职教师树立终
身学习的理念、积极开展自主学习。

（二）新入职教师的教学反思能力

本轮行动将进一步强调对教学问题的深入反思，并具体通过撰写和分享
教学反思日记的方式来提高反思水平，提升反思深度。如前所述，反思能力
是教师教学学术能力提升的主要着力点。教师反思能力的提升要求教师具备
开放合作的心态，善于观察教学实践，能够正视自己教学中的不足，虚心听
取他人的批评和建议，乐于采取措施不断改善教学实践。在第一轮行动中，
共同体致力于教师反思意识的培养，让新入职教师能够意识到教学是一项
"遗憾的艺术"，不存在完美无瑕的教学，但教学是可以不断改进的，在这一
过程中教学反思扮演着非常重要的角色。在共同体的引导和鼓励下，新入职
教师尝试着去客观、理性地审视自己的教学实践，对其中存在的问题进行思
考并在集中学习环节予以描述和讨论。学习共同体对教学实践中存在问题的
讨论，增强了新入职教师的教学反思意识，但她们对问题的认识和剖析还不
够深入，解决问题的对策缺乏理论依据、主观性较强、收效甚微或难以持久。

在教学实践中，教师都会有反思行为，但是只有系统的反思行为才能有
助于教师的成长和发展。埃利斯等（Ellis，S.et al.）指出，系统的反思是一种
结构化的过程，包括分析以往行为、评价工作表现、明确行为利弊、制订改
善计划。②为了帮助人们有效反思、提升反思能力，学者们提出了不同的反思
模型，包括前文所提到的舍恩的"行动前反思—行动中反思"模型、科尔布

---

① Pierson，M.E.Technology integration practice as a function of pedagogical expertise[J].Journal of Research on Computing in Education，2001（4）：413—430.

② Ellis，S.et al.Systematic Reflection：Implications for Learning from Failures and Successes[J].Current Directions in Psychological Science，2014（1）：67—72.

（Kolb，D.）的"教学体验—反思观察—抽象概念化—积极实验"体验学习模型①、吉布斯（Gibbs，G.）的"描述—感想—评价—分析—结论—计划"循环反思模型②等。其中，吉布斯的循环反思模型更加全面，对教师个体的教学反思有着重要的指导意义。这一模型表明，系统的教学反思包含对教学问题的详细描述、回顾当初的想法和感受、评价教学中的优点和不足、基于文献和理论开展理性分析、得出科学的结论、制订可行的行动计划。整个反思过程从问题描述和主观感受逐步走向客观分析和理性思考，最终实现理论和实践的对话，即通过实践丰富理论、通过理论改进实践。

对于新入职教师而言，每一次教学实践都是一次新的尝试，每一次尝试犹如一次小小的探险，其中必有惊喜和困惑，而这些都是教师反思的触发器。相比较而言，新的体验会带给人们更多的感受，引发更多的思考。也就是说，入职阶段的教学经历为教师提供了很好的教学反思的机遇和素材，是教师锻炼反思能力的良好时机。但初入教坛的她们，即使在第一轮行动中教学反思意识有所提升，但其教学反思能力仍有待唤醒和培养。由于时间等原因，她们对教学所谓的反思可能只会是在脑海中一闪而过，不留下任何的痕迹，很难深入上述的"观察""评价""计划"等环节，更多的只是浅表的感受而已，与真正意义上的教学反思还有一定的差距。真正的教学反思不仅需要时间的投入，而且需要敏锐的眼光、理性的分析和反复的实践，而这些，都需要在日常工作中不断地学习、培养和积累。

（三）第二轮行动方案

在进一步了解和认识新入职教师的知识体系和反思能力现状的基础上，共同体形成了第二轮行动的初步方案。初步方案主要由梅老师负责拟定，然后在共同体内部进行商讨。各位成员对初步计划比较赞同，但在讨论到每周需撰写并在 QQ 交流平台提交一篇教学反思日记时，现场陷入了一片静寂，

---

① Kolb，D. Experiential learning[M].New Jersey：Prentice Hall，1984.
② Gibbs，G.Learning by Doing：A Guide to Teaching and Learning[M].London：Further Educational U-nit，1998.

空气在那一刻似乎突然凝固,梅老师感觉出大家对这一安排有些诧异,甚至或多或少有些担忧和抵触,但是她们并没有提出任何异议,而是依然习惯性地选择了接受。为了消除大家的疑虑,梅老师借机再次强调了撰写和分享教学反思日记的重要意义。在集体商讨的基础上,共同体对初步方案做了细微的调整,补充了教学经验分享环节和教师的教学反思反馈环节,最终形成了第二轮行动方案(见表4-1)。

　　较之于第一轮行动方案,本轮行动方案的内容更加具体、分工更加明晰,以避免第一轮行动中出现的因任务不够明确而导致的教师准备不充分、讨论

表 4-1　第二轮行动方案

目 的	完善教师知识体系:通过学习共同体读书分享活动,分享指定学习内容和心得,引导新入职教师不断完善个人知识体系,弥补教育理论知识的不足,以便能够深入了解教学问题的来龙去脉、更加理性地分析问题、找到更加合理解决问题的路径,并针对问题开展学术探究。			
	提升教师反思能力:鼓励教师积极反思教学实践,定期撰写、分享教学反思日记,通过写作来促进对教学的反思,通过分享来提升教师的交流意识。这一活动以教学反思为载体,集教师的观念、知识、反思、交流于一体,可以为全面地提升教师的教学学术能力奠定基础。			
内 容	形式	时间(暂定)	学习内容	负责人
	集 中 学 习	2021.09.15	读书分享:《给大学新教员的建议》中编(9—13章)(上编前八章 在第一轮行动末已由梅老师示范领读)	K 老师
		2021.10.11	读书分享:《给大学新教员的建议》中编(14—18章)	J 老师
		2021.10.29	读书分享:《给大学新教员的建议》下编	S 老师
		2021.11.22	优秀教师经验分享	L 院长
		2021.12.16	教学反思日记集中反馈	梅老师
	自 主 学 习	1.综合考虑共同体所推荐的学习内容以及个人需求,选择适切的自主学习内容,弥补知识体系的短板和不足,除了更新专业知识和提高信息素养之外,力争在教育理论知识方面取得更大的进步。		
		2.积极开展教学反思,在本轮行动开展期间,每人每周在QQ交流平台分享一篇教学反思日记,相互学习借鉴,不断提高教学反思的深度,努力寻求教学实践和理论之间的对话。		

不深入等现象。一方面，本轮行动方案对共同体的集中学习内容做了详尽的安排，赋予了新入职教师更多的责任和权利。新入职教师除了负责读书分享活动，还承担了多次集中学习的组织工作，进一步增强了参与感、责任感和归属感。另一方面，本轮行动方案将教学反思纳入新入职教师的自主学习环节，旨在督促和引导新入职教师养成撰写、分享教学反思的习惯，有助于在提升反思能力的同时培养其自觉性和自律性。

1. 通过阅读分享来引导教师完善知识体系

鉴于第一轮行动中在落实教师自主学习方面所存在的困难，本轮行动在集中学习环节安排了读书分享活动，聚焦相关的理论学习，以引导新入职教师加强自主学习，逐步丰富和完善自身知识体系。第一轮行动在自主学习方面给予了新入职教师很大的自由，目的是让大家根据自身需求选择个性化的学习素材，提升终身学习意识，同时也是为了缓解压力和焦虑。但结果表明，部分成员在自主学习方面存在"时间紧、自律性不足"等问题，学习推进困难。加之新入职教师在分析、讨论教学问题中难以深入，提升教育教学理论水平迫在眉睫。结合第一轮行动中存在的问题以及本研究的目的，学习共同体在本轮行动中拟通过自主学习和读书分享活动来带领共同体成员不断补充教育教学知识，其中读书分享活动的目的是为教师自主学习指引道路，帮助新入职教师养成自主学习的习惯。为此，在本轮行动中，学习共同体专门选定的教育教学理论方面的学习内容，引导教师们丰富相关的理论知识，为教学实践提供一定的指引和帮助。

通过广泛查阅新入职教师培养方面的资料，借鉴相关经验，学习共同体最终选定了三本必读书目，包括《给大学新教员的建议》①、《如何成为卓越的大学教师》②、《教学机智》③。这三本书分别反映教师不同发展阶段的诉求，学习共同体建议教师们按照先后顺序认真学习领悟。其中，《给大学新教员的

---

① ［美］罗伯特·博伊斯.给大学新教员的建议[M].徐爽,李思凡译.北京:北京大学出版社,2015.
② ［美］肯·贝恩.如何成为卓越的大学教师(第二版)[M].明廷雄,彭汉良译.北京:北京大学出版社,2014.
③ ［加］马克思·范梅南.教学机智——教育智慧的意蕴[M].李树英译.北京:教育科学出版社,2014.

建议》享誉全球，是众多大学新入职教师专业发展的必读书目，是大学青年教师职业发展的指南。此书基于作者多年来大量可靠的实证研究，以成功的大学新教员为参照，从"恰到好处"的视角，提出了十条具体、实用、简洁、明晰的建议，帮助"苦苦挣扎的"大学新教员在教学、学术写作与发表、社交与服务三个方面实现快速发展。《如何成为卓越的大学教师》也是基于对近百位有着不同学科背景的卓越老师的观察，透过一个个生动的故事，为读者展现精彩的教学典范，揭示卓越老师对学生产生持久积极影响的秘密，为教师们创造学习卓越教学的良好机会。《教学机智》则从实践层面，回答了如何成为优秀的教育者这一问题，通过许多源自教育生活的实例，引导新入职教师站在自我反思的角度来考虑教育问题、对待教育智慧和教育机智的规范性意义。

　　由于时间原因，对这三本书的学习方式采用读书分享和自主学习相结合的方式。在集中学习环节，学习共同体拟安排引导性的读书分享和讨论环节。之所以是引导性的，一是考虑到每位教师的个性化需求，二是考虑到共同体集中学习和交流的时间有限，大部分学习需要教师们根据自身的发展需求，通过自主学习来完成并在必要时集体讨论。按照初步安排，三位2020年入职的教师将分章节领读《给大学教员的建议》一书，每位教师负责一次读书分享活动，因此整本书共占用三次集中学习时间，每次时长在两个半小时左右。全体成员在集体学习之前需认真学习相关内容，领读者还需对指定章节内容认真梳理，在集中学习环节带领大家学习和讨论。领读结束后，其他教师要结合工作实践，针对性地发表见解，重点放在如何在今后的教学中使用书中所提到的方法与技巧。因此，读书分享环节不仅注重教师对书中内容的把握和吸收，更强调大家以此为契机，学会反思自己的教学实践，通过分享交流来提升反思能力，深化对教学的认识和理解。在自主学习环节，新入职教师除了完成所推荐的书目，还需依据个人需求开展针对性的阅读学习。

2.通过撰写反思日记来提升教学反思能力

　　在提升教师的反思能力方面，第一轮行动仅仅是一个起步，教师的反思意识有所增强，但反思能力尚有待提高。鉴于反思能力在教师教学学术能力中的重要作用，在第二轮行动中，除了进一步完善教师的知识体系之外，提升教师的反思能力依然是重中之重。学习共同体将进一步强化教学反思，引导新入职教师更加主动地关注教学中出现的问题，更加深入地开展教学反思并尝试撰写和分享教学反思记录。撰写教学反思，是提升教师反思能力的有效途径。叶澜教授曾指出，一个教师写一辈子教案不一定成为名师，但如果一个教师写三年的反思就有可能成为名师。为了提升新入职教师的反思能力，第二轮行动在借鉴第一轮行动经验的基础上，鼓励新入职教师坚持撰写教学反思日记，并每周在学习交流 QQ 群中至少分享一篇教学反思日记，其目的是进一步提升教师的教学反思意识和反思能力，同时也有助于增强其交流意识，促进教学的公开化。

将教学反思付诸文字，以日记的方式记录下来并定期在共同体内部进行分享，不仅可以"督促"教师深入反思，记录具体的情境与所思所想，提升其写作能力，为后期的教学研究提供思路和依据，而且可以为教师之间的交流提供鲜活的素材，促进教师教学经验和方法的分享，有助于提升教师的交流意识，让他们有勇气将课堂中"私有"的内容在共同体中予以公开，迈开教学走向"公开"化的关键一步。更重要的是，教学反思日记可以帮助教师有意识地观察和记录个人的教学方法、学生表现以及教学中存在的问题，以便及时进行评估和改进，不断提高个人的能力和素质，促进个人和学生的成长和发展。对于教学反思中出现的一些共性问题，将在集中学习环节进行探讨，集思广益，提出应对策略和进一步探究的建议。在此过程中，教师之间可以相互学习借鉴，集中探讨共性问题，使教学中比较棘手的问题能够得到足够的重视和有效的应对。

二、深化理论学习，加强教学反思

有了第一轮的实践经验，学习共同体各位成员在第二轮行动中表现出了更多的自信心和自主性。L 院长在组织引领方面积累了经验，在活动的组织协调方面更加灵活、主动。新入职教师的参与意识较之以前大有提升，在集体交流中的发言频次和发言内容都有较大进步,同时也表现出更强的时间观念,能够更好地管理和分配时间,更加有效地利用碎片化的时间推进自主学习。较之于第一轮行动的踌躇和忐忑,梅老师在本轮行动中有了一定的经验积累,其专业知识也在学习和实践中逐步提升,在本轮行动方案的制订、落实和推进方面表现出更强的自信心、领导力和执行力。这些进步都为更深入地推进学习共同体的各项活动提供了保障。

(一) 读书分享活动

按照计划,本轮行动的读书分享环节由学习共同体中 2020 年入职的 3 位 W 专业的教师负责,每位教师负责《给大学新教员的建议》中指定章节的领读和讨论。较之于第一轮行动中的教学问题讨论,读书分享环节有指定的素材和具体的任务,新入职教师可以提前做好准备,为活动的深入、顺畅开展提供了基本保障。此外,新冠疫情的蔓延,打乱了集体学习活动的计划,本轮行动安排三次读书分享活动均在线开展。尽管缺少了面对面交流的温度,但疫情在某种意义上也减少了教师们的“繁杂”工作、节省了路途奔波的时间,让她们能够有更多的时间和精力投入学习;同时也为安排集中学习带来了很多便利,大大减少了时间安排方面的冲突和困难。线上交流活动中,各位教师成员没有了参加线下活动时的匆忙和疲惫,反而表现得更加富有激情和活力,这在一定程度上弥补了不能线下开展活动的缺憾。每一位成员都对此项工作予以充分的重视,都能事先熟悉相关学习内容,并结合自身教学实践进行一定的思考。负责领读的三位教师更是准备充分、讲述清晰,表现出了较强的问题意识和辩证思维能力。她们对所读书目的相关内容进行了总结、凝练,借助简洁明了的电子课件分享了其中的重要观点、发表了个人的认识和见解并引导和启发集体的思考和交流。领读结束后,全体共同体成员结合自身的教学实践,对所学内容进行讨论并发表了自己的见解。教师们从刚开始的拘谨、沉默,逐渐变得自信、自如,能够对相关知识进行较为深入的阐释和解读。

在读书分享过程中,几位具有博士学位的教师发挥了很好的模范带头作用,她们在自由发言环节,能够主动带头发言,在表达方式、发言内容等方面都为其他教师提供了很好的示范。在一个学习共同体中，能够打破沉默、率先垂范的成员扮演着非常重要的角色，他们是学习共同体生机和活力的源泉，能够引领团队为集体学习活动不断注入活力，为各项活动的深入开展贡献智慧和力量。博士阶段的学术训练，让几位教师有了更强的时间意识、责任意识和担当精神，让她们能够更多地替他人着想、为集体着想，在计划的落实方面愈加深入和严格。相比较之下，其他几位教师在这方面略有欠缺，偶尔会出现忘记集体学习时间、准备不充分、不积极参与讨论等问题。但也有令人感动的地方，例如为了参加某次的集体学习活动，曾有一位教师从几百公里之外的老家几经周折返回学校；还有几位教师带病参加集体学习活动。这些行为，都体现出教师们对个人以及学习共同体成长的责任和担当。

教师的知识体系始终处于动态变化之中，知识体系的丰富和完善是一个漫长的、个性化的、持久的过程。共同体提供的读书分享环节仅为抛砖引玉，引导新入职教师深入了解教师知识体系，明晰自身知识体系中的问题和不足，培养其自主学习的意识和习惯。对于本研究中的新入职教师而言，教育教学知识的缺乏是其知识体系中的一大缺陷，阻滞着教师教学理念的更新、教学方法的革新以及教学学术能力的提升，故而应成为自主学习中的重中之重。脱离了教育教学理论知识的指引，教学实践就容易陷入机械重复的泥沼，最终因无法深深扎根于知识的沃土而失去其蓬勃向上的生命力。为此，掌握一定的教育理论知识，是教师的应然追求，也是教师发展走向纵深的必备条件。对此，新入职教师更应予以高度重视，在繁杂的工作生活中，培养自主学习的意识，养成终身学习的习惯，丰富教育教学理论知识，不断补充和完善自身知识体系。

（二）教学经验分享

本轮行动中，学习共同体邀请了 X 学院的资深教师 Z 老师分享教学经验。Z 老师从教 20 多年以来，除攻读硕士学位和出国访学的 4 年之外，一直默默奉献在教学一线。她热爱教学，也爱探究教学，在教学实践中形成了自己独特的教学经验和方法，在教学研究方面也颇有建树，是一位兢兢业业教书育人的好老师。Z 老师很有主见，爱思考、好钻研、严谨踏实、一丝不苟，是一个实事求是、"说一不二"的人。自本科毕业从教以来,她一直都是教师中的佼佼者。刚入职不久,她就在学校青年教师教学比赛中脱颖而出,在后来的从教生涯中,她也一直是同事们尤其是青年教师们学习的榜样,更是学生心目中充满正能量的好老师。"在学生的眼里,我就是那个爱学习的老师。"Z老师含蓄地说。在同事的心目中,她是一个认认真真教书的人,是一个有主见、有智慧、爱思考、勤动手的好老师。在日常生活中,她也是一个脚踏实地、很讲原则、敢说实话的人,为此同事们常常会开玩笑说:"哪位要听大实话,就去找Z老师。"也许和她一贯的作风习惯有关,在教学方面,Z老师的教学计划非常周密,更难能可贵的是她能非常严格地落实计划。

　　每次开学之前,她都会精心做好每门课程的详细教学计划,具体到每节课教师的教学内容和学生的学习任务。开学第一节课,她会将清晰、明细的学习任务单下发给学生并予以解释说明,以便让每位同学都对该课程的教学内容、教学目标、考核方式以及学习任务了如指掌。Z老师会一板一眼地严格按照计划开展教学,并督促学生按时完成计划中的学习任务,对于不按要求完成学习任务的学生,Z老师自有她的一套"惩罚"措施,所以她的学生都很"听话"。依照Z老师下发的学习任务单,学生们可以清晰地看出每个时间节点前自己需要完成的学习任务,可以张弛有度地制定该门课程的学习计划,更重要的是,Z老师会紧紧围绕阶段性的学习任务开展针对性的考核,学生只有在积极参与课堂学习和认真完成自主学习任务的基础上,才能顺利通过阶段性考核,这为有效落实计划和实现教学目标提供了保障。翔实的学习任务和考核方式,不仅可以为学生的学习提供明确的指导,还有助于培养学生的自律性、责任性和学习管理能力,让他们能够有条不紊地推进各项学习任务,在循序渐进中学习知识、掌握技能。

　　Z老师本次的分享内容包括三个部分:改善课堂教学;如何做好一门课的教学计划;如何以身作则、立德树人。在谈及课堂教学时,她结合实例强调了教师自身教学能力的提升以及对学生学习的关注。一方面,她认为新入职教师要加强学习、要利用各种线上线下的学习机会不断提升自我;向其他教师虚心请教、充分交流;积极尝试新的教学方法,不断提升教学能力。同时，Z老师也指出："教师也要学会关注学生的学习，反思学生学习中存在的问题，从问题中找思路，想方设法提升学生的学习效果。"终身学习是教师适应教育高质量发展以及个人发展的需要，是教师保持与时俱进、不断提升个人能力和素养的重要路径，而学生的学习始终是教学的根本，是教学的出发点和归宿点。教师只有将自身发展与学生的学习紧密结合，才能不断提升教学能力、提高教学质量。作为新入职教师，尤其要注意转变教学理念，将学生的学习置于应有的重要位置，以学生为中心开展各项教学活动，在实践中积极反思、改进。同时，要虚心请教，勤于学习，加深对教学的认识和理解，不断提升个人的教学能力。

接下来，Z老师以她所讲授的一门课程为例，演示了如何设计好一门课程的教学。她从教学目标、教学内容、教学方法、学习任务、教学评价等几个方面，向大家完整展示了该门课程的教学计划及其具体落实步骤。开课前，Z老师会将这份详细的教学计划下发给每个学生，让学生对这门课的各个环节有非常清晰的认识，尤其是对每个阶段自己该完成的学习任务了如指掌。对学生而言，这份计划既是行动指南，也是目标任务书，在课程的整个学习过程中发挥着指引和鞭策作用。Z老师所展示的这份教学计划，是她多年来承担这门课程教学所积累的精华，是在反思性实践中不断修订完善而成的。如她所言："每上一轮都会有新的教学计划，我会根据上课过程出现的问题和不足不断修定教学计划，以使下一轮的教学更加完善。"如果把多次的教学计划加以比较，势必可以看出其中的变化和改进，而这些都凝聚着一位潜心教学的教师对教学的认真负责和对学生成长的关注。教师一丝不苟的敬业精神，会潜移默化地影响学生的学习和品质，可以帮助学生培养责任意识，摆脱浮躁和懒惰，养成良好的习惯，塑造良好的品质。

在谈及教师的"教书育人"使命时，Z老师认为，教师和父母一样，其言传身教直接影响着学生的健康发展，积极上进、热爱教学、爱护学生的老师，必定会在学生的成长道路上发挥积极的作用。在教学实践中，Z老师始终以家长的标准来要求自我，言传身教、严慈相济，用自己的行动诠释教师"教书育人"的责任和担当。"我每次上课都在想，如果教室里坐的是我的孩子，我会怎么去讲。我会按这样的标准去讲好每一堂课，去引导同学们认真学习、踏实做人。我希望我孩子的老师们也都会这样做，也希望每一位老师都能像对待自己的孩子一样对待学生。"（Z20211210）以家长的态度对待学生，不仅有助于更好地倾听学生的心声、理解学生的需求、建立良好的师生关系，而且有助于帮助学生理解和遵守道德准则和行为规范、培养学生积极进取的人格品质。梅老师记得，在2019年学校百年校庆的时候，Z老师的一位学生在交流中回忆了Z老师曾经对他们的严厉和关爱："Z老师对我们而言亦师亦友，对我们的影响很大。她很较真，她的课我们都听得很认真，作业我们谁都不敢马虎，因为错过了我们就得自食其果……那时候我们也有过抱怨，但随着年龄的增长，就越发能体会Z老师当初的良苦用心。"对学生严格要求是教师的主要职责。通过严格要求，教师不仅可以帮助学生提高学习能力、培养其自律意识和责任感，还可以帮助学生全面提升综合素质和能力，为未来发展做好准备。Z老师对学生的关爱和严格要求，是她热爱教学、关心学生的表现，多年后学生对她的教学的怀念以及对她本人的牵挂，是学生对老师最好的肯定和回馈。

在本次分享活动中，Z老师慷慨解囊，毫无保留地展示了自己多年来积累的教学精华，给新入职教师留下了深刻印象。各位新入职教师都为Z老师的精雕细琢之作所惊叹，也为她一丝不苟躬耕教坛的精神所折服。从大家钦佩的目光和热烈的掌声中可以看出，大家对本次的经验分享十分满意。在接下来的互动分享环节，各位新入职教师向Z老师请教了教学中遇到的问题以及应对策略，对此Z老师都耐心地一一回应。Z老师对教学的"爱"感染了在场的每一位教师，点燃了大家的激情，一向比较沉默的几位老师也表现得非常踊跃，抓住机会不停地向Z老师请教。在这里，她们看到了一位优秀教师对学生的关爱、对教学的投入、无私的付出和对自己严格的要求。"Z老师的每一项工作都做得有板有眼、有始有终，很是精致，很是完美，值得我们每一个人学习效仿。"K老师不禁感慨地说。大家对本场教学经验分享给予了高度的评价，有种相见恨晚的感觉，想必中途才来参加活动的E老师心中难免会有些小小的遗憾。

（三）教学反思日记

本轮行动的教学反思部分得以较为深入地开展。起初，对于在共同体 QQ 群内分享教学反思日记，梅老师还是比较忐忑，担心新入职教师不能积极参与其中，不能按要求定期公开分享。第一轮的活动主要以自由交流为主，没有让教师们完成"额外"的工作，因此，尽管也经历了各种阻力，但基本实现了平稳过渡。按计划，在第二轮行动中，每位教师需要每周公开分享一篇教学反思日记，这对没有教育背景的新入职教师们来说，本身就是一个新的挑战。将"私有"的教学实践感想分享出来，需要一定的自信和勇气，因此，本轮行动方案中的教学反思部分能否按计划执行，是梅老师最担心的一件事情。鉴于此，在本轮行动的第一次集中学习中，梅老师再次强调了撰写和分享教学反思的必要性，并简要说明了撰写教学反思的要点。作为共同体学习活动的引领者，梅老师深知撰写教学反思的意义，因此，尽管有各种担心，她并没有像以前那样犹豫不决，而是很坚决地坚持了这一计划。"万事开头难"，第一篇教学反思日记的分享，意味着教师们能够克服心理障碍，积极尝试分享教学心得，对后面活动的开展发挥着重要的引领作用，因此，梅老师对第一篇教学反思日记既充满焦虑又满怀期待。

1. 姗姗来迟的第一份教学反思日记

眼看着预定的期限到了，还没有任何一位新入职教师在学习共同体 QQ 平台上提交教学反思日记。"也许最担心的事情要发生了，如果大家都不提交，也没有什么强制性的措施来约束大家。"梅老师的心里犯起了嘀咕，"这就像是一场赌注，结果如何，貌似完全不在自己的掌控之中。在繁忙的工作之余将教学反思付诸文字，对于没有养成写作习惯的新入职教师们而言，本身就是一大挑战，何况还要在平台上公开，她们难免会有各种顾虑。如果到了最后期限还没有人提交，该如何应对？该通过怎么样的途径鼓励她们开展教学反思呢？"（PR20210911）梅老师的心里已是做好了最坏的打算，当初在提出撰写并分享教学反思日记时大家表现出的沉默，再次浮现在梅老师的眼前，但撰写教学反思的必要性和重要性又让她一再下定决心坚持了这一做法并做好了积极应对的准备。如果第一篇教学日记遭遇挫折，她就准备挨个儿打电话督促提醒，看看问题究竟出在哪里，若仅仅是因为心理压力大，就得慢慢引导和鼓励，若是对该活动有不支持的态度，则需要加强对话，深化认识和理解。

在忐忑的等待中，她向L院长表达了自己的担忧。"我们再等等吧，也许大家都在观望，等待第一个分享者的出现，如果到时间还没有人提交，那我们就提醒提醒。"对此，L院长也是不无担心，但是她还是用她一贯的冷静来安抚梅老师，其实在心里她已是做好了进一步"交涉"的打算。"千呼万唤始出来，犹抱琵琶半遮面。"等到截至期限前的最后一个中午，I老师率先提交了教学反思日记，学习共同体QQ群中终于有了第一篇教学反思日记！梅老师和L院长悬着的心也放了下来。也就是在接下来的短短半个小时之内，该篇教学反思日记的下载量达到了14次（群成员总数为18人），紧接着其他成员都很快提交了自己的第一篇教学反思。看来，L院长的推测是正确的，大家都不习惯于分享自己的教学反思，都在静候"第一个吃螃蟹的人"的出现。从大家提交教学反思的时间推断，各位新入职教师在此之前已经完成教学反思，只是缺少了一些提交的勇气，都在观望和等待，其中透露出一些犹豫、被动和不自信。

每位成员的第一篇教学反思日记整体上来说都很简短。大多数仅有寥寥数句，基本上是对下发模板中所列的教学优点、不足、拟采取措施等要点的简单回应，像极了对问卷调查的反馈，其中的反思仅仅停留在对教学问题的描述和主观的判断之上，对问题的认识也比较粗浅，缺乏对问题的理性分析。开山之作最费力，不管怎样，良好的开始是成功的一半，有了第一篇，就会有第二篇、第三篇……也是在急切的等待中，大家都按时提交了第二篇教学反思日记。接下来的几周，大家总会在时间观念较强的老师（大多时候是A老师）的带领下按时完成提交任务，即使偶尔有遗忘的，也会在提醒之后很快完成。学习共同体在集中学习活动中，梅老师对教学反思日记中存在的问题进行了反馈，鼓励大家逐步深入反思，努力提升反思的理论高度。加之各位教师成员之间的互相学习借鉴，教学反思日记在质和量上均呈现逐步改善的状态。

在撰写和分享教学反思日记的过程中，各位教师成员的态度也发生了转变。从刚开始的被动等待和消极观望，到后来积极撰写和主动分享，她们逐步克服了内心的担忧和对自身教学反思的不自信，成功地迈出了分享教学问题和经验的第一步，这对学习共同体及其教学学术能力来说都尤为重要。成员的积极参与和对共同体的依赖是学习共同体的活力之源，可以想象，一个没有成员主动参与、分享的学习共同体就是一个毫无生机、名存实亡的组织而已。成员跨越心理障碍，积极投入共同体的发展，不仅有利于自身的发展，也有助于其他成员和整个共同体的发展。教师们按时提交、分享教学日记，可以打破教师一贯沉默的表现，是让其对教学的思考走向公开化的积极尝试，有助于强化教学学术理念、提升教学学术能力。

2. 对教学反思日记的分析

本轮行动中共收集 104 篇教学反思日记。纵向来看，每位教师的教学反思在篇幅和思想深度上均在逐步增加。以 A 老师的 12 篇反思日记为例，在她的第一篇反思日记中，反思部分的字数仅有 150 字，但从第二篇反思开始，反思内容不断丰富，字数从 368 字逐次增加，到第七篇时达到了峰值 889 字，后面几篇基本维持在 800 字左右。尽管数字并不能代表质量，但可以从一定程度上体现教师对待此项任务的态度。当然，细观 A 教师的教学反思，其字数和反思的深度是紧密相关的，也就是说，她的教学反思在质和量上都呈现出积极的发展状态。也有部分教师的教学反思在后期出现了字数少的现象，原因可能在于教师们的教学反思在历经了一段发展后进入了瓶颈期。这是任何事物发展过程中必经的阶段，也是解决问题的关键时机。尽管这一阶段预示着更多的艰辛，但成功跨越这一阶段，就可以实现真正的成长。D 老师对此也有所认识："感觉老在重复以前的内容，能看到问题，但是不知道怎么去解决，理论基础太薄弱了，需要静下心来查阅资料，却总觉得没有时间，有些迷茫。"（DL20211201）D 老师的纠结代表了每一位教师在一定阶段的心声。在这个转折期，容易出现 D 老师所说的迷茫，也会出现因时间等原因的影响而忽视教学反思，进而对教学能力的提升产生不良影响。然而，这个阶段也是深化理论学习和解决问题的关键阶段，需要时间和精力的投入。只有迎难而上，才能不断深入思考教学、解决教学中的问题和困难，让波澜不惊的教学焕发新机，进而彰显教学学术的价值蕴意。

　　为进一步了解新入职教师的教学反思，本轮行动对所提交的教学反思日记进行了整理和分析。首先，在去除日记模板中固定信息和教师对教学的客观描述性内容（如教师、教学内容、班级等信息）的基础上，将教学反思中有关教学方法、教学的亮点、存在问题以及改进措施等部分提炼出来，形成单独的教学反思文本，用于后续分析。本轮行动收集的教学反思日记总字数为 61823 字，去除前述客观信息外，"纯教学反思"内容约 4.3 万字。运用 Rost Content Mining 6.0（简称 ROST CM 6.0）软件对教学反思日记文本进行统计分析。ROST CM 6.0 软件是由武汉大学沈阳博士及其团队研发的内容挖掘分析软件，可以对文本进行词频分析、社会网络和语义网络分析、情感分析等。在对教学反思文本进行分词的基础上，运用该软件对上述教学反思日记文本进行词频统计（表 4-2）和社会网络和语义网络分析（图 4-1），以了解教师教学反思的重点及其反思水平。

　　从表 4-2 可以看出，在教学反思中出现的高频词中，以"学生"为最高，与后面的"同学"总频次高达 1041 次；各种具体教学内容总频次高达 749次，位列第二；其次分别为"教师 / 老师""课堂""学习""问题""练习"等。可以看出，学生和教学内容是教师反思的主要对象。其中也有"讲授法""练习法""知识""掌握""能力"等与教学方法、教学目标相关的词语，此外还有"良好""积极""认真""活跃"等评价类词汇。教师们在教学反思中对"学生"的关注，体现了她们教学理念的基本转变，当初"备课备教材，讲课讲教案"的状况已有所转变。"以学生为中心"的教学理念已经开始深入新入职教师的内心，这是她们所取得的一大进步。对具体教学内容、教学方法的反思，在一定程度上揭示了教师对个人教学中的重点、难点以及学生接受程度的重新审视，也是教师在实践中不断积累经验的过程。评价类词汇的使用，体现了教师们在教学过程中对课堂的观察和思考，其中不仅有对整个课堂的评价，也有不少与个别学生的具体表现有关，其中隐含

表 4-2　教师教学反思日记词频统计

序号	词语	频次	序号	词语	频次	序号	词语	频次	序号	词语	频次	序号	词语	频次
1	学生	948	21	内容3	68	41	及时	48	61	单元	34	81	错误	28
2	课堂	223	22	课后	67	42	课程	47	62	较为	34	82	预习	28
3	学习	212	23	理解	67	43	作业	46	63	使用	33	83	运用	27
4	问题	209	24	表达	67	44	小组	46	64	合作	33	84	采用	27
5	练习	198	25	良好	66	45	参与	46	65	基础	33	85	纠正	27
6	同学	193	26	效果	66	46	整体	46	66	加强	33	86	内容9	26
7	教师	173	27	积极	63	47	引导	46	67	节奏	33	87	分析	26
8	内容1	149	28	内容4	62	48	老师	46	68	存在	32	88	记忆	26
9	能够	135	29	讨论	60	49	内容7	44	69	主动	32	89	练习法	26
10	讲解	134	30	内容5	57	50	提高	43	70	思维	31	90	知识点	26
11	教学	127	31	上课	56	51	句子	42	71	检查	31	91	气氛	26
12	知识	110	32	内容6	56	52	线上	40	72	影响	31	92	帮助	25
13	内容2	99	33	互动	51	53	积极性	40	73	难点	30	93	反馈	25
14	授课	89	34	认真	51	54	准备	40	74	理论	30	94	内容10	24
15	时间	86	35	方法	50	55	答案	40	75	内容8	30	95	内容11	24
16	完成	80	36	任务	50	56	提前	40	76	形式	30	96	根据	24
17	回答	79	37	鼓励	50	57	能力	37	77	讲授	29	97	结构	23
18	思考	76	38	提问	49	58	结合	36	78	充分	29	98	较高	23
19	讲授法	70	39	过程	49	59	大部分	36	79	活跃	28	99	师生	23
20	掌握	70	40	布置	48	60	重点	34	80	巩固	28	100	集中	23

（备注：表中"内容1~12"代表教学反思中出现的与学科相关的具体教学内容）

着教师对学生的关注和期待。

"时间"一词也多次出现在教师的教学反思中。反思日记中的"占据时间""花时间""留出时间""浪费时间""时间允许""时间安排""时间有限""时间不够"等凸显了教师对教学安排中一些问题的思考以及对学生课前课后学习情况的担忧。一方面，由于"课堂时间有限"，"合理安排时间"是课堂教学的一大要点，也是新入职教师教学中的一大难点。要做到这一点，教师需制定详细的教学计划、合理设计课堂活动、恰当处理学生的提问，以充分、有效利用课堂时间，提高学生的学习效果。新入职教师需在借鉴他人经验的同时加强自主学习，并在实践中不断总结探索、持续改进，提高课堂的利用率。另一方面，"学生课后不花时间学习"似乎是许多新入职教师教学中面临的一大问题。学生课后学习是学生自主学习的主要形式，也是学生梳理和巩固知识、提高学习效果的关键。学生应根据自身情况和学习目标制定个性化的学习计划,积极开展自主、高效和针对性的学习。针对学生自主学习意识和能力较弱的现象,教师要引导学生养成良好的自我管理能力、为学生推荐与课程学习相关的优质课程资源、加强对自主学习的鼓励、评估和监控。

本轮行动大部分教学都因疫情在线开展,时间问题尤为突出,给教师们带来了更多的困扰。多位教师的反思中都反映了这一问题,如"因为线上授课,点名提问和师生互动占据了一部分授课时间,因而未能按进度完成教学任务"、(RD211119) "因为上网课连麦效果不佳,有时耽误时间较长,所以教师会在网课期间减少学生表达的时间"(RJ211119)。特殊时期的在线教学,给新入职教师的教学增添了不少困扰,课堂时间的管理问题更为突出,为此,学习共同体也多次讨论,集思广益,以减缓教师们的压力和负担。一方面,线上教学与线下教学存在很多差异,二者所依托的资源和平台、师生的交互方式、教学方式都有很大差异。教师线上教学期间要积极作出调整,要了解线上教学的特征和要求,精心设计教学,选择适合在线教学的方法和活动,

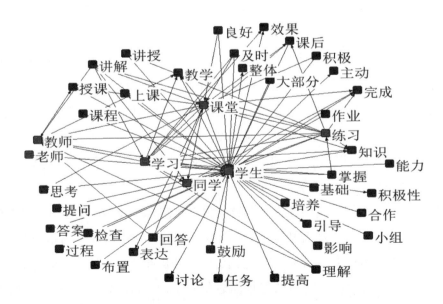

图4-1 教师教学反思的社会网络与语义网络分析图

激发学生的学习兴趣、增强学生的课堂参与度，使教学效果达到最佳。另一方面，在线教学对教师的信息素养提出了更高的要求。教师需不断学习，熟悉各种教学平台、灵活应用在线教育工具、掌握在线教学环境下的先进教学理念，在保证教学正常开展的基础上提高教学的质量和效果。

同样，由图 4-1 可以看出，教师教学反思中的关注点依然是可预见的学生和课堂教学两个方面，其中学生是关注的焦点。对学生的关注体现在对学生课堂表现、作业完成情况、课前课后的预习和复习等方面，也包括学生知识、能力的提升以及教师对学生的引导、鼓励和评价等。与"课堂"相关联的内容则主要包括"讲授""讲解""练习""学习"等，当然还有"教师""学生"这两个必不可少的部分。教师们对学生学习各方面的关注，是本研究所期待的，因为学习共同体自组建伊始，一直强调教学学术理念，而这一理念的重心就是学生的学习。教师教学学术能力的提升以更好地为学生的学习提供服务为最终目的，所以教师们在反思中能聚焦于学生的学习，说明她们的教学理念已是有所改变，目光已经从自身的"教"转移到了学生的"学"，这是教师提升教学学术能力的基本前提。

比较遗憾的是，在词频分析和语义网络分析中，没有看到与教学方法策略以及教育理论关联紧密的词语，这说明教师们对教学方法以及教学理论的掌握还是比较欠缺，也凸显出教学反思中对教学的现象和问题描述过多但深度的思考和探究不足这一问题。通过对所提交的教学反思文本的进一步分析，不难发现，新入职教师的教学反思大部分都是反应型的，落后于活动，描述性和技术性反思占主导，缺乏理论深度。教学反思普遍比较简单，更多停留在对上课内容的分析之上，更多注重的是对问题的描述；教师授课主要以知识点讲解和练习巩固为主，"讲授法""练习法"是教学反思中出现最多的教学方法；教学反思中所关注的问题以教学内容的掌握情况为主，应对策略更多是关于如何加强管理和监督等具体的操作步骤；对问题的思考不够深入，停留在浅表层面的观察和描述，对问题没有分析或分析不足，主观性较强，缺乏理论支撑。此外，由于关注的问题大多与具体某次教学内容相关，因此反思的问题不聚焦，未能体现出持续改进的理念，不能对后期的教学改进产生积极影响,不利于教师针对某一具体问题开展深入的理论探究。

三、对第二轮行动的总结与反思

本轮行动的重心是教师知识体系的完善和教师教学反思能力的提升。其中,集中学习环节主要以教师的读书分享、教学经验分享和教学反思集中反馈为主题;自主学习环节以完善教师的知识体系为目的,要求教师在完成推荐书目的基础上,依据个人需求加强自主学习;在教学反思能力提升方面,采用了教师撰写、分享教学反思日记的方式。总体而言,本轮行动计划推进比较顺利,除了两位教师因故请假外,其他 9 位新入职教师都能积极配合,表现出了较强的主动性。在完成本轮行动的集中学习、自主学习、教学反思分享等各个环节后,研究者通过与教师们的非正式交流、分析教师的教学反思、发放调查问卷等途径,对本轮行动的开展情况进行基本的评估,进一步了解了新入职教师教学学术能力发展的所得和不足,以便为第三轮行动计划的制定做好铺垫。从前期的观察、反思和问卷反馈可以看出,新入职教师在本轮行动中已习惯了共同体的学习形式,能够积极主动参与其中并能利用机会努力提升自我,在教学中越来越关注学生的学习,其教学反思能力也有所提升,但依然存在教育教学理论不足、集中学习效率不高、自主学习难以保障等问题。

(一) 学生主体地位日益凸显,教学反思能力有所提升

教学反思是本轮行动的重点之一。通过观察新入职教师在集体学习活动中对教学的反思以及分析教师们所撰写的教学反思日记,可以发现,教师们在教学中能够较好地落实"以学生为中心"的教学理念,能够从学生发展的视角设计、开展和评价教学。同时,通过前期的引导以及本轮行动中针对性的教学反思日记撰写、分享和讨论活动,新入职教师们的反思能力得以较好的锻炼,反思水平也大有提升。

1. 从对教材的关注转向对学生的关注

在第一轮行动中，新入职教师们常常感叹疲于备课、上课，无暇静下心来反思教学效果，教学过程中更多关注的是如何完成教学任务，对学生的关注不足、了解不够。"备课""课堂管理""教学内容""教学方法"是教师们的关注焦点，但对"学生的反馈""学生的理解""学生的学习"有所忽视，甚至常能听到"学生不学习""学生基础差""学生不配合"等对学生的消极评价。为此，学习共同体在本轮行动中进一步加强引导，强调教师们在教学中始终要以学生为中心，根据学生的具体学习情况动态调整教学，要注重发挥学生的主观能动性、与学生共同营造学习氛围，而不能一意孤行，视学生为被动的接受者。在本轮行动中，梅老师欣喜地发现，教师们的教学理念已有所转变，她们在教学中能更多地将目光从自身的教学转向学生的学习。

当谈及共同体学习活动对个人教学理念的影响时，教师们均表达出了对学生学习的更多关注。"通过共同体的学习活动，本人感受到教学的关注点有了明显的转变：从关注自己的授课转向学生的学习与理解，尤其是在备课阶段，开始思考如何设置各个环节才能让学生真正理解重难点，课后通过练习与反馈，了解学生的学习情况，对自己的备课授课作出及时调整。"（QN20220116）在这一阶段，教师们已不再过度纠结自己的课堂讲授，而是能设身处地地从学生的角度去思考问题，在备课、授课、反思各个环节都能围绕学生进行设计、调整、寻求对策。"以学生为中心"的理念得到了充分的体现，"以学生为主体，发挥学生学习的主动性，关注学生学习能力和性格差异"（RJ210911）、"激发学生学习的积极主动性"（RA211029）成了教师设计、实施、评价教学的主要目标和依据。从问卷反馈中可以看出，通过学习共同体的系列集中学习活动，教师们在教学实践中更加注重"发挥学生的主观能动性""提高学生的学习效率"以及"促进学生的进步和发展"，将教学学术的理念逐步落实到教学实践之中。

对学生学习的关注，有助于教师潜心教育教学。教学学术理念以学生的发展为旨归，在此理念的引导下，教师将注意力聚焦于学生的学习，有助于帮助教师摆脱外界条条框框的约束，回归到教育的原点，从学习主体的兴趣、需求和发展出发，设计和实施教学活动，与学生一道体验学习、建构知识，发挥教师的引导和辅助作用,调动学生的主观能动性,让学生在学习甚至个人的成长中发挥更加积极的作用。教师对学生的关注,也是一个由表及里、逐步深入的过程,在不同阶段也有着不同的表征。新入职教师起初对学生的关注,主要体现在学生作业的完成情况、课堂表现、知识点掌握情况等方面,但对学生的学习水平、基本需求以及学习中存在的困难等基本问题把握不够,因此还停留在一些容易观测到的现象上,对学生学习的关注尚处于浅表阶段。然而,教学理念的转变,让教师角色和立场发生了转换,师生关系也转变为"教师为主导,学生为主体",体现了对学生主体性的尊重,有助于教师在教学实践中逐步注重激发学生的积极主动性,引导学生发挥主观能动性,更好地促进学生的学习和身心发展。

2. 从技术性反思迈向实践性反思

经过第一轮对教学中问题的探讨以及本轮行动中撰写和分享教学反思日记等活动,新入职教师从简单的思考逐步到口头的表述再到书面的反思,是一个逐步深化反思的过程。在这一过程中,她们对教学反思有了更深刻的认识,反思的内容也愈发具体和深入。尤其是在撰写教学反思的环节,教师们尽管起初存在畏难情绪,曾一度瞻前顾后、踟蹰不前,但在克服了不必要的担心和忧虑之后,她们都能坚持对教学中的问题进行反思,并能付诸文字、在学习共同体内部分享、交流。共享教学反思为教师分享教学中的问题及其所思所想创造了机会,是教师公开教学问题和外显教学智慧的试验田。在此阶段,教师的教学反思日记虽然普遍比较简单,存在诸多不足,但从中也可以看出教师们在描述问题的同时,在尝试着去剖析问题、解决问题方面所作出的努力。

一方面,教师们的反思不再仅仅拘泥于是否按要求完成了教学任务,而是能够认真观察教学实践中的问题,并在教学反思中予以详尽描述甚至尝试着去诠释问题。这说明,她们无论是在行动中还是行动后都有反思,并且在反思的基础上有行动。例如,S老师在授课时能够根据学生的反应,及时调整自己的教学方式,并采取措施来解决问题。"讲解中,发现学生较为困惑,回应较少,教师应及时调整教学方式,通过阐释、举例、拓展等方式,引导和组织学生进行讨论和思考。"（RS211016）类似的例子还有很多，新入职教师们逐步改变了只关注教师讲授这一传统做法，在课堂中将教与学紧密结合，"常常反思自己的教学行为是否有效，是否促进了学生的学习，是否完成了教学目标，是否促进了学生的发展"（QN20220116），使教学不再是僵化的灌输和程式化的操作，而是一个不断动态调整的过程。在这一过程中，教与学环环相扣，教师与学生积极互动、为实现共同的目标共同努力。

另一方面，在描述问题的基础上，也有教师在反思中尽力寻求理论的支持，将反思提升到一定的理论高度。教师对教育理论与教学实践之间关系的认识，有助于深化教学反思，为教学实践和教育理论搭建桥梁，使教学实践更富有理性，使教育理论深深扎根于教学实践的土壤，实现二者的融合共进。有教师在问卷反馈中谈道："共同体的学习活动使我认识到，教学实践活动也是可以有理论依据的，理论可以指导实践，实践可以丰富理论，教师在教学中要关注焦点问题，在理论层面寻求指导意见和解决路径。"（QN20220116）在 X 学院，大部分教师的班级规模都比较大，致使教师在教学中无法及时纠偏。然而，"根据相关理论，学生在接触新知识之后最早的一段时间内，知识在思维中固化的速度是最快的。如果学生的理解错误没有及时得到纠正的话，时间拖得越晚，纠正起来越困难。"（RC211029）C 老师对此问题关注已久，对其本质在理论层面有了较深入的认识，在反思在线教学的利弊时，她似乎找到了解决这一问题的答案："通过在线教学平台发布即时信息，教师可以实时了解学生对新知识的掌握情况，学生也能在有疑惑时立即获得反馈。"尽管 C 老师没有对此解决办法进行深入的剖析，但她对问题的理性分析体现了她在努力从理论的层面来提高自己对问题的认识，这种意识对于教师的反思能力的提升尤为重要。只有认识到理论的重要作用，才能激发教师学习教育教学理论知识的动力，否则，教育教学理论很难走进教师的教育实践，教育实践也很难生成教育教学理论。

（二）教学反思能力提升受阻，教师自主发展意愿不强

在教学实践中成长，在自主学习和共同体的集中学习中提升教学学术能力，是本研究的初衷和使命。通过两轮的行动，新入职教师在成长的过程中也经历了困难和挫折。就本轮行动而言，新入职教师们普遍存在的问题包括相互影响、相互关联的两个方面：一是教学反思能力尚处于起步阶段，缺乏理论深度；二是终身学习意识有待提高。

1. 教学反思中的"勤""深"挑战

反思要做到"勤"和"深"，才能实现创新和进步。常言道，做一件事情简单，但要坚持做一件事情却很难。"勤于反思"且要将其付诸文字，并不是一件很容易的事情。尽管在本轮行动中，学习共同体仅要求每位新入职教师每周分享一篇教学反思，但期待她们能够每次上完课后都有反思，哪怕是很简要的反思也好。然而，据了解，除了必须完成的一篇教学反思日记之外，大部分教师都未做到坚持反思和写作，即使是提交的那篇反思，往往也是匆匆完成，缺少了深度的思考和探究。这是教学反思一大忌讳。在整轮行动中，有两位教师各提交了十三篇教学反思，最少的提交了九篇，有两位教师因故未参加这一活动。对于教师的教学学术能力提升而言，这是远远不够的，至多也只是一个引导性的开始而已。即使如此，每周一篇教学反思日记也让教师们颇感困扰，诸如"不是每周都会有新的想法""到后来就没有新的想法了，教学反思成了任务性地堆砌细节，意义不大"之类的表述在问卷反馈中也不罕见。那么，"究竟是什么限制了大家的思维？是什么让本该丰富多彩的教学反思变得索然无味甚至成了一种任务或负担？其主要原因在于教育教学理论知识的缺失，其次是新入职教师对教学反思的意义及其撰写技巧掌握不足。"（PR20220220）为此，学习共同体集中学习了撰写反思的要点和技巧，倡导各位教师成员养成坚持撰写教学反思的习惯，并在每次的教学反思中都能较上次有进步，以逐步实现从"量"到"质"的蜕变。然而，要做到这一点，不仅需要教师们对教学反思的必要性和重要性有充分的认识，而且要求教师们能在实践中表现出很强的自律性，能做到持之以恒、不断积累。

如果说"勤"是对教学反思的"量"的体现，"深"则是其"质"的体现。教育理论知识的匮乏，是制约教学反思走向深入的主要因素。前文提到范梅南基于哈贝马斯对人类认识的三类兴趣而提出的三个层次的教师反思：

技术性反思、实践性反思和批判性反思。教师的教学反思要从技术性走向实践性和批判性，不仅需要扎实的教育学、心理学、社会学理论知识，而且需要通过反复的实践和演练来提升反思能力。问卷反馈显示，教师们在撰写、分享教学反思的过程中，存在以下问题："无法形成系统的语言和思路，对存在的问题更多是用通俗的口语表达记录，无法向系统研究的角度转变，缺乏教育教学理论的支撑""反思的深度不够，更多的情况下是看到了课堂上存在的一些问题及困难，但在反思时无法挖掘问题的本质，也不能找到很有效的方法来解决问题"。可见，新入职教师目前遇到的最大障碍依然是教育教学理论知识的不足，以至于教学反思中只有问题的堆砌，没有对问题的分析和解决问题的方法。

　　然而，教学反思是教师成长的主要路径，教师需充分认识教学反思的重要性，了解制约教学反思的因素，掌握教学反思的基本技巧，在勤于反思的基础上，不断提升反思的深度，以不断更新个人教学理念、完善知识体系、提升能力素养，逐步实现从"量"到"质"的转变。尽管自本学习共同体建立伊始，教学反思一直是关注的重心，尽管在行动开展一年以来教师成员的教学反思意识在不断加强，有个别老师也养成了撰写教学反思的习惯，但受个人教育教学理论知识的钳制，教学反思的深度难以提高，致使教学反思在一定程度上进入瓶颈期。有教师在问卷反馈中提到，"参加了共同体的学习活动之后，自己渐渐养成了撰写教学反思的习惯，但在撰写过程中遇到的最大问题是理论知识不足，有时无法准确使用科学的语言描述教学中出现的问题，更无法给出相应的解决方法，因此很多时候就停留在简单的描述层面。"（QN20220116）可以看出，在一定意义上，教育教学理论知识的缺乏已成了教师反思能力提升的绊脚石，亟需通过各种路径不断补充和完善。

　　对教学问题的深度反思，既要寻求相关理论知识的指导，也需要文献的支撑，而这些都需要投入大量的时间和精力。因此，在教师入职初期，尽量要避免承担繁杂的工作任务，以减缓在适应期在时间管理上的压力和焦虑，也能够有时间和精力对自身的教学进行有效反思，在各方面不断提升自我。然而，新入职教师承担各种驳杂的工作任务，是现实中的一种普遍现象，要改变这一现象,需要管理层面的协同,需要在文化制度上加强对新入职教师成长发展的高度重视。在这一现状未能得到扭转之前,新入职教师自身需要学会妥善管理时间,加强自主学习,除参加针对性的培训和引导外,更重要的是要利用各种线上线下学习的机会,不断完善个人知识体系。处于职业发展的初始阶段,新入职教师具有很强的可塑性和创新性,是养成良好职业习惯的最佳时机。一旦形成了勤于反思的习惯,具备了深入反思的能力,就会为教学学术能力的提升打下坚实的基础,为自身专业发展铺平道路。

2. 终身学习意识有待提升

在本轮行动中,E、F二位老师因故缺席,未能参加集中学习活动。但在本轮行动中的经验分享活动之前,梅老师在路过教师休息室时惊喜地在新入职教师中瞥见了E老师的身影。然而,活动开始了,E老师并没有与其他新入职教师一起进入会议室来听取Z老师的经验分享,而是选择留在休息室等待另一场活动的开始(在此之前,L院长已通过QQ群通知各位新入职教师参加完经验分享活动再去参加另一场活动)。"她的心里是怎么想的呢?这样难得的交流机会,难道她一点儿都不珍惜吗?要知道,在前期调研的时候,大家最希望参加的活动就是经验分享,而Z老师是学院有口皆碑的好老师,如此好的机会摆在面前,她为什么会选择放弃呢?"梅老师有些百思不得其解。尽管后来在L院长的督促下,E老师参加了后半部分的分享交流,也积极地与Z老师进行了互动,但看得出她还是觉得有些不自在,可能是由于有请假在先,她已是将自己置于此类活动之外,让自己成了"局外人",让共同体的学习成了"可有可无"的存在。

在本轮行动的读书分享环节,主讲者会花较大心思去认真学习、凝练分享内容,而其他教师的学习情况不得而知。从参与程度来看,在结合所学内容分享自身实践的环节,教师们表现迥异,有的分析得很透彻,而有的仅仅停留于浅层的描述。由于集体学习的次数有限,读书分享活动的时间有限,仅能抛砖引玉,发挥引导性的作用。此外,教师个体差异导致了很难找出大家都感兴趣、对大家都有意义的学习材料。"读书分享比较占用时间,一本书就占用了3次集中学习时段,战线有些长。加之每位教师的个人需求不同,集体学习同样的内容，并不是很好的选择。"（CR20220114）因此，在经过 3 次集中的读书分享活动之后，共同体对教师成员提出了自主学习的要求，希望教师能够根据自身需求，开展针对性的自主学习或选择参加线上线下学习培训。然而，在后来的交流中，梅老师发现，教师的自主学习很难得到保障，主要原因有二：一是学术氛围使然，教师们自我提升的欲望和动力不足；二是终身学习的理念尚未形成，在时间管理上存在一定的困难。"时间"依然是导致自主学习很难开展的主要因素。

　　一般而言，新入职教师充满青春活力，具有强烈的求知欲和上进心，但是在这一阶段，如果没有终身学习的意识，这些宝贵的财富就会很快淹没于工作和生活的琐事之中，导致浑浑噩噩、碌碌无为。通过对集中学习的观察，可以看得出，对自身发展有清晰认识的教师，会充分利用一切可以利用的机会提升自我，表现出极强的时间观念、集体荣誉感和应有的担当。相反，学习意识比较淡薄的教师则会出现与所处职业阶段格格不入的忙乱、被动、倦怠等现象。一般来说，新入职教师在经历了 1～2 年的适应期后，各种事情都会趋于稳定，就容易出现安于现状、不注重培养终身学习理念的状况，使自己的专业发展提前进入平原期，对后期的发展造成不良的影响。经过一年多的入职锻炼，几位新入职教师基本上已经过了入职初期的迷茫期，但如果缺乏积极向上的动力，就会在熟悉工作环境、熟练工作任务之后，容易放松对自我的要求，过早滑入职业倦怠的泥沼。教育高质量发展呼吁高素质的教师队伍，新入职教师只有养成终身学习的习惯，才能在职业之初树立正确的个人发展观，在持续学习中不断提升自我，不负当今日新月异的时代对教师的基本期待。

（三）需进一步加强理论学习，不断提升教学反思水平

　　针对本轮行动中凸显的问题，在接下来的行动中，将在进一步强化教师的教育教学理论学习的同时，积极引导教师寻求教学实践与教育教学理论之间的对话。

1. 继续强化教育教学理论学习

　　对于 X 学院的新入职教师而言，入职即上岗的工作经历尽管存在准备不

足、仓促应战的弊端，但从教学经验积累的视角来看，也是其优势所在，即为新入职教师提供了充足的教学实践机会，让她们做到了真正意义上的"在实践中成长"。在这种情境下，教师可能在实践中逐步形成自己独特的教育教学信念和方式，但是这样做的一大风险就是新入职教师容易迷失于教学实践，易陷入迷茫的境地和故步自封的僵局，不利于知识视野的拓展和理论水平的提升，有碍于教师的长远发展。在缺乏相应的教育教学理论的指引时，教学实践就会盲目、无目的，容易沦为简单、机械化的操作，让教学失去应有的魅力和吸引力，过早引起职业倦怠感。本研究中，教师们在撰写教学反思的过程中出现了对问题的认识比较主观肤浅、无法深入分析问题、找不出合理的解决路径等困惑；在自由讨论活动中，也是局限于个人主观体验的分享，很难将经验上升到理论的高度。导致这些问题的根源，就在于相关教育教学理论知识的缺失。

为有效避免这些现象的发生，新入职教师在教学实践中探索创新的同时，要密切关注学科前沿知识，更新和完善自身的 PCK，通过自主学习等路径不断丰富教育教学理论知识，加深对教育基本问题的认识，提高教育活动的科学性，为创新教学手段、提升教学质量、深化教学研究提供源源不断的理论指导和支持。鉴于职后学习的特殊性以及成人学习的特点，个人知识体系的不完善主要通过教师的自主学习来弥补。信息技术的快速发展，为教师自主学习提供了丰富的资源和难得的机遇。在线课程、各类讲座、工作坊等比比皆是，教师可以依据自身的需求选择适合的学习平台或资源开展自主学习。至于时间问题，在当今快节奏的社会，碎片化学习已经成为时代所需，尤其是在职学习，很难保证整块的学习时间，因此新入职教师需学会妥善安排时间，合理分割学习内容，通过碎片化学习来逐步提升自我。

2. 寻求实践和理论之间的对话

脱离实践的理论是空洞的理论，没有理论指导的实践是盲目的实践。教学学术旨在为教学实践与教育教学理论搭建沟通的桥梁，在运用理论指导实践的同时，在实践中进一步丰富理论，使二者之间形成良性互动，不仅有助于丰富教学实践的内涵和意义，而且可以为教育教学理论的发展提供源源不断的"活水源头"。然而，如前文所述，学科性质及教育背景使然，本研究中的 11 位新入职教师的教育教学理论知识普遍缺乏，造成了知识结构失衡的现象，严重制约着教师教学学术能力的提升。随着教师教学反思意识和能力的提升，教育理论与实践之间的对话将走向一个新的高度，进而对教师的教育教学理论水平提出更高的要求。这就要求教师在加强理论学习的同时，在教学活动中将理论与实践紧密结合，以加深对理论的理解、认识和应用，提高教学、教研、教育的效率和效果。理论和实践的积极互动，反过来也会让教师的教学反思能力得到锻炼和提升。在此过程中，教师的教学理念、教学知识会得到转变和提升，教师的学术交流意识也会有所加强，因此会在整体上促进教师教学学术能力的发展。

教学学术理念倡导教学的公开性。教师的教学从"私人化"走向"公开化"，始于教师对教学中的问题和困惑的公开分享和探讨，成于教师在教学实践中对教学问题的反思探究，终于对教学研究成果的公开交流。本学习共同体在组建初期就鼓励新入职教师在不断丰富教育教学理论知识的同时，用所学理论指导教学实践，并在实践中积极开展教学研究，即针对教学中的具体问题进行深入探究。在本研究的开展过程中，教育理论一直是教师自主学习的重心，尽管进展缓慢，但教师们对教育理论的重要性的认识有所提高，意识到"在平时的学习中，要主动学习教学理论，研读相关文章，使自己的想法找到理论支撑，慢慢锻炼，逐渐形成系统思路"。（QN20220116）此外，教师们就教学中的问题进行了多次集体交流，并通过教学反思的方式将问题以及对问题的思考付诸文字，以期深化对问题的认识。在第二轮行动研究的后期，共同体对成员的教学研究提出了一定要求，建议她们在教学反思的基础上逐步聚焦、凝练教研主题，并在集中学习环节予以分享，以便为后期的深入探究奠定基础。在接下来的行动中，共同体将引导教师成员尝试开展教学学术研究。由于教学学术属于"慢"学术，研究周期长，因此学习共同体在行动开始之时，就要求各位新入职教师在实践中关注教学问题，逐步聚焦，并能够在第二轮行动结束前确定研究主题、围绕主题梳理相关的文献，并在此基础上形成研究计划。

第五章　第三轮行动：提升学术交流能力，
推进融合发展

　　经过前两轮行动中的集中学习和自主学习，各位新入职教师的教学理念有所转变，教学反思意识和能力有所提升，对自身的知识结构也有了更为深入的认识和了解。然而，受各种因素的制约和影响，这些变化和发展仍处于缓慢起步阶段，且教学学术能力各维度之间存在发展不平衡的现象。在实践中，新入职教师既要注重各维度的单向发展，也要注重各维度间的融合发展。作为本研究的最后一轮正式行动，本轮行动将引导新入职教师发挥主观能动性，更加全面地促进教学学术能力的发展。

一、以交流展示为落脚点优化行动方案

　　第三轮行动在延续前期行动的基础上，侧重教师学术交流能力的提升以及教学学术能力四大维度的整合，旨在通过引导教师开展行动研究来实现教学学术能力的整体提升。在进一步明晰新入职教师的学术交流能力以及教学学术能力各维度融合发展之后，学习共同体综合考虑 X 学院的发展规划、新入职教师的诉求以及本研究的计划安排等各种因素，结合问卷调查（见附录五），形成了本研究的第三轮行动方案。

（一）新入职教师学术交流能力现状

　　学术交流能力是教学学术走向公开化的关键。在前期的学习交流中，教

师的口头交流能力和书面交流能力都在一定程度上得以锻炼和提升。学术交流能力是教师教学学术能力的集中展现，只有与教师教学学术能力的其他三个维度融合共生，方能有效促进教师教学学术能力的提升。本研究中的学术交流主要是指教师围绕教学问题所开展的知识、观点、经验、成果的分享和交流，形式包括讨论、讲座、展示、发表成果等。教师的学术交流能力体现在教师对教学问题的清晰表述、深入探究和分享交流方面。教师要关注学生的学习和成长，善于捕捉教学中的问题，勤于反思、阅读和写作，乐于分享和交流。在前两轮的行动中，本研究中的新入职教师对教学实践中的问题进行了较为深入的思考和讨论，"以学生为中心"的理念已逐步深入人心，新入职教师的教学反思能力有了初步提升，但受限于教育教学理论知识的不足和时间保障问题，她们对相关问题的探究难以深入推进。

目前，几位新入职教师的教学学术交流能力整体上还停留在对教学问题的非正式讨论层面。职业发展初期，高校教师的重心工作是熟悉和适应教学，对教学学术关注不足甚至有时候望而却步。受限于身份定位、交流平台和个人发展规划，新入职教师的教学学术意识不强、学术积累不足、交流机会少、学术交流能力有待提高。学习共同体的几位新入职教师更是由于教学任务繁重，在一定程度上冲淡了对教师的学术追求，但以教学为主的教师更应关注教学学术、积极开展教学学术研究。然而，现实中，新入职教师的教学学术交流机会很少，尽管在前两轮的行动中，学习共同体一直在鼓励和引导她们探讨教学实践中的问题，但囿于时间、经验以及知识体系，她们的学术交流能力尚处于起步阶段。相对于其他类型的学术而言，教学学术是一种慢学术，教学学术能力的提升也是一个复杂而又漫长的过程，需要在工作实践中点滴积累，积少成多，聚沙成塔。为此，教学共同体需鼓励教师成员针对性地开展教学研究、教学展示，借助集体的力量拓展思路，通过广泛阅读拓宽视野，逐步形成可视化的教学研究成果。

（二）教学学术能力融合发展的意义

教学学术能力的提升，是其四大维度的深度融合、综合提升的结果。其中, 教学理念发挥着基础性、先导性作用, 是培养教学学术意识、开展教学学术研究的先决条件; 教师的 PCK 是教学学术能力的核心和关键; 教学反思能力是提升教学学术能力的主要路径和内驱力; 学术交流能力是教学学术能力的集中展现形式和外显方式。四者相互关联、相互影响、彼此促进, 教师在提升各维度的过程中, 需注重各维度之间的融合, 逐步形成合力, 促成教学学术能力的整体提升。通过第一、二轮的行动, 新入职教师在上述各个维度都有所进步, 但依然处于起步阶段。由于前期的引导和训练都侧重于单个维度的发展, 各维度之间未能有效关联、相互影响, 尚未形成合力, 需要进一步加强融合发展。

前两轮行动一直在引导共同体成员关注、反思、探究教学中的问题, 逐步聚焦主题, 尝试开展行动研究。在第二轮行动中, 学习共同体提出了分享教研主题的要求——引导教师成员聚焦问题, 查阅相关文献, 并形成初步的研究计划。这是学习共同体在教学问题的讨论从非正式口头交流迈向学术交流的关键一步, 是教师开展教学学术研究的开端, 也是对教学学术交流能力综合演练的开始。在第二轮行动结束之际, 2019 年入职的 7 位教师已有相对固定的教研主题并已着手开展相关的文献检索和理论学习, 2020 年入职的 4 位教师也在教学实践中逐步挖掘教研主题。由于教学学术研究的周期长, 在本研究的开展阶段, 可能无法形成公开发表的相关成果, 但良好的开端是成功的一半, 如果各位新入职教师能像期待的那样, 坚持探究所聚焦的主题, 日积月累, 成果的形成和发表指日可待。

(三) 第三轮行动方案

第一、二轮的行动中, 学习共同体主要在引导新入职教师关注教学、关注学生、在学习和实践中不断改变个人的教学理念、完善个人的知识体系、提升反思能力。其间, 新入职教师将个人的学习和共同体的学习交流相结合, 不断从被动走向主动, 从个人走向集体, 教学交流不断深入, 为进一步激发新入职教师的主动性、深化分享与交流, 本轮行动的主要目的在于引导新入职教师"走出去", 即通过展示、交流等方式, 让新入职教师的教学实践和教学研究得以展示，在展现个人教学能力和学术能力的同时接受他人的评判，促进知识的共享共建。鉴于 2019 年入职的 7 位教师成员的三年入职培训期将在本轮行动结束时告一段落，她们将是本轮行动集中学习阶段的主角，需按要求进行教研主题分享和教学能力展示；其他 4 位教师以观摩学习为主，但要积极参与互动讨论，并积极为后期的教研主题探讨和教学展示提前做好准备。按照学习共同体对新入职教师的要求，7 位新入职教师已基本完成相关教研主题的研究计划，为交流和分享做好准备。

问卷调查结果显示，在自主学习方面，新入职教师们充分认识到教育理论的重要性，表达了强烈的学习意愿，希望有更多的"可自由支配的时间"深入学习；在集中学习环节，教师们对前期开展的经验分享活动给予了高度的认可，期待在接下来的学习中增设有关教学比赛经验的分享，为各位备赛的教师传授经验和技巧。为此，在集中学习环节，学习共同体拟邀请参赛经验丰富且教学效果良好的优秀教师 M 老师为大家作经验分享，系统全面地讲解学科主要教学竞赛活动、参赛流程、赛前准备以及参赛经验等，为新入职教师做好"以赛促教"提供指引和帮助；在自主学习环节，本轮行动要求新入职教师能够继续开展个性化的理论学习，通过自主阅读、参加各类线上线下教学会议及培训、撰写教学反思等方式来提升个人的教育理论素养和反思能力，并能将理论学习与个人所选择的教研主题紧密结合，以实现理论与实践的积极互动。

上好每一堂课是对一线教师最基本的要求，也是新入职教师面临的一大挑战。自入职以来，"如何上好课"一直是本学习共同体讨论的焦点，也是教师们在实践中反思最多的问题。为此，结合 X 学院对新入职教师培养要求，本轮行动安排了教学能力展示环节，作为 2019 年入职的 7 位教师告别三年入职培养期的"汇报表演"。对于本研究而言，教学能力展示也是教师教学交流的一个重要组成部分，旨在展示其综合教学能力和专业素养，可以在一定程度上展现教师的教学学术能力。按照要求，教师们需在共同体内部展示自己认为最"得意"的一个完整教学片段。在授课内容方面，学习共同体给予了教师充分的自主权，让她们选择自己喜欢的教学素材，更加清晰地彰显教师的个人偏好、充分发挥个人的潜力、展现个人最高的教学水平。这就意味着，每位教师在选择展示片段的时候，首先要对"什么是好的教学"有正确的理解；其次要对自身有清晰的认识，能够准确把握自身的优势。为此，教师所选的教学内容和现场的教学能力展示，都能从一定程度上体现出教师的教学理念、知识储备、教学技巧、沟通表达能力。同时，教学能力展示可以以简洁直观的方式展现教学技能，也可以从不同的视角展示教学的勃勃生机，因此也是共同体成员之间学习借鉴的良好机会。教学能力展示后的反思和讨论环节，其他教师需客观理性地进行点评和讨论，有助于促进教师深入反思和交流，也有助于启发教师对教学问题的探究。因此，教学能力展示不仅可以提升和展现教师的教学能力，而且可以促进教师教学学术能力的综合提升。

基于以上各种考虑，结合本研究的总体计划、X学院的发展规划以及各位教师成员的具体发展需求，梅老师提出了本轮行动的初步计划。学习共同体对此进行了集体商讨，细化了具体内容，最终形成了第三轮行动计划（见表 5-1）：

本轮行动作为前两轮行动的延续和发展，其集中学习环节以教师的学术交流能力为核心，融合多重维度，全面提升教学学术能力。主要内容涉及三个方面：一是教研主题分享：要求每位教师聚焦教学中的某一具体问题，开展教学研究，撰写研究计划并在集体学习中分享、探讨，集思广益；二是教学经验分享：侧重教学比赛经验分享以及如何发挥以赛促教的作用，激励新入职教师积极参加各类教学比赛，指引她们通过比赛实现个人教学能力的快速提升；三是教学能力展示：作为对入职三年期满的总结，2019年入职的7位教师需展示精彩教学片段。在教学能力展示环节，每位教师分别做30分钟的教学能力展示，旨在督促教师总结和反思教学，凝练教学经验，展示教师入职以来在教学方面的成长和发展，为后来入职的教师做好示范。自主学习环节在强调教育教学理论的基础上，凸显针对个人教研主题的理论探究；鉴于教学反思中存在的瓶颈问题，本轮行动要求教师继续坚持撰写教学反思，但不要求分享教学反思，希望教师们在日常积累的基础上在本轮行动结束后提交学期教学反思。

表 5-1　第三轮行动方案

目的	提升学术交流能力：鼓励新入职教师参加线上线下各种学术交流活动；在学习共同体的集中学习活动中，通过教研主题分享和教学能力展示等方式，培养教师成员参与交流分享的意识，提升交流能力和交流水平。		
	促进教学学术能力的多维度整合提升：在前两轮行动的基础上，强调教师加强教学学术各维度之间的相互关联，巩固前期强调的教学理念、教师知识和反思能力三个维度的发展，加强教师学术交流能力的培养，引导各维度的融合发展，推动新入职教师教学学术能力的整体提升。		

内容	形式	学习时间（暂定）	学习活动	负责人
	集中学习	2022.03.16	教研主题分享1：A、B、C、D老师	梅老师
		2022.04.06	教研主题分享2：E、F、G老师	梅老师
		2022.04.29	教学能力展示1：A、B、C、D老师	L院长
		2022.05.25	有经验的优秀教师分享经验	M老师
		2022.06.22	教学能力展示2：E、F、G老师	L院长
	自主学习	1.新入职教师根据自身特点和需求制定个性化的学习计划、选取学习材料，逐步提升教育教学理论水平，在教学实践中尝试运用理论指导实践，深入反思，对教学中存在的问题开展探究；收集和整理好相关材料，学期末对本学期的学习情况进行交流汇报。 2.总结上一轮行动中撰写教学反思过程中存在的问题与不足，逐步提升教学反思的质量和效果，在反思中成长，通过反思提升教学质量和教学水平；在注重教学反思质量的同时，需将撰写教学反思常态化，提高撰写教学反思的频次，尽量做到每次教学后都有反思；本轮行动不要求每周分享教学反思，但需在本轮行动结束后提交学期教学反思。		

二、尝试学术交流，展示教学能力

在经历了两轮行动之后，共同体成员已经熟悉了这一学习模式，能够较为自主地抽空自学相关学科前沿和教育理论知识，可以从学生的立场去反思教学并对教学中的问题进行一定程度的反思，在改变教学理念、完善知识体系、提升反思能力方面有了较好的开端，且形成了持续改进的思维理念和行为习惯。这些惯性做法，将会伴随教师的职业生涯。在这一过程中，集中学习活动中所提供的自由发言和交流的机会，让教师们能够更加有效地表达自己的思想，"她们的逻辑思维更加的清晰、发言内容在质和量上都有较大改观"。（PR20220212）有了前两轮的经验，本轮行动的集中学习环节得以顺利开展,只是由于疫情的影响,前三次活动在线开展,后两次活动线下开展。自主学习环节依然由教师依据自身要求选择学习内容,重点在于教育理论学习和教学反思能力的提升,疫情防控期间居家办公,倒是为自主学习提供了较充分的时间。

(一) 教学研究主题探讨

为引导新入职教师更为深入地开展教学学术,就具体教学问题开展探究,并能将研究计划、研究进展以及研究结果在学习共同体内部或其他范围内分享交流,本轮行动将教学研究主题分享列为重点之一。学习共同体在组建之初,就提出了开展行动研究的要求和计划,并在整个研究过程中不断提醒、督促新入职教师密切关注教学实践问题,逐步聚焦到比较突出的问题并围绕该问题开展研究。经过近一年的思考和准备,2019 年入职的 7 位教师均对自己选择的主题展开了初步的研究 (见表 5-2),在一定意义上迈出了教学学术研究的第一步。7 位教师所选的主题都与教学实践紧密相关,其中 A 老师和 G 老师的主题都与"课堂参与"有关,而"课堂参与"是学习共同体前两轮教学问题讨论环节的热点问题,也是困扰大家的主要问题。两位教师从不同的视角探讨了这一问题的解决之道,其他几位教师也从教学方法与手段、信息技术、学生的能力、学生个体差异等方面对教学实践展开了研究,体现了一线教师的责任感,也体现了教学学术在解决教学实践问题的使命和担当。

表 5-2 2019 年入职的 7 位教师的教学研究主题

序号	教师编号	教学研究主题
1	A	本科生课堂参与的质性研究
2	B	翻转课堂在某课程教学中的应用研究
3	C	某教学平台在某课程教学中的实践与反思
4	D	某课程教学中多重能力的融合
5	E	某课程教学中的性别差异研究
6	F	以文化人——文化教学在某课程中的实践
7	G	大学生课堂参与度的提升路径探索

　　尽管当初在分配教研分享任务时，各位教师都表现出一定的畏难情绪，教学研究的开展也比较被动，但到了分享阶段，各位新入职教师还是尽心尽力，将自己的前期所做的研究工作进行了精心梳理，分享中也体现出了一定的学术味道。虽然几位教师的教学研究主题分享是通过在线平台开展，但气氛仍然非常热烈。尤其是第一组分享的几位教师，对所选主题核心概念的解读详尽、研究思路清晰，将计划中本来比较随意的分享提升到了学术交流的水准，让分享活动似乎成了一个小型的学术会议，两场教学研究主题分享活动，每场接近三个小时，远远超出了计划中的两个半小时。现场浓厚的"学术"氛围，感染了大家的情绪，点燃了大家尘封已久的学术兴趣，也进一步改变了大家对教学学术的认识。几位具有博士学位的教师学术造诣较深，教研分享深入浅出，学术味儿与诙谐幽默共存，为大家营造了严肃活泼的交流氛围。在她们的带动下，其他几位教师也不甘示弱，都精心准备和深入思考，为共同体呈现了一段段精彩的学术交流片段。

　　A老师在本学习共同体中总是扮演着模范带头作用，她也自然成了第一个作教学研究主题分享的人。她所选的主题是"本科生课堂参与的质性研究"，而"质性研究"是共同体集中学习中一直倡导的研究方法。尽管各位新入职教师也只是在学习共同体的集中学习阶段对质性研究有了简单了解，但是这种方法在教学研究中的独特作用引起了大家的兴趣。A老师在分享中难掩兴奋之情："质性研究为我们打开了另外一扇窗，这种接地气的方法很适合教学研究，它让我们能够摆脱太多技术的钳制，可以静下心来零距离观察和思考教学实践。"她建议各位新入职教师关注教育教学理论和教育研究方法，跳出学科的常用研究范式去研究教学问题。A老师曾觉得教学研究离自己很远，但在参与了本次教研分享活动后，她觉得，"教学研究主题分享，有助于拓展自己的眼界，了解其他教师的研究方向和思路，扩充知识，取长补短。每位新教师在自己的成长道路上都会遇到相同或不同的困难，听取别人的经验，有助于打开自己的思路。"的确如此，分享交流的意义也就在于营造良好的学习氛围，在传播知识的同时促进参与者之间的良性互动，相互借鉴学习，实现共同成长。

在自由讨论环节，新入职教师也展示了平日里难以看到的一面。置身于一个学术交流的场景，她们围绕所选主题侃侃而谈，一下子摆脱了"新入职教师"的稚嫩，没有了平日的腼腆和被动，多了一些学者应有的自信和气质。由于所选主题与教学紧密相关，很容易引起其他教师的共鸣，在每一位教师完成教学研究主题分享之后，教师们也都会针对主题积极建言献策，在对相关研究进行评判的基础上，提出了个人的意见和建议。2020 年入职的 4 位教师，也一改平日的被动，积极参与讨论，表现出很强的主动性和学术自信。以往在探讨教学问题的时候，她们总觉得自己比其他几位教师晚入职一年，在教学经验、能力各方面处于弱势地位，因此表现得更为谦逊，不善于发表个人的见解。而在这样一个"学术交流"的场合，那种隐形的鸿沟似乎已经消失，她们竟然也都能勇敢自如地表达个人的观点，甚至时而会冒出比较"犀利"的言辞，颇有"学术自由"的味儿。

尽管目前各位教师所做的只是初步的探索，更多的是对所选主题相关文献的梳理，但从中可以看出，教师们在实践中已对相关话题进行了较多的关注和思考，且能将研究的目的定性为提高教学质量、促进学生的成长。这说明，教学学术理念已深入人心，各位新入职教师已能把握教学的重心。接下来，新入职教师们要做的就是认真审视和探究教学实践，对实践中的问题展开深入的研究，以期更好地理解教学、改进教学实践、丰富教学理论、提高教学质量和水平。虽然这次引导新入职教师开展和分享教学研究的活动仅仅是一个尝试，但作为新入职教师成长中的一次重要经历，可以帮助她们体悟教学研究，深化对教学学术的认识，提高教学学术交流的意识和能力。学习共同体鼓励各位教师批判性地吸纳同伴们的意见，不断推进对各自教学研究主题的探究，在此过程中感悟理论与实践之间的积极互动，逐渐形成可视化的研究成果，如论文或课题等，进而开启教学学术探索之旅。

（二）教学比赛经验分享

优秀教师的经验分享，是最受各位新入职教师欢迎的集中学习活动。在每次邀请经验分享人之前，梅老师和 L 院长都会结合新入职教师的需求以及每一轮行动研究的重点，确定受邀分享的教师。本轮研究的重点是教师的学术交流能力以及教学学术能力的综合提升，旨在让新入职教师"走出去"，即从幕后走到台前，从倾听者和实践者变为主导者和展示者。结合前期调研中教师们对教学比赛经验的需求，教学能力强、参赛经验丰富且多次获奖的 M 老师自然成了本轮行动的经验分享者。M 老师勤于学习和钻研，教学理念和方法先进、专业基础扎实、逻辑思维能力强，是 X 学院青年教师中的佼佼者。作为一线教师和基层教学组织负责人，她充分利用各种学习机会提升自我，尤其是在教学比赛方面非常活跃，曾在各级各类教学竞赛中多次获奖。在作本次经验分享时，她正在以团队主讲教师的身份备战一项全国性学科教学比赛，近期（2022 年 12 月初）获悉，该团队最终跻身 17 强进入全国总决赛并荣获全国一等奖。

由于新冠疫情的影响，M 老师的经验分享较原计划有所提前，依托腾讯会议平台在线开展。借助精心准备的电子课件，M 老师从个人成长经历、参赛心得、反思领悟三个方面分享了个人的经验和感受，完整展示了自己从新手教师发展为骨干教师的成长历程。如同她精干的外表和干净利落的做事风格一样，M 老师的课件也非常简洁清爽，其中所呈现的都是她精心梳理的个人成长经验的要点和精华。比如，她将教学比赛中教学设计环节的要点凝练为四点："引人入胜的开端、跌宕起伏的发展、豁然开朗的高潮、发人深省的结尾"，言简意赅、朗朗上口、方便记忆。在谈及教学比赛的意义时，她也总结了四点："肯定优点、反思不足、交流分享、以赛促教。"这些浓缩的精华都有 M 老师成长道路上积累的点滴，都凝聚着她的付出和努力。

在成长的道路上，M 老师一直坚守着对教学的热爱、秉承着终身学习的理念，在实践中充分利用每一次机会锻炼自我，不断超越自我，即使在人生低谷时期，她也没有放松对自己的要求。梅老师清楚地记得，M 老师有一次代表 X 学院参加一次重要的教学比赛，但在赛前不久突发疾病并接受手术治疗，就在大家都觉得应该弃赛的时候，她却坚持参加比赛并且取得了非常优异的成绩。在赛场上，尽管少了一份往日的干练，声音也略显沙哑，但她精巧的设计、缜密的思维、流利的表达和深入浅出的讲解，给在场的每一位评委和观众留下了深刻的印象。她讲道:"作为一线老师,坚持上好每一堂课是我们的天职,但要做到这一点,就要坚持学习,积极参加各种教学交流活动,利用各种机会提升自我,同时要学会观察和思考,持之以恒,不断积累。"(M20220329)"有志者事竟成",在一次次历练中,她形成了自己独特的教学风格和教学方法,在教学方面取得了应有的回报。她的成长经历告诉大家,挑战和机遇并存,付出就会有回报,参加各类教学比赛,带给她的不仅仅是各种挑战和荣誉,更重要的是经验、自信和成长。

在大学的文化生活中,新入职教师往往会活跃于各类教学比赛,这也是教师快速提升自我的主要路径之一。许多优秀的教师都是在一次次的教学比赛中不断成长起来的,但随着教龄的增长,教师参加教学比赛的热情一般会逐年递减。然而,M老师是个例外,她一直在不断超越自我,在梅老师的记忆中,每一类学科比赛中都少不了M老师的身影。难能可贵的是,每一次比赛下来,她都会认真反思其中的不足,虚心请教、取长补短,积极吸取经验教训,在教学实践中不断改进,为下次的比赛做好准备。在大家的眼里,M老师在教学比赛方面"闯劲儿十足,百战不殆,乐此不疲",在"以赛促教"方面为大家树立了榜样。在本次的经验分享中,M老师将自己多年积累的宝贵经验简洁明了地分享给各位新入职教师,既开阔了大家的视野,也激发了大家参与教学比赛的兴趣和信心。在接下来的自由交流中,M老师耐心地解答了各位新入职教师的疑问,鼓励她们在入职初期积极参与各种教学比赛,通过参赛来助力个人成长。M老师的经验表明,"以赛促教"是一条布满荆棘的捷径,但只要勇于披荆斩棘,就会尽快实现教学能力的提升。

(三) 教学能力展示活动

由于疫情原因,有4位教师的教学能力展示依托腾讯会议平台在线开展,其余3位线下展示,学习共同体的全体成员以及部分基层教学负责人参与其中。7位新入职教师对教学能力展示予以充分的重视,在内容选择、教学设计、课件制作等方面做了充分的准备。由于所教课程不同,每位教师选择的内容各不一样,教学的侧重点也不一样,但各位教师都态度端正、准备充分,尽己所能为在场的各位老师呈现了一段段精彩的教学片段。梅老师在观察日记中这样写道："当站上讲台的那一刻，大家貌似都卸下了'新入职教师'的标签，转身成为'教学能手'，一个个落落大方、侃侃而谈，有条不紊地为大家展示自己的'拿手好戏'。那份自信和从容，是学习共同体一直希望看到但却很少看到的东西。即使是在平日听课的时候，也没有这种感受和体会。"（PR20220523）每个人在说课和讲课环节，都做到了思路清晰、表达流畅、衔接自如，体现了良好的个人素质和教学能力。继教学能力展示活动之后，在场的教师对各位老师的展示进行了点评和分析，肯定了其中的优点，提出了改进的建议和意见，达到了分享交流、共同进步的目的。

7 位教师在教学中都充分践行了"以学生为中心"的理念。其中，G 老师选择的内容与课程思政相关。她授课的内容与文化的重要性相关，在选材的过程中，她细心挖掘与教学内容相关的思政元素，结合实例对比"文化自卑""文化自负"和"文化自信"，让学生了解"文化自信"的重要意义，深刻体会"文化兴国运兴，文化强民族强"的深刻内涵。她精心设计教学的每一个环节，非常自然地将思政元素融入教学内容，其中提到的中华文化的精髓，可以激发学生的民族自豪感，同时也可以唤醒学生在实现中华民族伟大复兴中的使命感和责任意识，达到"润物无声"的教书育人效果。G 老师非常注重启发和引导，尽管当时没有学生在场，但在她的引导下，在场的每位教师都成了她的学生，积极地参与互动，气氛非常活跃。D 老师平日不善言谈，但谈及教学问题时，她会滔滔不绝分享自己的独到见解，这在前期的交流中给大家留下了深刻的印象。在本次教学能力展示中，她通过在教学中巧妙设计问题，引导学生积极思考、从不同的视角分析问题，以培养学生的批判性思维。她的整个教学设计严谨，思路清晰，讲授张弛有度，让学生在非常舒适的情境中，既掌握了知识，又学会了思考。就连平日比较"高冷"的E 老师也表现得颇有激情。有别于其他几位教师所选的教学内容，她选择的是一类习题的讲解。在展示过程中，她对题目的透彻分析，体现了扎实的专业基础；在演示做题的过程时，她耐心启迪诱导，对学生的能力水平有很好的把握，体现出很强的课堂管控能力。

通过一段段鲜活、个性化的教学能力展示，每位教师都展现了其独特的教学风格，她们有的温文尔雅、娓娓道来；有的逻辑严谨、环环相扣；有的风趣幽默、寓教于乐；有的稳扎稳打、循循善诱。教师智慧与教学内容的融合，让每一个教学片段都富有生机、与众不同。"原来教学可以是如此丰富多彩。"S老师在观看了几位教师的教学能力展示后感叹地说。的确如此，可能是前期准备充分的缘故，梅老师在这个环节观察到的是一个个充满朝气和自信的年轻面孔，站在讲台上的每个人，无论在仪态仪表还是在讲授内容和方法方面，都表现出了该有的能力和素养。可以看出，经过几年在专业实践中的学习成长，几位教师已经脱离了当初的青涩，成长为具有一定胜任能力和专业自信的教师，在三年入职培训即将期满的时候，她们个人的身份定位已发生了很大的变化，已"整装待发"，为踏入下一个成长阶段做好了准备。

三、基于整体行动的总结与反思

与前两轮行动不同的是，本轮行动赋予了新入职教师更多的主动权，让她们通过自主学习、教研探讨、教学展示、反思交流等方式，在学习共同体中扮演更加积极主动的角色。进入第三个阶段，共同体各环节的学习活动的开展都更加地深入和顺畅。这主要得益于以下三个方面的原因：首先，新冠疫情的影响，居家办公为学习共同体成员腾出了较多的可自由支配时间，保障了自主学习计划的落实；其次，学习共同体的管理经验日趋成熟，各项活动的统筹安排更趋合理、高效；再次，随着共同体学习活动的深入开展，教师之间相互学习借鉴的意愿更加强烈，学习自觉性和自主性日益凸显，学习内驱力也逐渐得以唤醒。至此，本研究的主要行动已基本完成，在第三轮行动结束之际，梅老师通过半结构式访谈的方式，结合个人的观察和反思以及新入职教师的反思，从整体行动的层面，对本研究进行了总结和反思。在访谈环节，对11位新入职教师分别进行了半小时左右的访谈（见附录七），并对访谈全过程进行了录音、转录，整理出7.5万余字的访谈内容。在对访谈内容、教学反思仔细研读和分析的基础上，总结和归纳出本研究所取得的收获和存在的不足。

（一）教学学术能力在教学理念和反思能力的维度明显提升

随着学习共同体学习活动的不断推进，教师们的自觉性和参与度都逐步提高，彼此之间的交流更加默契，在教学理念、反思交流能力等方面都有明显的变化和进步，自主学习与学术交流的意识和能力得到了一定的锻炼和提升，教学学术能力的各个维度也开始走向融合发展。

1. "以学生为中心"教学理念的回归

在访谈中，大多数新入职教师认为加入学习共同体以来最大的收获就是教学理念的转变，即将关注点逐步转移至学生，能够围绕学生开展各项教学活动并根据学生的反馈进行动态调整。入职初期，由于教学经验的缺乏和教学内容的生疏，教师们的教学更多停留在"知识的讲授"层面，完整、流畅自如地完成内容的讲授成了许多教师的追求。过度拘泥于讲授内容，让新入职教师将目光紧紧聚焦自身，无暇顾及对学生的了解和关注，导致"教"与"学"严重脱节，背离了教学的初衷和使命。在学习共同体的引导下，各位新入职教师一改昔日僵化的教学模式，逐渐将目光转向学生。A 老师在访谈中说道："以前授课的时候，我没有办法时刻关注到授课对象，我好像只是在注重把我的知识点要讲完，我不管学生是否吸收到这些知识，但是现在我就能够时刻在课堂上做到灵活的转变，能够关注学生的反馈，并根据反馈调整自己的授课。"（IVA20220702）教学理念的转变，不仅使教师摆脱了一些外部条件的约束，也为教学注入新的活力，让教学由展示性的单向度输出变成了更加灵活的双向甚至多向的师生互动，课堂也由此转向师生学习共同体。

教师们对学生的关注，体现在诸多方面，如了解和掌握学生学习目的、基本需求、学习水平及其对知识接收情况等，更为重要的是，教师要依据所了解的情况动态调整教学，为学生的学习、成长营造氛围、创造条件、提供动力。I 老师在教学反思日记中写道："通过参加学习共同体的各项活动，我开始更加重视学生的反馈和学习效果。无论是教学设计还是教学方法的选择，都会站在学生的角度，思考能否激发学生的学习兴趣，能否帮助和引导学生的学习，也开始特别注意知识输入的方式、及时观察学生的反馈并根据学生的整体反馈调整教学方式方法。"（RI20220722）老师在教学中能设身处地为学生着想，认真对待学生的反馈、注重激发学生的学习兴趣，积极调整教学方法，这表明她已经可以在教学实践中自觉地践行"以学生为中心"的理念，在教学中渐渐让学生参与学习成长的过程。发自内心为学生着想的教师才是好教师，当这一理念成为一种自觉行动，就会自然地激发教师的使命感和责任感，激励教师潜心教育教学，为促进学生的发展、成为一名"好教师"而不断努力。

教学学术以促进学生的发展为最终目的，而教学理念的转变是教学学术能力提升的基础。教学理念的转变，使新入职教师在职业发展初期就能树立以学生为中心的理念，有助于培养正确的学术观，增强对神圣课堂的敬畏感，并乐意通过努力不断提升自我，以改进教学、提升教学质量，助力学生的成长。几位新入职教师在教学理念上的转变，让她们在实践中将教与学紧密结合起来，能够从学生的角度出发去思考教学、发现教学中的问题并积极探求问题的解决方法。这说明，她们已经不仅在理念上发生了转变，而且已将此理念付诸实践，在教学的各个环节密切关注学生并依据学生的具体情况调整自己的教学。在此基础上，教师会不断反思自身教学以不断改进教学实践；诉诸学科知识、教学法知识以不断提升个人的 PCK；强化教育教学理论的学习以更好地诠释和解决实践问题；积极参与分享交流以实现知识的共享共建。因此，教学理念的转变，让学生回归到教学的中心地位，让教师们能够依此开展各项教学工作，充分发挥学生的主观能动性，让学生由被动的知识接受者变为知识的共同建构者，积极主动参与个人的学习和成长。可以说，"以学生为中心"理念的落实，意味着新入职教师迈开了教学学术发展的关键一步。

2. 实践性教学反思能力的稳步提升

教学反思能力是提升教学学术能力的主要抓手，故而在本研究的每一轮行动中都在强调和训练。从第一轮的非正式交流到第二轮的教学反思日记的撰写，再到第三轮教学研究主题的探讨，学习共同体分阶段引导新入职教师反思教学实践，逐步提升教师的教学反思意识和反思能力，使教学反思不断走向深入。尤其是在撰写教学反思日记阶段，各位教师对教学反思有了更加深入的认识、对如何进行教学反思有了更多的体验和思考，在很大程度上推动了教师实践性教学反思能力的提升。对于教学反思，D老师经历了"排斥—接纳—习惯"的心路历程，通过撰写教学日记，她渐渐养成了坚持反思的习惯，并能通过反思来改进教学实践。她在访谈中坦言："当初布置撰写教学反思日记任务的时候，心里还是有些排斥的，但后来在撰写的时候，逐渐让自己产生了一些新的想法。比如在找到应对教学问题的方法时，我就会去想在下次再遇到类似问题的时候，我就用这个方法去解决，并在此基础上继续思考，慢慢地由浅入深。在这一过程中，我个人也是成长了不少。"（IVD20220705）据观察，其他几位新入职教师的经历也大同小异。习惯的养成至关重要，坚持更是需要毅力，坚持撰写教学日记，是提升教师教学反思能力、实现教师快速成长的主要路径。将反思付诸文字的过程会激发教师进一步深入思考，长此以往，教师教学反思会走向自觉，反思的深度也逐步增加，反思的水平也会越来越高。

教师之间的分享交流，不仅可以激励教师深入反思教学，而且可以激发灵感、丰富反思内容。不同教育背景教师之间的交流，有助于从不同的视角去分析和解决教学中存在的问题，不仅可以拓展教师的思维和视野，更重要的是可以更加有效地促进学生的学习。其他教师的教学经验、教学反思日记，都可以进一步促进教师对自己教学的反思，进而激励教师不断改善自己的教学。在本研究中，A老师一直是学习共同体集体活动的积极贡献者。由于她自身接受过博士阶段的学习和历练，问题意识强，目前又担任R专业的负责人，责任感强，因此在学习共同体的诸多活动中都扮演着模范带头作用。她认为："这一年半以来的交流学习，共同体学习活动涉及面广，既有有经验教师的分享交流，也有对我们自身的教学反思，还可以和来自不同专业背景的教师交流，让大家能够通过不同视角来反思自己的教学。"（IVA20220702）在她看来，集体学习活动中经验分享、教学交流，都是难得的学习机会，因为每个人看待问题的视角不同，都值得学习借鉴、反思自己的教学。对此，S老师也深有同感："通过学习其他教师的好的做法和经验，反省自己的教学，尝试着去改善教学，在感悟反思中慢慢成长。"（IVS20220707）新入职教师之间的分享交流，既可以相互学习借鉴，也可以彼此鞭策，形成良性竞争，在促进教学反思方面发挥了积极的激励作用。

通过学习共同体的系列活动，教师们的教学反思逐步从与自我的对话，走向与同伴的对话，最终转向实践与理论的对话。在经历了第一、二轮行动之后，在第三轮的教学研究主题分享环节，教师们从平日的教学反思中凝练问题，逐步聚焦于特定问题并尝试开展教学学术研究。在此过程中，教师的反思内容更加具体，在对问题的解决路径上会突破主观性的判断，转而诉诸相关的教育教学理论，开启教学实践与理论实践的对话，使反思更加深入、更加客观和富有理性。比如 A 老师所选的教学研究主题是《本科生课堂参与的质性研究》，她从令人困扰的教学实践问题出发，尝试用观察法、访谈法以及实物收集法等方法去收集信息，然后借助班杜拉的三元交互决定论来分析学生的课堂参与问题，有针对性地寻求解决这一问题的路径。教学反思的一大难点，就是客观、理性地分析问题，探索有效解决问题的路径。可以看出，A 老师对这一教学中最常见却又很令人头痛的问题已经在理论层面有了一定的认识，这是她教学反思能力提升的直接表现。其他几位教师也在积极寻求实践和理论的关联，"几位教师都从不同的角度对教学相关的一些问题进行了深入的思考，都有一定的理论深度，使学习共同体学习活动的学术性越来越强"。（PR20220508）在反思的深度方面，教师们依然存在个体差异，但 A 老师的分享无疑为大家提供了很好的借鉴和参考。

3. 对教学学术的认识日渐清晰

让教学走向"公开化"，是教师开展教学学术的关键。在本研究开展期间，学习共同体一直在引导新入职教师逐步学会分享和交流自己的教学，从讨论教学中的问题、撰写教学反思到教学能力展示和教学研究主题分享，再到后续的教学学术研究，逐步转变教师的教学理念、丰富教育理论知识、培养反思能力和交流能力，进而达到提升教学学术能力的目的。在第一、二轮的行动中，新入职教师已经对教学学术有了较为深入的理解和认识，在教学理念、教育教学理论、反思能力三个维度已经有了一定的发展，交流能力也得以不断锻炼和提升。第三轮行动所开展的教学能力展示和教学研究主题分享活动，既为教师们回顾和总结教学经验、深化对教学的理解和认识、提升教学技能尤其是教学交流能力提供了锻炼平台，也为教师们开展教学研究、尝试教学学术提供了实践机会，让教师们教学学术能力尤其是交流能力进一步得到锻炼和提升。尽管这两项活动的主要参与者是 2019 年入职的7 位教师，但 2020 年入职的 4 位教师在此过程中也通过观摩学习、参与评价和讨论等方式加深了对教学学术的认识和理解，为自己即将开展的教学能力展示和教学研究主题分享提供思路和借鉴。

学习共同体近一年半的引导和学习，深化了新入职教师对教学学术的理解，拉近了她们与教学学术之间的距离，让她们对其意义有了更清晰的认识。在访谈中，几乎每位教师都对其重要性和必要性予以充分的肯定，均表示出开展教学学术的意愿和兴趣。B 老师来 X 学院之前有过高校工作经历，但她也是在本学习共同体中第一次接触教学学术理念，她认为："教学学术对于每位教师都是非常重要的，因为在学生和教师自身的成长中会出现各种问题，有待于我们进一步发掘，而这些问题的有效解决会促进教学质量的提升。"（IVB20220702）教学学术能力是衡量高校教师专业素养的主要指标，一线教师都应该在实践中潜心教育教学研究，做到教研相长，为学生的发展以及教师个体、学科、学校乃至整个高等教育的发展提供不竭动力。夯实基础、站稳讲台，然后在实践中发掘教学研究主题，应是许多新入职教师从教学逐步走向教学学术的规划路径。B 老师积极参与课程改革、教学研究项目以及各类教学比赛，尽力通过多种途径提升个人的教学学术能力，初步取得了一定的成绩。

对于将来如何开展教学学术研究，各位新入职教师也有比较清晰的认识和构想。"目前感觉自己还处于积累教学经验的过程中，只能发现教学中的问题，尝试着去解决问题，但要上升到教学学术研究，还需要不断积累知识、掌握方法，因此现在还处于一个扎根或者积累的环节，需要慢慢地去发现自己感兴趣的并且相对来说也有一定的研究意义、能够对自己的教学有改进的主题。"（IVG20220705）开展教学学术研究，不仅需要一定的教育学、心理学基础,而且需要掌握一定的学术研究方法,对于新入职教师而言,还需要一定的积累,但对教学学术的接纳和认可,已经表明教师对教学学术有了正确的认识。心理距离的缩小,意味着新入职教师逐渐改变了学术理念,将教学学术纳入自己的学术范畴,并开始思考开展教学学术研究必备的能力和素质,这对于开展教学学术研究来说至关重要。

对于如何平衡科学研究与教学学术,多数新入职教师倾向于寻求二者之间的耦合发展。由于教师们职前都有比较明确的科学研究方向和一定的研究基础,因此,起初在谈及学术时,大家都觉得学术就是科学研究,教学就是实践。而现在各位教师成员对于学术的认识不再是狭隘意义上的学术,而是开始积极思考如何将科学研究与教学学术研究相结合,同时兼顾原来的研究方向和目前的教学实践。"教师的身份其实决定了我们应该是针对教学当中的一些问题开展研究,然后再回馈、指导教学。国内的一些专家在科学研究和教学学术的耦合发展方面做得很好,这表明它们并不是完全不相容的,我们得寻找二者之间的相互促进。"(IVA20220702)如 A 老师所言,教师的各种学术之间是紧密关联的,但是每个人的精力是有限的,为了减轻学术研究压力,避免教学学术与科学研究之间的二元对立,教师需积极寻求二者之间的契合点,努力实现二者的耦合发展。

(二) 时间保障、教学学术自信及专业引领方面存在不足

纵观整个研究过程,学习共同体在推进教师教学学术能力提升的过程中,主要的困惑源自时间保障、教师对教学学术的态度以及专业引导三个方面。

1. 宝贵而又稀缺的学习时间

X 学院新入职教师的教学学术能力提升行动,基本上是一项全新的尝试,对新入职教师来说也是一项新的任务,这对于工作任务繁重的她们来说无疑是一种额外的"负担"。尽管她们对于本活动的开展也曾怀有疑虑和担心,但自加入学习共同体以来,每位教师都尽其所能积极参与各项活动。然而,可自由支配时间的缺乏,影响了各项活动的深入开展,尤其是自主学习的有效开展。以 B 老师为例,用她自己的话说,她就是一个"精力旺盛,闲不下来

的人",时间本不该是一个问题,但在一年多以来,时间问题却一直困扰着她:"在参加共同体学习的过程中,遇到最大的障碍就是时间问题。其实我觉得对于所有的教师来说,大家都想找一个时间静静地去思考,但是现在整个来说,大环境就不允许你这样,课头多、备课任务重,还有其他任务要做,反正各种事情让人感觉每天都忙不过来,但是也不知道自己究竟忙了些什么。"(IVB20220702)事实上,B老师的周课时数并不多,但是课头多、备课量大,而且她还同时担任了班主任工作以及党支部和系(部)的部分管理工作,可供她自己支配的时间确实少之又少。X学院的大部分新入职教师的教学工作量都比较繁重,而且同时要兼任班主任,部分教师还承担系(部)管理工作,所以整体在时间安排上都非常紧密,可自由支配的时间非常有限,严重影响了教师们的自我学习和自我发展。

入职初期,是教师适应角色转换、认识自我、提升自我的关键时期,过于驳杂的工作任务会让教师们忙于应付各种事务,错失学习提升的良好时机。各种工作任务的驳杂,让新入职教师尚未适应环境就进入忙碌的奔波状态,给她们的成长道路上留下了一些缺憾。每每谈及时间问题,大家总会有各种感慨。F老师在谈起时间问题时,不无遗憾地说:"如果没有那么多课,我们也去经常听听别的老师的课,参加各种像咱们这样的学习活动,这样刚好可以将学习和实践结合起来,效果可能会更好。"(IVF20220705)学习共同体对新入职教师有听课要求,但是这一任务一直很难落到实处,主要原因就在于没有时间,即使去听了他人的课,也没有时间去细细商讨和反思,无法达到预期目的。至于说学习共同体要求的自主学习,也是因为时间问题未能很好执行。自主学习的主要内容是教师教育教学理论,这对没有师范教育背景的教师来说至关重要,也是提升教师教学学术能力的重要组成部分。然而,因为工作繁忙,自主学习一直未能深入开展。S老师愧疚地说:"说实话,自主学习这一块儿做得不好,没能弥补教育理论方面的欠缺,尽管一直在强调要弥补这方面的不足,但是确实没有系统地去弥补,还是时间问题,真的是没有时间静下心来去学习。"(IVS 20220707)

对教师个体而言,由于工作任务的驳杂,教师的自主学习和教学反思无法得到保障，即使能够发现自身的问题和不足，也没有时间针对性地弥补短板，严重阻滞了新入职教师的成长和发展。然而，时间不仅困扰着教师个体，也是整个学习共同体遇到的最棘手的问题。由于时间问题，本来安排好的集体活动往往会一推再推，有时候一次活动的时间变更次数有四五次，给学习共同体的工作开展带来了诸多不便。比如，每一轮的最后一次集中学习交流往往就到了结课阶段，教师们除了监考等任务之外还会有各种其他的活动需要参加，即便前期经过多次协调，也会因各种临时的安排出现请假现象，对集体学习活动的气氛和效果都造成了很大的影响。本研究的最后一次集体学习，连续三周都因各种时间冲突迟迟不能落实，几经周折终于安排在了大家都能参加的一个时段，然而很遗憾的是，本来按计划 X 学院的书记和院长都要出席本次学习活动，但就在活动召开前夕，由于学校临时召开会议而未能如愿，在一定程度上打乱了学习共同体既定的安排，也为本研究留下了一定的缺憾。

2. 近在咫尺却又遥不可及的教学学术

尽管本学习共同体自建立伊始，就一直在强调教学学术理念，各位教师成员在教学实践中也在逐步落实这一理念，取得了积极的成效。对许多高校新入职教师来说，教学实践甚至都是陌生的，需要花时间和精力去了解和适应，更不用说教学学术，即对教与学的系统研究了。因此，当提及教学学术时，尽管大家非常认可其重要性和必要性，但是在实际行动中，许多新入职教师会觉得教学学术"离自己很遥远""没有时间和精力去关注"，进而抱有敬而远之的态度。在与几位教师交流的过程中，梅老师了解到她们还是倾向于传统意义上的学术研究，即科学研究，对教学学术或多或少存有畏难情绪。由于各位新入职教师在攻读硕士或博士学位期间，都有各自相对固定的研究方向，因此当提及"学术研究"，她们自然就会回到之前的科学研究主题。比如，D 老师很热爱教学，也勤于琢磨如何上好每一堂课，但是在谈及教学学术时，她坦言："还是对以前所学的专业感兴趣，想继续做一些与毕业论文主题相关的研究，教学学术还是觉得遥不可及。"

虽然教学学术与教师的教学实践密不可分，但却成了教师眼中"陌生"

的研究领域，是什么使教师们舍近求远去选择科学研究呢？主要原因在于教师职前缺乏对教学的了解和实践，致使入职后教学成了一个全新的领域。"很多教师所学的专业与教学没有关系，他们在自己的专业领域做研究较为熟悉和得心应手，但在教学与自己的研究方向之间很难找到契合点。对于刚开始从事教学工作的教师来说，教学学术似乎比自己的研究方向更陌生，更需要花费精力。"(QNC20220116) 的确如此，教学学术对教师的教育教学理论知识有一定的要求，但这是大部分高校教师入职前所缺少的，只能在职后教育或自主学习中逐步积累。此外，许多高校教师在攻读硕士或博士学位期间，在科研方面已有一定的积淀，相比全新的教学学术要更加得心应手。因此，对大多数高校新入职教师而言，教学是一门全新的技术，而教学学术更是一个陌生的领域。

部分新入职教师对教学学术望而却步，认为当前还没有时间和能力去开展真正意义上的教学学术研究。K 老师在访谈中讲道："作为大学老师，教学实践与教学学术这两者应该是互相促进的，只是在初期阶段更加关注的是教学，等自己对教学内容、方法比较熟悉、更加有空闲的时候可能会把关注点会转向教学学术。"(IVK20220709) 现实中，由于种种原因，教师们会对教学学术常常抱有等待、观望的态度，这部分显示虽然教师们对教学学术的重要性有充分的认识，但对自身的学术能力缺乏自信。而事实上，对一线教师而言，教学学术能力是必备的基本素质，因为关注学生、反思和探究教学，不断深化对教学的理解，提升教学质量和水平，是一线教师的首要任务。教学学术探究的对象就是教师的教与学生的学，就是教师教学实践的核心，而并非是大家所认为的遥不可及。教学学术作为一种研究范式，有其相对固定的步骤和路径，教师们在选定教学研究主题后即可以按既定步骤开展研究。在实践中，教师们在一定程度上都在开展教学学术，只是尚未提升到正式层面而已。因此，教学学术就在教学实践中，只是需要引起教师们的重视。鉴于入职初期大部分高校教师教育教学理论知识缺乏、教学经验不足、身心尚未完全做好角色转换的准备等现实情况，入职初期针对性的引导和学习培训显得尤为重要。

3. 心有余而力不足的专业引领

L院长在整个研究开展中发挥了非常重要的作用，她既是本学习共同体与学院之间的沟通桥梁，也是各项活动的积极参与者和指导者，为学习共同体各项活动的顺利开展提供保障和指导。X学院的其他领导和部分教师也对共同体的活动给予了很大的支持和帮助。其中Y院长是本学习共同体的精神支柱，她不仅亲自参与学习共同体的活动，为新入职教师现身说法，鼓励她们珍惜难得的学习机会，在入职之初养成良好的职业习惯，以教学学术为切入点打好专业发展的基石，还经常鼓励梅老师坚持本研究，在遇到困难的时候不要轻言放弃。X学院领导们的"有什么需要学院层面做的，就尽管告诉我们"这句简单又朴实的话语，给了梅老师足够的信心和动力。尽管在整个研究过程中并没有出现特别棘手的问题，但各位领导的支持和信任使梅老师即使在很焦虑的时候也能坚持推进行动计划。在大家的鼓励和帮助下，本研究才得以顺利开展，然而，本研究的主题对大家来说都比较陌生，而且X学院目前没有教师发展方面的专家，加之受疫情影响，学习共同体未能邀请到学院以外的专家参与其中，因此在遇到各种困难的时候，只能在共同体内部寻求帮助，存在着很大的局限性。

梅老师作为本行动的促进者和引领者，尽管此前在新入职教师培养方面有一些工作经验，在读博期间也一直在关注教师发展和教学学术相关领域，但从研究层面来看，这也是一个新的挑战，她也只是在行动中不断学习和摸索。由于专家团队的缺失，梅老师有时候会有孤军奋战的无助和失落，在遇到困难和挫折时，她也曾表现出焦虑和犹豫不决，缺少了应有的自信和坚毅。因为本研究主要局限于学习共同体成员之间的分享交流，在交流的规划、内容、方式以及深度方面都囿于共同体成员自身的知识和能力，在对新入职教师的引导、教学学术能力提升方面都存在很大的局限性，行动的效果也因此受到很大影响。此外，相关经费的缺乏以及疫情的影响，也使得学习活动的形式趋于单一，主要以在X学院内部开展活动为主，走出去的机会很少，在视野拓展、交流层次和交往范围方面也都非常有限。纵观整个行动开展的过程，学习共同体在不断探索中逐步调整学习内容和活动方式，专业引领有所欠缺，影响了活动开展的进度、深度和力度。

回顾整个研究过程，梅老师的经历中又多了一份与教师的"不解之缘"。她自幼梦想成为一名教师，在她的成长历程中，教师们的无私奉献、顽强拼搏和对学生无比的关爱，深深地感染着她，激励着她一路砥砺前行，帮助她圆满实现了"当老师"的梦想。老师们是她的筑梦人和领路人，如今当她满腔热情投入教学，与她心爱的学生一起遨游知识的海洋时，她也希望每一位教师都能在职业发展的道路上心有阳光、向阳而行。也正是出于这份执念，她选择了与 X 学院的新入职教师们一道探索教学学术能力提升之旅，这对她而言也是一种历练和成长。尽管有着很好的初衷和愿景，梅老师在此过程中却也经历了忐忑、焦虑和彷徨，但每每在困惑的时候，初中班主任的那句口头禅——"没有解决不了的问题，只有不想解决问题的人"——就会在她的耳边响起，提醒她静下心来去思考问题，想办法解决问题。为弥补自己理论知识的欠缺，她不断地去和老师同学们请教，去书本里寻找答案；为拉近共同体成员之间的距离，她主动创造机会与她们沟通、交流；为促进学习活动的顺利开展，她既是引领者，也是促进者，但更多时候是服务者。

在一年半的行动研究中，尽管在整个过程中总有些磕磕绊绊，总有些心有余而力不足，但正确的初衷是强大的力量，在大家的共同努力下，共同体在摸索中成长、发展，在每个人的成长道路上留下了或深或浅的印迹。在此过程中，梅老师对新入职教师有了更深入的了解，结合她们成长的环境，尝试着更好地去理解她们的所思所想，并根据她们的特点调整行动的动向，在专业知识、组织管理能力、沟通交流能力等方面均有所提升。具体来讲，对教师的教学学术能力、学习共同体和行动研究有了更深入的认识和感悟；对如何引领学习共同体以及如何通过自身影响他人积累了更多的经验；在人际交往和各种角色转换方面变得更加游刃有余。更让她欣慰的是，在她和 L 院长的推动和引导下，共同体的成员们的态度和行动逐步发生了转变，渐渐由排斥变为接纳、由被动变得主动、由迷茫变得自信，在自己成长的道路上有了更多的主动参与和付出，也对自己的专业发展有了更多的思考和规划，在成为"好老师"的道路上渐渐绽放出个性的光芒。

纵然本研究暂时告一段落，但它对 X 学院的影响正在逐步展现。一方面，本研究为 X 学院的新入职教师培养工作提供了新的契机，让这一停滞已久的工作突破重重障碍焕发新颜，让该项工作既有理论的指引，也有实践的支撑，做到了理论与实践的融合并进，为新入职教师的专业发展奠定了基础、指明了方向。目前，X 学院的新入职教师培养工作仍在逐步深化，各位新入职教师在 L 院长的带领下在努力实现教学学术可视化的道路上继续努力。另一方面，在本研究的影响下，教学学术的理念在 X 学院得以广泛传播。对许多教师而言，教学学术不再是一个陌生概念，教学也不仅仅是实践，而是一种值得研究的学术，这让他们对教学实践有了新的认识，也从中获得了一份自信和希望。此外，教师的终身学习意识和团队合作意识也有所加强，出现了多个自发或有组织的学习小组，活跃于各类学科竞赛和教学改革活动之中。X 学院各方面的改革与发展永无止境，某一方面的发展必将带动和促进其他方面的发展，本研究犹如一个有力的触发点，为 X 学院的全面发展提供了新的动力和契机。终点也是起点，虽然本研究已落下帷幕，但 X 学院的改革与发展仍在继续……

结　语

　　本研究依托新入职教师学习共同体，在为期一年半的时间内开展了三轮行动，每轮行动紧密关联，逐步深入，从不同的维度促进新入职教师教学学术能力的提升。其间有犹豫、有焦虑，也有沮丧和失落，但更多是与共同体成员一起学习、成长的快乐和惊喜。对梅老师而言，本研究不仅让她对行动研究、教学学术能力以及教师发展有了更深入的了解，更重要的是，她自身在整个研究过程中不断反思成长，并且通过自己的努力带动和促进了共同体其他成员的成长以及共同体整体的发展。

一、启发

　　本研究通过组建新入职教师学习共同体、营造教学学术文化、开展针对性的学习和培训、倡导行动研究，从教师的教学理念、教师的 PCK、教学反思能力、学术交流能力四个维度逐步促进新入职教师教学学术能力的提升。回顾整个研究过程，可以得到如下启发：

（一）新入职教师教学学术能力的提升需要充裕的可支配时间

　　本研究遇到的最大障碍是时间问题。各种任务之间的时间冲突、新入职教师可自由支配的时间少，对学习共同体各项活动的顺利、深入开展造成了很大的阻碍。仅就学习活动的安排而言，每次集中学习都会或多或少存在时间冲突，对组织者以及各位参与者都造成一定的困扰，也影响到了学习活动在共同体成员心目中的地位。在学习活动的开展方面，也因为教师成员时间投入不足，在前期准备、参与互动以及反思提升方面都未能达到预期要求，严重影响了整个学习的效果。同时，新入职教师工作任务驳杂，对开展自主学习造成了很大的困难。在每一轮的自主学习环节，尤其是教育教学理论学习环节，各位教师成员遇到的最大问题就是"没有时间"。尽管在学习共同体的引导下，这一情况有所转变，但教师开展自主学习依然存在各种困难，其教育教学理论知识的提升严重受阻。

新入职教师处于职业发展的初期，需要有一定的时间去适应新的环境、熟悉教学、体悟教学、反思教学。太多的工作任务，会让新入职教师疲于应付各种任务，无暇静心思考教学、认识教学、开展教学、反思教学，更无从谈及教学能力的提升。就教学学术能力而言，新入职教师教学理念的转变、知识体系的完善、教学反思能力和学术交流能力的提升，仅从实践经验中总结凝练是远远不够的，专业的引导和针对性的学习培训必不可少，而这些都以时间保障为基本前提。脱离了这一前提，教师的教学学术能力提升就会严重受挫。教学学术能力对于新入职教师的专业发展至关重要，但其复杂性也对教师的时间投入提出了较高的要求。因此，在实践中，应为教师留出充足的可自由支配的时间，让他们在专业引领的基础上，积极参加针对性的学习和培训、加强自主学习，为职业生涯开启良好的开端。只有这样，新入职教师的教学学术能力才能在各个维度实现相互促进、共同发展，为今后的专业发展打下坚实的基础。

（二）新入职教师教学学术能力的提升有赖于专业团队的引领

院（系）是教师成长的主要场域，在新入职教师教学学术能力提升方面有其独特的优势，同时也负有不可推卸的责任。一方面，教学学术本身就是对教学的研究，深深根植于教学实践，因此，教学学术能力的提升不能脱离教学实践，而必须在专业的引领下，引导教师在教学实践中培养"敏于观察、勤于思考、勇于探索、乐于交流"的意识和能力。教师所在院（系）作为连接教师和教学实践之间的纽带，便于结合教学实践持续深入开展新入职教师教学学术能力提升工作，有效杜绝教师的学习培训与教学实践脱钩的现象。另一方面，教师所在院（系）负有引导教师适应环境、规划职业生涯、提升教学能力和职业素养等重要职责，对新入职教师的个人发展提供专业引领和支持保障。院（系）良好的教学学术文化，有利于引导新入职教师树立正确的学术观念，培养其热爱教学、潜心教育教学的品格。院（系）在教学学术方面提供的专业引领，可以助推新入职教师教学学术能力的快速提升，为专业发展奠定坚实的基础。因此，作为责任主体，新入职教师所在院（系）可以发挥独有优势，依托教师学习共同体，从教学学术能力的四个维度着手，由单点突破到融合发展，逐步推进教学学术能力的整体发展。

然而，在院（系）层面提升教师的教学学术能力，需有专业指导团队的引领。X学院相关专业团队的缺失，既为行动的引领者和组织者造成了很大的压力，也对行动的顺利、高效开展造成了很大的影响。专业团队不仅可以为新入职教师的教学学术发展制定切实可行的学习培训计划，而且可以通过组建教师学习共同体与新入职教师共同参与学习，发挥示范引领作用，带领他们开启教学学术发展之路。此外，专业引领有利于缓解入职期的焦虑感和孤立感，引导新入职教师尽快适应新的环境、融入新的集体；形成正确的职业观，养成热爱教学、潜心教育教学的职业习惯；树立正确的学术观，处理好教学和研究、理论与实践之间的关系；深化教学反思，积极开展行动研究，加强教学实践与教育教学理念之间的对话和互动；妥善处理工作、生活和学习的关系，培养自主学习能力，养成终身学习的习惯，使学习生活化、惯性化；为新入职教师教学学术交流创造机会和平台，培养教师的批判性思维和学术交流能力，深化新入职教师对教学学术的认识。因此，专业团队既为新入职教师教学学术提供价值引领，也为其教学学术能力的全面提升创造条件、提供动力。教师所在院（系）应注重专业团队的培养，助力新入职教师的专业发展。

（三）新入职教师教学学术能力的提升以自主学习为主要渠道

新入职教师在精力、时间、学习能力等方面都具有很多优势，具有很强的适应能力和可塑性。站在事业发展的起跑线上，他们精力充沛、富有热情，对职业充满期待和向往，能够积极应对新环境中的各种压力和挑战。尽管对于大部分高校新入职教师而言，教学是一项全新的工作，需要在实践中不断地学习成长，但由于大多新入职教师都完成了研究生阶段的学习，具有较好的专业素养和学术功底，在专业的指引和激励下，他们的这些优势将会在工作中得以利用和发挥，帮助他们在教学学术方面快速成长。入职初期有关教学学术方面的针对性的学习和培训，有助于激发新入职教师的热情和潜力，引导新入职教师尽快适应环境、融入集体，顺利实现角色转换；在教学中转变教学理念，关注学生的学习；加强理论学习，完善个人知识体系；积极反思教学，创新教学方法；加强沟通交流，在互学互鉴中共同成长；实现各维度之间的融合发展，促进教学学术能力的综合提升。在此过程中，专业引领必不可少，但更重要的是新入职教师需具有很强的自主学习意识和能力。

职后学习对于任何职业来说都至关重要，教师行业更是如此。在信息日新月异的今天，职后学习变得愈加重要，自主学习也因其"成本低、响应快"而成为许多人职后学习的主要途径，也因此成为成人学习的一大特点。从学习者个人层面而言，自主学习能力受个人对待学习机会的态度、对自己是有效学习者的认识、学习的独立性和主动性、对自我学习的责任心、对学习的热爱、创新性以及个人发展目标等多重因素的影响。[1]然而，自主学习能力并不是每个成人天生就有的，而是需要在职后教育中重点培养和追求的。[2]新入职教师针对教学学术能力的自主学习，主要目的在于弥补自身知识体系的不完善之处，这对他们而言都是新的知识和内容，更需要在一定的指导和规划

　　① Guglielmino,L.M.Development of the self-directed learning readiness scale[J].Dissertation Abstracts International,1977(11):64—67.

　　② Brookfield,S.D.Self-directed learning:a conceptual and methodological exploration[J].Studies in the Education of Adults,1985(1):19—32.

下开展，以节省学习时间和成本、提高学习效率。只有这样，新入职教师才可以有明确的自主学习目的和方向，端正态度，掌握正确的学习方式，激发学习热情，在反复实践中不断提高自主学习能力，进而驱动教学学术能力的不断提升。

（四）新入职教师教学学术能力的提升取决于其个人发展意愿

个人发展欲望是个人在成长方面不断进步、提升和突破的积极意愿。在本研究中，新入职教师们表现出不同的个人发展欲望，有的积极主动，有的略显被动，有的随波逐流。这与她们个人的成长经历、个性特征、职业理想、学习能力、兴趣爱好、自我认知等有着密切的关系，可以在一定程度上反映她们对自己的要求以及对未来的期许和追求。个人发展欲望较强的教师，在集中学习、个人学习以及教学中都比较积极、主动，也表现出较强的时间管理能力和较高的工作效率，对自我的要求也会更高更严。她们多年来在学习和生活中养成的良好习惯和品格，在工作中得以延续和发展，驱使她们在职业道路上继续努力，不断提升教学能力和研究能力、促进个人的专业发展。

个人发展欲望产生于个人内在的动力和向上的追求，可以推动个人不断学习、探索和创新，实现个人潜力的最大化。这一欲望需要不断的激励和支持。对于新入职教师而言，激发个人发展欲望，有助于在职业生涯之初明确目标、增强自信，为专业发展提供强大的内驱力。只有在个人发展欲望的驱动下，新入职教师才会积极主动地通过加强自主学习、深化教学反思、更新教学理念、创新教学方法、主动探索教育教学规律等路径不断提高个人能力和素养，提升教学质量，逐步实现个人价值。要做到这些，新入职教师需充分利用各种学习机会拓宽视野，培养对教育教学的热情和责任感，认真反思个人的优点与不足，发掘个人的兴趣和潜力，为自己设定明确、可行的专业发展计划，在持续学习中不断完善自我。

二、建议

新入职教师是学科发展的未来，也是不断改进学院教学工作的希望。他们教学学术能力的提升直接关系学院的未来，也与其个人发展息息相关。新入职教师教学学术能力的提升受多重因素的影响，其中教师个体及其所在院（系）发挥着关键作用。针对本研究中发现的问题与不足，本研究就院（系）层面新入职教师教学学术能力的提升提出以下建议：

（一）对教师所在院（系）的建议

教师所在的院（系）是新入职教师的教学实践基地，是提升教师教学学术的中坚力量，需发挥资源优势，合理设置新入职教师职后培养体系，倡导教学学术，加强引领和培养，健全激励机制，引导新入职教师在教学实践中积极开展学术研究，在实践中不断提升教学学术能力。

1. 健全职后培养体系，发挥院（系）在教学学术能力提升中的核心作用

由于大部分高校新入职教师都缺乏师范类教育背景，教育理论、教学技巧等储备不足，因此职后学习和培养尤为重要。然而，目前高校教师的职后培养体系尚不完善，存在针对性不强、缺乏连贯性、与实践脱钩等问题。为此，要建立分工协作、上下连贯、可持续的一体化高校教师职后培养系统。各高校要在国家、省级统一培训的基础上，设置符合本校特色的培养体系，发挥教师所在院（系）的关键作用，分工协作，共同促进新入职教师的发展。如前文所述，教师所在院（系）是新入职教师的教学实践基地，在将教师的理论学习与教学实践相结合方面具有得天独厚的优势，因此应在学校的指导下发挥积极的推动作用。如果将自上而下的新入职教师的培养体系比喻成一座金字塔，那么处于底层的院（系）一级的培养就是教师发展的基石，决定着教师成长的潜力、稳定性和可持续性。

教师所在院（系）在新入职教师的教学学术发展方面有着不可替代的重要作用，相关负责人应在客观分析各级各类的学习培训的基础上，结合新入职教师发展实际需求，以教学学术理念为指引，为新入职教师制定合理的教学学术能力提升计划。为保障计划的有效执行，院（系）要了解新入职教师的特点和需求，关心这一特殊群体，合理安排工作任务，为他们留出充足的自主学习时间。由于大部分高校教师职前缺乏教学实践经验，职后需面对多重困难，既要适应教学，还要弥补自身的知识缺陷。如果没有充足的时间为教学做好准备，以疲于应付的状态开启教师职业生涯，难免有些仓促应战，极易出现怀旧、焦虑等不良情绪，不利于培养他们对教学的兴趣和热爱。在这种情况下，如果再让他们承担教学之外的其他任务，就会使事情变得更糟糕，很容易粉碎他们对职业的美好憧憬，更加不利于培养他们潜心教书育人的职业情操。

2. 加强专业团队建设，引领新入职教师的教学学术发展

教师所在院（系）要成立专门的教师发展团队或机构，注重团队的专业性和领导力建设，为新入职教师的教学学术发展提供专业引导。专业团队扮演着新入职教师教育者的角色，团队在教学学术方面的专业引领，不仅有助于提升新入职教师的职业素养和实践能力，而且有助于提高其反思能力和学术交流能力，为其教学学术能力的综合提升奠定坚实基础。为此，该专业团队需具备以下基本素养：明确自身的角色定位，在新入职教师教学学术提升过程中扮演服务者、促进者、引领者等不同的角色，发挥好咨询、辅导、引导等支持性、方向性和引领性的作用；掌握教师专业发展的理论以及指导新入职教师开展课堂教学实践和研究的方法；掌握学习型组织建设的理论和方法，打造和建设教学学术共同体，引导新入职教师开展教学学术研究，避免教学中常见的教师"被发展"和"单打独斗"的局面；引导和鼓励新入职教师加强自主学习，养成终身学习的习惯，根据自身情况与学生需求选择适合的学习方法和材料，实现教师理念的不断更新和专业知识不断迭代。

教师发展专业团队的打造，需要相关院（系）的大力扶持和资助，可以充分彰显相关院（系）对新入职教师发展以及教学学术的重视。在新入职教师的培养过程中，各级培养体系之间缺乏连贯性，其中主要的原因就是院（系）层面教师发展团队的缺失。专业团队是连接学校教师发展中心和院

（系）教师发展工作的桥梁，这一桥梁的缺失，不仅让学校层面对新入职教师的培养工作很难落到实处，也很难让院（系）深入开展个性化的教师培养工作。然而，专业团队的打造及其发展，都需要院（系）在人力、物力、财力方面的支持和保障。院（系）只有在充分认识教师发展专业团队重要性的基础上，才能精心打造团队，为团队成员给予必要的指导和帮助，创造更多的学习和培训机会，提供良好的工作条件和环境，为团队成员的个人发展和团队整体的发展提供保障，为充分发挥专业团队的指导和引领作用奠定基础。

3. 建立健全激励机制，调动新入职教师开展教学学术研究的积极性

本研究旨在启发和引导新入职教师教学学术能力的提升，强调教师的自愿性和自主性，因此在整个过程中并未与相应的激励机制相关联，而主要是通过价值引领的方式培养教师的自主学习能力和终身学习意识。这样做的初衷，是为了遵从学习共同体自主自愿的原则，强调教师发展的内驱力，让教师在发展初期避免产生功利化现象。然而，正是由于相关激励机制的缺失，教师们在自律性和自主性方面表现出很大的个体差异，有的能够很好地按照指导和引领积极行动、自觉发展，而有的则因时间管理、个人健康等方面的因素，表现得亦步亦趋，自主学习力度不够，个人发展受限。与此同时，新入职教师整体的学习动机也受此影响，在各项学习活动的开展过程中，教师们曾因看不到其实际利益而表现出一定的懈怠感。因此，需要适度的激励来增强教学学术的吸引力，让教师将注意力转向教学并乐意潜心教学学术研究。

在教育高质量发展的大背景下，教学在高等教育中的核心地位得到了充分的认可，但教学学术作为一种"慢"学术，要在当今快节奏的社会中取得应有的席位，不可能一蹴而就。为了加速教学学术理念的广泛传播、激励教师积极开展教学学术，就得建立相应的激励机制，给教师足够的动力和定力去潜心教育教学，开展教学学术研究。近年来，各级各类评价体系，都在向教学倾斜，教学学术相关成果的认可度得到了提升。但是，"重科研、轻教学"的现象，并没有随着"破五唯"而彻底得以扭转。教学学术实施过程复杂，成果形成周期长、具有延迟性和滞后性，如果没有健全的考评机制，这些问题都会严重影响教师开展教学学术的积极性和主动性。全国高等教育评价体制的改革方针，已为教学学术提供了很好的发展契机。各高校在深化教育改革的过程中，在文化、制度层面对教学学术的大力支持，将有助于扭转"科研主导"的学术观念，改变学术与教学两张皮的现象，让教师专心从教，积极开展教学学术，在提升学生培养质量的同时促进教师的发展。

4. 合理安排工作，保障新入职教师的自主学习时间

X 学院属于教学型学院，教师教学任务普遍繁重，尤其是新入职教师更是如此。教师们忙于备课、上课，任何额外的活动对她们而言都是负担。加之学院办公场所搬入新校区，教师花在路途上的时间有所增加，而上完课后教师们一般都会选择回到旧校区的住宅区，教师之间的交流机会也因此变得更少。鉴于此，学习共同体为了减少教师们奔波的负担，将部分集中学习活动调整为在线交流的形式。在线交流有利也有弊，在一次问卷反馈中，许多教师都倾向于在线开展学习活动，主要原因是节省时间，但是从交流的效果而言，线下面对面的交流显然具有更大的优势。在整个研究过程中，时间问题一直是一大困扰，尤其是对新入职教师的自主学习造成了很大的干扰。然而，自主学习是职后个人提升的主要方式，时间的紧缺会对个人的发展形成很大的障碍。

在入职初期，教师所在院（系）应充分考虑新入职教师的特殊性，安排适量的教学任务，尽量减少其他任务。进入新的环境，新入职教师面对极其复杂的情景，既要适应工作环境、进行角色转换，更重要的是要学会站稳讲台。本研究中的 11 位新入职教师，大部分在入职前都没有任何教学经验，教育理论知识甚至教学方法等都极其欠缺，入职初期的重要任务是如何上好每一堂课。如果没有足够的时间保障，教学任务又繁重，教师课前准备不足，就很难保障教学质量。因此，入职初期是新入职教师的适应期，学院应留出足够的可自由支配的时间，让他们能够从容地适应新的角色，有时间在课前做好充分的准备，在课中、课后有足够的时间反思教学并能及时查漏补缺。在教学学术能力的提升方面，新入职教师更是需要足够的时间来弥补其教育教学理论知识、反思教学实践、探究教学中的问题、参与学术分享和交流。

没有时间保障，这一切都将无法实现。

（二）对新入职教师的建议

作为新时代高校教师队伍的新生力量，新入职教师更需要尽早树立正确的学术观，强化对教学学术的认识和理解，加强自主学习，养成终身学习的习惯，立足教学实践开展学术研究，助力学生的成长发展。

1. 树立正确学术观，潜心教学实践求发展

教学是教师的第一要务，培养社会需要的人才是教学的主要目的。站稳讲台是大多数新入职教师的首要目标，但"站稳讲台"并不简单意味着能完成教学任务，其真正意义在于教学效果，即教学对学生发展的影响和作用。要实现这一目的，教师需树立正确的学术观，深化对教学学术的认识，在实践中倡导和践行教学学术理念，通过开展教学学术研究来丰富教育理论、促进个人的发展，促进学生的发展。教学学术理念倡导平等、相互尊重的师生关系，教师与学生共同参与学习、研究、理论建构。在这种氛围中，教师和学生是共同学习者，教师在此过程中遵循"以学生为中心"的理念，注重激发学生的兴趣、发挥学生的主观能动性，让学生成为自己成长过程中的主要促进力量。

2. 培养自主学习能力，激活教师教学学术发展内驱力

教师的专业发展具有自主性、阶段性、终身性、情境性和丰富性等特点。[①]教师教学学术能力的提升，是以教学为主的高校教师综合素质的集中体现，也是其专业发展的核心内容。其中，自主性意味着教师的发展是基于其内在需求，不断自我超越的活动。随着教学学术理念的深入落实，教育评价体制将给予教学学术应有的认可和激励，为教师个体开展教学学术研究提供外驱力。外驱力固然重要，但只有内驱力才能保障教学学术能力的持续提升。因此，教师自身对教学学术的理解和认可尤为重要，只有充分认可教学学术能力的重要性和必要性，将其作为奋斗的目标，才能发自内心地主动作

---

① 杨天平,申屠江平.教师专业发展概论[M].重庆:重庆大学出版社,2012:26.

为，加强自主学习，弥补自身的不足，在反思、探究、交流中不断提升教学
学术能力。

3. 养成终身学习习惯，为教学学术能力可持续提升提供持久动力

信息时代，世界瞬息万变、日新月异，充斥着复杂性和不确定性。为了
适应时代发展的步伐，做好应对各种可能性的准备，终身学习成了现代生活
的生存之道。教师是知识的传播者和创造者，更应与时俱进，不断更新个人
的教学理念、知识和技能，方能无愧于这一称谓。教学学术是对教与学的系
统研究，其目的是促进学生的发展，而教师的教与学生的学也都具有时代性
和情境性，且学生的发展需顺应社会的需求，因此，在快速发展的信息时代，
教师更加需要掌握先进的教育教学理论，持续更新知识体系，及时调整教学
理念，深入反思教学实践，不断加强交流合作，全面提升个人教学学术能力，
不断实现自我超越。

4. 积极开展行动研究，为教学学术能力的全面提升创造机遇

面对教学中的各种问题，新入职教师可以积极尝试开展行动研究。在深
入反思的基础上，认真分析其中的原因并在理论层面探寻有效的解决方案，
从而提高教学水平，提升学生的学习效果。解决一个个具体的教学实践问题，
有助于逐步加深新入职教师对教学的理解和认识，在反思性实践中不断提升
个人的能力和素质，不断丰富教育教学理论知识。开展行动研究，不仅有助
于解决新入职教师教学中的各种实际问题，还可以促进其教学学术能力的融
合发展。其一，行动研究是师生共同参与的实践研究，可以让教师的教学理
念发生转变，在教学中逐步转向对学生的关注；其二，在开展行动研究的过
程中，教师需要不断寻求教育教学理论的指导和支撑，有助于激励教师加强
理论学习，不断完善知识体系；其三，行动研究中教学反思发挥着中坚作用，
是提升教师反思能力的良好平台；其四，行动研究作为一种研究范式，要求
研究者具备一定的学术交流能力，以清晰表达或展示其研究进程和结果。因
此新入职教师需在教学实践中积极尝试行动研究，循序渐进，在持续改进中
不断提升自我。

三、研究不足与展望

本研究从教学学术的视角，针对院（系）层面促进新入职教师的发展进行积极的尝试，为 X 学院的相关工作注入了新的活力，在引导新入职教师认识、反思、交流、探究教学方面发挥了积极作用。然而，受限于各种主客观条件，本研究仍存在诸多不足，有待在今后逐步改进。

（一）研究不足

其一，教学学术能力是一个复杂的知能综合体，其提升也是一个漫长的过程。尽管本研究从不同维度促进新入职教师教学学术能力的提升，在为期一年半的行动中发挥了较好的引导作用，但由于在工作实践中可借鉴的经验少、专业引领的不足以及各方面的实质性支持较少等多种原因，本研究中各项活动内容的设计不够具体，开展得不够深入，整体进展也比预期的缓慢许多。

其二，本研究以新入职教师为合作研究对象，其特殊性也为研究的深入开展带来了一定的困扰。新入职教师对教学的认识尚不深入、教学经验缺乏、任务驳杂，这些对其个人的发展欲望造成了一定的负面影响。因此，经过几轮的行动，新入职教师教学学术能力的提升仍处于起步阶段，需在实践中继续加强引导和支持。

其三，学生"声音"的缺失是本研究的一大缺憾。教师教学学术能力的提升，以促进学生的成长和发展为主要目的，但由于各位新入职教师的授课班级处于不断变动之中，因此本研究在各轮行动的评价环节未能将学生的反馈有效纳入其中。尽管在不同的行动环节，研究者曾尝试通过问卷的方式了解学生所体察到的教师的变化，但问卷结果未能提供有价值的信息。访谈这一适切的方法，也因各种条件的限制而最终未能实施。

其四，研究者自身的能力素质也影响了本研究的深入开展。行动研究是对研究者素质的综合考量，对研究者的学术能力、实践能力、人际交往能力、组织领导能力等诸多方面都有较高的要求。梅老师作为本行动的研究者，在上述各方面都存在诸多问题和不足。尽管梅老师在研究过程中对此及时予以纠正和弥补，减少了可以预见的问题和困难，尽可能地保障了合作研究者的利益最大化。然而，更多的问题和不足是出现在对本研究的反思和回顾中，因此只能作为本研究的经验和教训，以便为后续行动提供参考和借鉴。

（二）研究展望

新入职教师是师资队伍的新鲜血液，其教学学术能力的提升有助于教师队伍的整体发展和壮大。教师所在院（系）在立足实践促进教师发展方面有着得天独厚的优势，但同时也肩负着深入开展这项工作的重任。为此，院（系）要积极与学校教师发展中心等机构紧密配合，在院（系）层面培养和组建教师发展专业指导团队，为新入职教师教学学术能力的提升提供专业的引领和指导；大力倡导教学学术，让教学学术理念深入人心，培养新入职教师热爱教学、潜心教育、勇于探究的品质；组建教学学术学习共同体，为教师合作、交流、开展学术研究搭建平台。研究者本人作为 X 学院的一员，将在总结本研究经验的基础上继续推进新入职教师的培养工作。除此之外，在条件允许的情况下，争取在 X 学院培育和组建教学学术专业指导团队，打造教学学术共同体，让更多的教师能够了解和参与教学学术，以有效缓解教学与科研的二元对立现象，在实现教师个人专业发展的同时，促进 X 学院教学质量的整体提升。

参考文献

（一）著作类

［1］［德］斐迪南·滕尼斯.共同体与社会［M］.张巍卓译.北京：商务印书馆，2019.

［2］［美］杰夫·米尔斯.教师行动研究指南（3版）［M］.王本陆，潘新民等译.重庆：重庆大学出版，2010.

［3］［美］唐纳德·肯尼迪.学术责任［M］.阎凤桥译.北京：新华出版社，2002.

［4］［苏］苏霍姆林斯基.给教师的建议［M］.杜殿坤译.北京：教育科学出版社，1984.

［5］陈惠邦.行行重行行——协同行动研究［M］.台北：师大书苑有限公司，1998.

［6］陈向明.质性研究方法与社会科学研究［M］.北京：教育科学出版社，2019.

［7］何劲松等.教师学习与专业发展：历史回溯与未来展望［M］.上海：华东师范大学出版社，2021.

［8］李芒.大学教师教学能力的培养——基于北京师范大学教师发展案例研究［M］.北京：科学出版社，2021.

［9］李晓博.有心流动的课堂：教师专业知识的叙事研究［M］.北京：外语教学与研究出版社，2011.

［10］李小红.大学教师教学学术发展研究［M］.重庆：西南师范大学出版社，2019.

［11］刘良华.校本行动研究［M］.成都：四川教育出版社，2002.

［12］刘旭东.教育的学术品格与教育理论创新［M］.北京：中国社会科学出版社，2018.

［13］罗树庚.教师如何快速成长——专业发展必备的六大素养［M］.上海：华东师范大学出版社，2021.

［14］王蔷，张虹.英语教师行动研究（修订版）［M］.北京：外语教育与研究出版社，2014.

［15］王玉衡.美国大学学术运动［M］.北京：北京师范大学出版社，2012.

［16］文秋芳.高校外语教师专业学习共同体建设研究［M］.北京：北京大学出版社，2021.

［17］杨天平，申屠江平.教师专业发展概论［M］.重庆：重庆大学出版社，2012.

［18］叶澜.教师角色与教师发展新探［M］.北京：教育科学出版社，2001.

［19］赵明仁.教师反思与教师专业发展——新课程改革中的案例研究［M］.北京：北京师范大学出版社，2009.

［20］朱红翠.行动研究与教师专业发展［M］.北京：中国轻工业出版社，2021.

［21］朱旭东.教师专业发展理论研究［M］.北京：北京师范大学出版社，2021.

［22］庄辉明，戴立宪.新教师入职教程：为了明天的教师（第二版）［M］.上海：华东师范大学出版社，2020.

［23］邹春花，黄连杰.多元视角下我国高校青年教师发展研究［M］.北京：北京理工大学出版社，2017.

［24］Boyer,E.L.Scholarship reconsidered:priorities of the professoriate［M］.San Francisco:Jossey-Bass,1990.

［25］Carr,W.& Kemmis,S.Becoming critical:Education,knowledge and action research[M].London:The Falmer Press,1986.

[26]Chick,Nancy L. (ed.).SoTL in Action:Illuminating Critical Moments of Practice[M].Sterling,VA:Stylus Publishing:Sterling,2018.

[27]Dana,N.F.& Yendol-Hoppey,D.The reflective educator`s guide to profes-sional development:coaching inquiry-oriented learning communities [M].Thousand Oaks,CA:Crown Press,2008.

[28]Dewey,J.How we think:A restatement of the relation of reflective thinking to the educative process[M].Boston,MA:Heath,1933.

[29]Donald,J.G.Learning to think:Disciplinary perspectives [M].San Francis-co:Jossey Bass,2002.

[30]Gibbs,G.Learning by Doing:A Guide to Teaching and Learning[M].Lon-don:Further Educational Unit,1998.

[31]Gray,D.E.Doing research in the real world [M].London:Sage Publica-tions,2004.

[32]Gurung,R.A.R.et al.(Eds.) Exploring signature pedagogies:Approaches to teaching disciplinary habits of mind[M].Sterling,VA:Stylus,2009.

[33]Healey,M.et al.Engagement through partnership:Students as partners in learning and teaching in higher education [M].York:Higher Education Academy, 2014.

[34]Hutchings,P.et al.Scholarship of Teaching and Learning Reconsidered:In-stitutional Integration and Impact[M].San Francisco,CA:Jossey-Bass,2011.

[35]Kathleen,M.Enhancing Learning through the Scholarship of Teaching and Learning:The Challenges and Joys of Juggling [M].Massachusetts:Anker Publishing Company,Inc,2007.

[36]Kreber,C.Scholarship revisited:perspectives on the scholarship of teaching [M].San Francisco,CA:Jossey-Bass,2001.

[37]Mckinney K.(Ed.) The Scholarship of Teaching and Learning in and Across the Disciplines[M].Bloomington,Indiana:Indiana University Press,2013.

［38］McKinney,K.Enhancing learning through the scholarship of teaching and learning:The challenges and joys of juggling ［M］.San Francisco,CA:Jossey-Bass, 2010.

［39］McNiff,J.& Whitehead J.You and Your Action Research Project （3rd ed.） ［M］.London and New York:Routledge,2010.

［40］Norton,Lin S.Action research in Teaching and learning:a practical guide to conducting pedagogical research in universities ［M］.London and New York:Rutledge Taylor and Francis Group,2009.

［41］Rushton,I.& Suter,M.Reflective Practice for Teaching in Lifelong Learning ［M］.Berkshire:Open University Press,2012.

［42］Schon,D.A.Educating the reflective practitioner:Toward a new design for teaching and learning in the profession[M].San Francisco,CA:Jossey-Bass,1987.

［43］Senge,P.M.The fifth discipline:the art and practice of the learning organi-zation[M].New York:Doubleday,1990.

［44］Shulman,L.S.Teaching as Community Property:Lee S.Shulman's Essays on Higher Education[M].Dan Francisco:Jossey-Bass,2004.

［45］Van Manen,M.The Tact of Teaching:The Meaning of Pedagogical Thought-fulness[M].Albany:State University of New York Press,1991.

［46］Weimer,M.Improving University teaching ［M］.San Francisco:Jossey-Bass,1990.

（二）论文集类

［1］Abell,S.K.Research on science teacher knowledge ［C］.In S.Abell,K. & N.Lederman,G.(Eds.),Handbook of Research on Science Education.Mahwah,NJ: Lawrence Erlbarum,2007.

［2］Calderhead,J. Reflective teaching and teacher education[C].In D.Hartley & M.Whitehead （Eds.）,Teacher education:Major themes in education.New York City: Routledge,1987.

[3]Cambridge,B .L.The scholarship of teaching and learning:A national initiative[C].In M.Kaplan & D.Lieberman (Eds.).To improve the academy.Bolton, MA:Anker,2000.

[4]Cheng,M.Professionalizing teaching identity and teaching 'excellence' schemes [C].In Gornall,L.et al. (eds.) Academic working lives:Experience, practice and change.London:Bloomsbury,2014.

[5]Cox,M.D.& McDonald,J.Faculty Learning Communities and Communities of Practice Dreamers,Schemers,and Seamers [C].In McDonald,J. & Cater-Steel,A.(Eds.).Communities of Practice.Singapore:Springer Nature Singapore Pte Ltd,2017.

[6]Donald,J.G.The Commons:Disciplinary and interdisciplinary encounters [C].In Kreber,C.(ed.) The university and its disciplines:Teaching and learning within and beyond disciplinary boundaries.New York and Abingdon:Routledge,2009.

[7]Fanghanel,J.Exploring teaching and learning regimes in higher education settings [C].In Kreber,C.(ed.) The university and its disciplines:Teaching and learning within and beyond disciplinary boundaries.London and New York: Routledge,2009.

[8]Martin,E.et al.Scholarship of teaching:A study of the approaches of academic staff [C].In C.Rust (ed.).Improving student learning:Improving student learning outcomes.Oxford:Oxford Centre for Staff Learning and Development,Oxford Brookes University,1999.

[9]Rowlett,R.S.et al.Characteristics of excellence in undergraduate research (COEUR)[C].In Hensel,N.Characteristics of excellence in undergraduate research (COEUR) Washington DC:Council on Undergraduate Research,2012.

[10]Shulman,L.S.Course anatomy:The dissection and analysis of knowledge through teaching[C].In P.Hutchings (Ed.).The course portfolio:How faculty can ex-amine their teaching to advance practice and improve student learning.Washington, DC:AAHE,1999.

（三）期刊论文类

［1］安东尼·西科恩，高筱卉.大学教学学术：历史发展、原则与实践、挑战与教训[J].高等工程教育研究，2022（03）.

［2］蔡亚平，吴泠.高校青年博士教师教学能力提升策略探析[J].高教学刊，2019（12）.

［3］常攀攀，罗丹丹.PCK 视阈下的教师专业发展路径探究[J].教育理论与实践，2014（17）.

［4］陈宝生.在新时代全国高等学校本科教育工作会议上的讲话[J].中国高等教育，2018（15）.

［5］程敬恭.高校教师岗前培训再论[J].教师教育研究，2009（3）.

［6］崔振成.从"职业研究者"转向"职业教育者"——高校新入职教师教学素养诞生之路[J].武汉科技大学学报（社会科学版），2018（5）.

［7］戴丽娟.教师教学发展中心：促进教学学术能力提升的运行机制[J].煤炭高等教育，2013（6）.

［8］高玲.教师反思能力发展特点的研究[J].教育理论与实践，2007（9）.

［9］耿冰冰.大学教师教学学术水平初探[J].学位与研究生教育，2002（Z1）.

［10］谷木荣.高校青年教师教学学术能力提升的现实困境与实现路径[J].当代教育科学，2018（11）.

［11］郝明君.普通高校新入职教师工作适应性调查研究[J].课程·教材·教法，2009（8）.

［12］何晓雷，邓纯考，刘庆斌.美国大学教学学术研究 20 年：成绩、问题与展望[J].比较教育研究，2012（9）.

［13］胡萨.反思：作为一种意识——关于教师反思的现象学理解[J].教育研究，2010（1）.

［14］黄珊，颜建勇.试论"教学学术"的样态——基于浙江省地方本科高校的实证调查[J].教师教育研究，2015（5）.

[15] 李庆丰.大学新教师教学能力提升研究：核心概念与基本问题[J].中国高教研究，2014（3）.

[16] 李晓华，刘静芳.大学教师教学学术水平影响因素的实证研究[J].当代教育与文化，2021（2）.

[17] 李小红，杨文静.论教学学术[J].中国教育科学（中英文），2021（2）.

[18] 李政涛，周颖.建设高质量教育体系与中国教育学的知识供给[J].教育研究，2022（2）.

[19] 李志河，钟秉林，秦一帆.高校教师教学学术水平的实证研究——基于我国内地40所高校教师样本[J].江苏高教，2020（8）.

[20] 梁竹梅，祁银杉，岑逾豪."以学生为中心"教学方式量表的建构——效度检验及其应用[J].中国大学教学，2020（11）.

[21] 刘刚，丁三青.大学卓越教师教学学术核心能力的圈层结构及其特征[J].教育科学，2020（6）.

[22] 刘庆昌.论教学理念及其形成[J].山西大学学报（哲学社会科学版），2010（6）.

[23] 刘旭东.论教师的实践性知识与课程实施[J].当代教师教育，2014（1）.

[24] 刘旭东.论实践性知识与教师智慧的生成[J].当代教师教育，2018（1）.

[25] 刘旭东.论行动视域下的教育回归原点[J].教育研究，2022（11）.

[26] 刘旭东，花文凤.迈向承认：教研员的行动旨归[J].西北师大学报（社会科学版），2017（4）.

[27] 刘旭东，吴永胜.论大学教师实践性知识的结构与提升途径[J].大学教育科学，2014（1）.

[28] 刘怡，李辉.我国西北地区高校教师教学学术现状研究——基于38所高校的调查[J].中国高教研究，2021（6）.

[29] 刘喆.什么是大学教师"教学学术能力"：内涵与发展路径[J].华东

师范大学学报（教育科学版），2022（10）.

[30] 吕林海.大学教学学术的机制及其教师发展意蕴[J].高等教育研究，2009（8）.

[31] 马笑岩，陈晓端.基于标准驱动的高校教师专业发展：爱尔兰的经验与启示[J].当代教师教育，2022（2）.

[32] 马云鹏，林智中.质的研究方法及其在教育研究中的应用[J].中国教育学刊，1999（2）.

[33] 綦珊珊，姚利民.教学学术内涵初探[J].复旦教育论坛，2004（6）.

[34] 王会军.互联网思维下教师教学理念与行动的重构[J].课程.教材.教法，2017（8）.

[35] 王岚，史芝夕，邵俊美.高校教学学术共同体建设的现实困境与思考[J].教学研究，2022（3）.

[36] 王岚，王永会，计然.教学学术能力视域下高校教师教学培训改革研究[J].河北科技大学学报（社会科学版），2018（1）.

[37] 王胜清，于青青.北京大学新入职教师教学培训项目设计与实践[J].中国大学教学，2019（12）.

[38] 王玉衡.试论大学教学学术运动[J].外国教育研究，2005（12）.

[39] 王玉衡.美国新型大学教学文化可持续性研究——大学教学学术运动的社会系统论分析[J].首都师范大学学报（社会科学版），2010（5）.

[40] 王玉萍.论外语教师 PCK 发展路径[J].外语界，2013（2）.

[41] 魏戈.国内一流大学教师教学学术研究——来自北京大学的实证调查[J].复旦教育论坛，2014（2）.

[42] 文剑辉.地方高校教师专业发展的策略研究——基于教学学术的视角[J].高教探索，2017（3）.

[43] 吴立保，刘捷.教学学术视角下的高校教师教学发展中心建设研究[J].中国高教研究，2015（11）.

[44] 吴义昌.行动研究：教学学术的研究范式[J].教育探索，2016（4）.

[45] 徐继存.不确定世界的教学及其应对[J].教育研究，2022（12）.

[46] 徐继存.论教学偏见及其消减[J].课程.教材.教法，2022（1）.

[47] 徐剑波.美国一流高校新入职教师教学岗前培训体系建设及其启示[J].黑龙江高教研究，2021（12）.

[48] 徐萍.高校教学学术能力的构成及其发展研究[J].教师教育研究，2016（5）.

[49] 颜建勇，黄珊.大学教师教学学术能力与学科学术能力良性耦合发展机制研究[J].教育科学，2018（6）.

[50] 颜建勇，张帅，黄珊.大学教师教学学术能力的生成发展逻辑探析[J].江苏高教，2021（6）.

[51] 杨叔子.菁菁者莪 教师为本——兼论大学中教学的基础地位[J].高等教育研究，2004（2）.

[52] 姚文峰.走向生活：教育行动研究的本体意义[J].教育研究，2018（2）.

[53] 叶澜，王枬.教师发展：在成己成人中创造教育新世界——专访华东师范大学叶澜教授[J].教师教育学报，2021（3）.

[54] 詹泽慧，李晓华.美国高校教师学习共同体的构建——对话美国迈阿密大学教学促进中心主任米尔顿·克斯教授[J].中国电化教育，2009（10）.

[55] 张莉娟，郑兰斌，向俊.高校青年教师教学学术研究——基于北京大学医学部的实证分析[J].教育学术月刊，2019（2）.

[56] 钟建林.学习型组织视野下教师专业发展共同体建设研究[J].教育理论与实践，2020（20）.

[57] 周波.大学初任教师教学能力提升的价值取向——基于教学学术研究的视阈[J].集美大学学报（教育科学版），2021（2）.

[58] 周光礼，马海泉.教学学术能力：大学教师发展与评价的新框架[J].教育研究，2013（8）.

[59] 周海涛，于榕.高校青年教师教学学术能力提升的瓶颈与路径[J].国家教育行政学院学报，2022（5）.

[60] 周仕德.大学教与学学术研究：意涵取向、核心观点及发展趋势[J].高教探索，2014（4）.

[61] 朱景梅.大学教师学习共同体：内涵、价值及其构建[J].当代教师教育，2022（01）.

[62] 朱旭东.论我国教师教育新体系的六个特征[J].课程·教材·教法，2012（12）.

[63] 朱炎军.高校教师教学学术能力提升水平与影响因素研究[J].上海教育评估研究，2021（3）.

[64] 朱炎军.高校卓越教师教学学术能力的结构模型研究——基于扎根理论的研究方法[J].高教探索，2021（7）.

[65] 朱炎军.制度同形：加拿大世界一流大学推进教学学术的方略——以英属哥伦比亚大学为例[J].中国高教研究，2022（8）.

[66]Altrichter,H.The role of the professional community in action research[J].Educational Action Research,2005(1).

[67]Baker,P.Does the sociology of teaching inform teaching sociology [J].Teaching Sociology,1985(12).

[68]Baker,P.The helter-skelter relationship between teaching and research[J].Teaching Sociology,1986(14).

[69]Bernstein,D.How SoTL-active faculty members can be cosmopolitan assets to an institution[J].Teaching and Learning Inquiry,2013(1).

[70]Bond,N.Developing a faculty learning community for non-tenured professors[J].International Journal of Higher Education,2015(4).

[71]Bossio,D.et al. A road map for forming successful interdisciplinary education research collaborations:a reflective approach [J].Higher Education Research and Development,2014(2).

[72]Brew,A.Understanding the scope of undergraduate research:a framework for curricular and pedagogical decision-making[J].Higher Education,2013(5).

[73]Brookfield,S.D.Self-directed learning:a conceptual and methodological exploration[J].Studies in the Education of Adults,1985(1).

[74]Carnell,E. Conceptions of effective teaching in higher education:Extending

the boundaries[J].Teaching in Higher Education,2007(1).

[75]Cassard,A.& Sloboda,B.Leading the charge for SOTL—Embracing Collab-oration[J].Insight:A Journal of Scholarly Teaching,2014(9).

[76]Chick,N.et al.The Scholarship of Teaching and Learning:A Scoping Review Protocol[J].Teaching & Learning Inquiry,2019(2).

[77]Cox,M.D.The impact of communities of practice in support of early-stage a-cademics[J].International Journal for Academic Development,2013(1).

[78]Cox,M.D.Introduction to Faculty Learning Communities[J].New Direc-tions for Teaching and Learning,2004(97).

[79]Cranton,P.A.Transformative Perspective on the Scholarship of Teaching and Learning[J].Higher Education Research and Development,2011(1).

[80]Ellis,S.et al.Systematic Reflection:Implications for Learning from Failures and Successes[J].Current Directions in Psychological Science,2014(1).

[81]Fanghanel,J.The Shaping of SoTL in the UK:reflections on the London SoTL International Conference[J].ISSoTL Newsletter,2008(1).

[82]Fanghanel,J.Going public with pedagogical inquiries:SoTL as a methodolo-gy for faculty professional development[J].Teaching and Learning Inquiry,2013(1).

[83]Farrell,T.S.Novice-service language teacher development:Bridging the gap between pre-service and in-service education and development[J].TESOL Quarterly,2012(3).

[84]Felten,P.Principles of good practice in SoTL [J].Teaching & Learning Inquiry,2013(1).

[85]Gayle,B.et al.Faculty learning processes:a model for moving from scholarly teaching to the scholarship of teaching and learning[J].Teaching & Learning Inquiry,2013(1).

[86]Gibbs,G.Reflections on the changing nature of educational development[J].International Journal for Academic Development,2013(1).

[87]Ginns,P.et al.Developing Conceptions of Teaching and the Scholarship of

Teaching through a Graduate Certificate in Higher Education[J].International Journal for Academic Development,2008(13).

[88]Gurung,R.A.R.& Schwartz,Beth M.Riding the Third Wave of SoTL[J].International Journal for the Scholarship of Teaching and Learning,2010(2).

[89]Haigh,N.et al.Undertaking an institutional 'stock-take' of SOTL:New Zealand University case studies [J].Higher Education Research and Development, 2011(1).

[90]Happel,C.et al.Facilitators and Barriers to Engagement and Effective SOTL Research Collaborations in Faculty Learning Communities [J].Teaching & Learning Inquiry,2002(2).

[91]Hatton,N.& Smith,D.Reflection in Teacher Education [J].Teaching and Teacher Education,1995 (11).

[92]Healey,M.Developing the Scholarship of Teaching in Higher Education:A Discipline-Based Approach [J].Higher Education Research and Development, 2000(2).

[93]Healey,M.Promoting the scholarship of academic development:tensions between institutional needs and individual practices [J].International Journal of Academic Development,2012(1).

[94]Henderson,B.& Buchanan,H.The scholarship of teaching and learning:a special niche for faculty at comprehensive universities[J].Research in Higher Education,2007(5).

[95]Hodges,L.C.Postcards from the edge of SoTL:a view from faculty development[J].Teaching & Learning Inquiry,2013(1).

[96]Hubball,H.et al.Ten - year reflections on mentoring SoTL research in a research - intensive university [J].International Journal for Academic Development, 2010(2).

[97]Huber,M.T.& Hutchings,P.Building the Teaching Commons[J].Change, 2006(3).

[98]Katz,L.G.Developmental stages of preschool teachers[J].Elementary School Journal,1972(1).

[99]Kember,D.et al.Development of a questionnaire to measure the level of reflective thinking[J].Assessment and Evaluation in Higher Education,2000(4).

[100]Kim,K.& Roth,G.Novice teachers and their acquisition of work–related information[J].Current Issues in Education,2011(1).

[101]Kreber,C.Controversy and consensus on the scholarship of teaching[J]. Studies in Higher Education,2002(2).

[102]Kreber,C.Teaching Excellence,Teaching Expertise,and the Scholarship of Teaching[J].Innovative Higher Education,2002(27).

[103]Kreber,C.The transformative potential of the scholarship of teaching[J]. Teaching & Learning Inquiry,2013(1).

[104]Kreber,C.and Cranton,P.A.Exploring the scholarship of teaching[J]. Journal of Higher Education,2000(4).

[105]Larrivee,B.Transforming teaching Practice:Becoming the Critically Reflective Teacher[J].Reflective Practice,2000(3).

[106]Lemass,B.& Stace,R.Towards teaching and research parity[J].Perspectives:Policy and Practice in Higher Education,2010(1).

[107]MacKenzie,J.& Mann,S.Changing academic practice at a UK research–intensive university through supporting the scholarship of teaching and learning (SoTL)[J].Transformative Dialogues,2009(1).

[108]Marquis,E,et al.Building capacity for the Scholarship of Teaching and Learning (SOTL) using international collaborative writing groups[J].International Journal for the Scholarship of Teaching and Learning,2014(1).

[109]M rtensson,K.et al.Developing a quality culture through the scholarship of teaching and learning[J].Higher Education Research & Development,2011(1).

[110]Maurer,T.et al.A Faculty Learning Community on the Scholarship of Teaching & Learning:A Case Study[J].International Journal for the Scholarship of

Teaching and Learning,2010(2).

[111]McAlpine,L.& Weston,C.Reflection:Issues related to improving professors' teaching and students' learning[J].Instructional Science,2000(28).

[112]McConnell,C.Developing a SoTL campus initiative:Reflections on creating sustainable impact.Transformative Dialogues,2012(2).

[113]McKinney,K.Making a difference:Application of SoTL to enhance learning [J].Journal of the Scholarship of Teaching and Learning,2012(1).

[114]Mitchell,S.N.et al.Benefits of Collaborative Action Research for the Beginning Teacher[J].Teaching and Teacher Education,2009 (2).

[115]Myatt,P.et al.Reflecting on institutional support for SoTL engagement:developing a conceptual framework [J].International Journal for Academy Development,2017(2).

[116]Paulsen,M.B.How college students learn:linking traditional educational research and contextual classroom research[J].Journal of Staff,Program and Organization Development,1999(2).

[117]Pellino,G.R.et al.The dimensions of academic scholarship:Faculty and administers views[J].Research in Higher Education,1984(20).

[118]Pierson,M.E.Technology integration practice as a function of pedagogical expertise[J].Journal of Research on Computing in Education,2001(4).

[119]Pogodzinski,B.Socialization of novice teachers [J].Journal of School Leadership,2012(5).

[120]Potter,M.& Kustra,E.The Relationship between scholarly teaching and SoTL:models,distinctions and clarifications[J].International Journal for the Scholarship of Teaching and Learning,2011(1).

[121]Rehrey,G.et al.SoTL Principles and Program Collaboration in the Age of Integration[J]. International Journal for the Scholarship of Teaching and Learning: 2014(1).

[122]Richlin,L.& Cox,M.D.Developing scholarly teaching and the scholarship

of teaching and learning through faculty learning communities [J].New Directions for Teaching and Learning,2004(97).

[123]Scanlon,E.Scholarship in the digital age:Open Educational Resources, publication and public Engagement [J].British Journal of Educational Technology, 2014(1).

[124]Shreeve,A.Joining the dots:the Scholarship of Teaching as part of institu- tional research[J].Higher Education Research and Development,2011(1).

[125]Shulman,L.S.Signature pedagogies in the professions [J].D dalus,2005 (134).

[126]Shulman,L.S.From Minsk to Pinsk:why a scholarship of teaching and learning[J].Journal of Scholarship of teaching and learning,2000(1).

[127]Shulman,L.S.Teaching as Community Property[J].Change,1993(6)。

[128]Shulman,L.S.& Shulman,J.H.How and what teachers learn:a shifting perspective[J].Curriculum Studies,2004(2).

[129]Tierney,Anne M.,et al.Supporting SoTL Development through Communi- ties of Practice[J].Teaching & Learning Inquiry,2020(20).

[130]Tight,M.Tracking the scholarship of teaching and learning [J].Policy Re- views in Higher Education,2017(1).

[131]Trigwell,K.et al.Scholarship of Teaching:a Model [J].Higher Education Research and Development,2002(2).

[132]Trigwell,K.& Shale,S.Student learning and the scholarship of university teaching[J].Studies in Higher Education,2004(4).

[133]Trigwell,K.Evidence of the impact of scholarship of teaching and learning purposes[J].Teaching & Learning Inquiry,2013(1).

[134]Van Manen,M.Linking way of knowing with ways of being practical[J]. Curriculum Inquiry,1977(6).

[135]Ward,J.R.& McCotter,S.S.Reflection as a visible outcome for pre-service teachers[J].Teaching and Teacher Education,2004(3).

[136]Wright,M.C.et al.Facilitating the Scholarship of Teaching and Learning at a research university[J].Change:the Magazine of Higher Learning,2011(2).

(四) 学位论文类

[1] 曹红利.师范院校教师教学学术发展研究[D].西北师范大学博士学位论文，2021.

[2] 江萍.大学教师专业学习社群建设的行动研究——基于 A 大学的研究个案[D].南京大学博士学位论文，2018.

[3] 金琳.学习共同体中教师研究者成长案例研究[D].苏州大学博士学位论文，2016.

[4] 李晓华.高师院校教师教学学术水平研究——以西北地区某师范大学为个案[D].西北师范大学博士学位论文，2014.

[5] 刘刚.大学教师教学学术核心能力及提升策略研究[D].中国矿业大学博士学位论文，2018.

[6] 王栋.教师行动学习研究——以高中英语学科教师为例[D].上海师范大学博士学位论文，2013.

[7] 徐洁.中学英语初任教师教学能力提升研究[D].西南大学博士学位论文，2015.

[8] 张莉.专业共同体中的教师知识学习研究[D].东北师范大学博士学位论文，2017.

[9] 张志泉.论教师的反思性道路[D].华东师范大学博士学位论文，2007.

[10] Glenn，Máirín.Working with collaborative projects：my living theory of a holistic educational practice[D].PhD Thesis from University of Limerick，2006。

[11] Goldrick Bsc，Michael.Effective Learning Support in Higher Education：My living theory of student-centered learning support in National College of Ireland[D].PhD Thesis from Dublin City University，2010.

(五) 其他

[1] 王磊.质的研究：一种非常适合教育领域的研究方法——访北京大学陈向明教授[N].中国教育报，2002-05-16（8）.

[2] 赵婀娜.全面推进高质量教师队伍建设（人民时评）[N].人民日报，2022-04-25（5）.

[3]Berliner,D.C.The Development of Expertise in Pedagogy ［R］.New Orleans,LA：American Association of College for Teacher Education,1988-02-17.

[4]Haigh,N.et al.The status of the scholarship of teaching and learning in New Zealand universities—three institutional case studies［R/OL］.https：//www.research-gate.net/publication/276921881.2019-01.

致　谢

　　四年前，心怀对教育的敬畏和好奇，虽从事教育工作数十载但对教育却依然一知半解的我，懵懵懂懂地踏进了西北师范大学教育学院，开启了我博士阶段的学习之旅。那时的我，急于揭开教育的神秘面纱，却忘记了教育的博大精深，忽视了读博这条道路上的荆棘与挑战。在职场上拼搏多年之后，还有机会静心读书，于我而言是一种奢侈。重返课堂的我，内心充满了兴奋和喜悦，徜徉于知识的海洋，聆听着老师们的谆谆教诲，我似乎又回到了曾经的学生时代，忘记了生活和工作中的各种烦恼。坐在教室或工作室里，我贪婪地享受着真正属于自己的学习时间，那份久违的静谧又重返身边。然而，新的专业方向很快让我明白了什么叫"隔行如隔山"，什么叫"听天书"，什么叫"一知半解"，什么叫"似懂非懂"。随着学习的不断深入，当初的兴奋渐渐烟消云散，各种压力接踵而至。

　　初遇困难，心生不安和焦虑，只能用"努力能改变一切"来聊以自慰。接下来的时间是苦读、补课、砥砺前行，煎熬中纵然也有美好的记忆，但第一年的大多时间是在迷茫和徘徊中度过的。直到确定导师之后，焦虑渐消，学习也不再像以前那样迷茫。在导师刘旭东教授的指引下，我逐渐走出了迷局，开始有目的、有方向地开展学习和学术探究。他耐心地指导我，不厌其烦地修改我的稿件，引导我将一堆堆凌乱的文字逐渐雕琢成像样的文章。每每想起，心生愧疚。尤其是在本论文的撰写阶段，导师的辛苦批阅和耐心指点，让论文的写作思路日渐清晰、内容逐步深入，枯燥的写作也渐渐变得富有生机。恩师的指导、包容、鼓励和帮助，让我慢慢克服了心中的惶恐不安，摆脱了迷茫和焦虑，一步步完成了博士阶段的学习任务，并在此过程中逐步建立了专业知识体系和学术自信。几年来，恩师对教育的满腔热情、对学术的专注、对学生的关爱，都深深地感染着我，激励着我在学习、工作和生活中不断成就更好的自己。有机会跟随恩师学习，是我今生最大的幸运。

几年来，我一直在和"时间"赛跑。在这次长跑中，除了老师们的指引，还有我工作单位的领导、同事们的帮助，更有同学们的陪伴和家人们的支持。尽管旅途充满艰辛，但在大家的支持和陪伴下，一路也有美好的回忆和满满的收获。感谢教育科学学院的万明钢、王兆璟、周晔、樊改霞、张善鑫、高小强、王稳东、傅敏、高建波、高承海、毕吉利、白亮、吕晓娟、陈娟、鲁子箫等诸位老师，感谢老师们的谆谆教诲和辛勤付出。老师们严谨的治学态度、渊博的知识和敏锐的学术洞察力都将激励和鞭策我在未来的工作中不断努力，我真心期待还有机会聆听老师们的讲解、接受老师们的指导。

感谢单位领导和同事们在此期间给予我的关心和帮助。感谢学院领导对我个人的信任和对本研究的大力支持；感谢庞茜之副院长百忙之中全程参与、协助和指导本研究；感谢白庆华、陈方、蔺金凤、马莹莹、王嘉跃、王亚星、杨笑娜、冶文玲、张爱萍、张家丽、张婷、张晓宇、张以欣、赵雅芳等所有给予我支持和鼓励的同事们，感谢大家积极参与和支持本研究，为本研究的顺利开展慷慨解囊、出谋划策、贡献智慧和力量。感谢大家陪我走过人生这段特殊的时光，为我的论文写作提供丰富的素材和真知灼见。没有大家的陪伴和支持，我的论文将会成为无本之木、无源之水。

感谢师兄、师弟、师妹以及同学们的帮助和陪伴。感谢王志鹏、车延年、屈源、李梦婕等在我论文写作期间给予的帮助和指导，各位严谨的治学态度都让我深受启发，各位的辛苦付出我将始终铭记心间。感谢刘曲、王雁冰、李雪皎、刘双、赵璟等各位同学的陪伴，大家携手走过的日子有苦有乐，点点滴滴终将成为美好的记忆。感谢杨学礼、石静两位班长几年来忙前忙后为班级提供各种帮助和服务。

感谢我的家人对我的支持和关爱。感谢我的婆婆这些年来的默默付出，让我能够静下心来专注学习。感谢我的父母对我一如既往的鼓励和支持，让我能够勇敢面对任何挫折和困难。感谢我的爱人对我无尽的包容和关爱，几年来任劳任怨承担家庭重担，无数次风里雨里送我上学、接我回家。感谢我的姐妹们陪我哭、陪我笑，替我分忧解愁，和我一起分享快乐。感谢李沐晓、邓刚等几位"小朋友"在关键时刻给予我的各种帮助。感谢我的两个孩子带给我的幸福和快乐！

纸短情长，道不完太多的感动和感谢。感恩所有的遇见，感恩西北师范大学让我有机会重回学生时代，感恩老师们的指引和教导，感恩同学们的帮助和陪伴。四年的时光一闪而过，留给我的是人生中又一段美好的回忆。从此，我的人生中又多了一个母校、多了一位人生导师、多了许多让我终生难忘的老师和同学。四年的学习经历已成为我生命的一部分，我的人生也会因此而更加绚丽多彩。

朱景梅

2023 年 5 月 25 日于西北师范大学